MURAKAWA GAKUEN

School Corporation since 1983

⟨오사카⟩
오사카조리제과전문학교 본교
오사카조리제과전문학교 우메다
오사카건강보육전문학교

⟨도쿄⟩
야마노테조리제과전문학교
도쿄야마노테조리사전문학교

충실한 유학생 서포트

해외연수장학금

매일 '만들기 실습'을 하는 학교

프로와 똑같은 시설에서
세계의 탑 호텔 출신 선생님으로부터
프로의 기술을 배우고
매일 '만들기 실습'을 함으로써
압도적 기술을 익히게 됩니다.
실습시간, 일본의 탑 레벨!

https://murakawa-gakuen.com/　大阪府泉大津市東豊中町3-1-15　(0120)235-233

한국입학사무소 : HED(주)해외교육사업단 02-552-1010 www.hed.co.kr

日本工学院
NIHON KOGAKUIN

> **꿈을 현실로**
> 일본공학원에서
> 여러분의 꿈을 이루세요.

일본 최대 명문 전문학교에서 원하는 직업으로 확실히 LINK!!

» 일본공학원 졸업 후 확실한 취업 성공률
» 학생 1인당 구인률 **27.2**배
» 구인기업수 **11,277**사
» 구인수 **60,351**명

- 6개의 칼리지
- 34학과
- 99분야

입학문의 I 한국유학개발원 02 552 1010　　국제교류센터 I +81 3 3732 8411　　www.neec.ac.jp

〈중고등학생용〉　매년 실시　공식사이트 : www.homestay-in-japan.co.kr

겨울방학 홈스테이+어학연수 프로그램
기간:2025년 1월 12일~1월 26일(2주)/참가비:230,000엔

★ 프로그램 취지

살아 있는 일본어를 어학 전문기관에서 배우고 일본 문화 전반에 대하여 체험함으로써 미래지향적 양국 관계를 이해하는 미래 지도자 육성에 도움이 되고자 합니다. 일본인 가정에서 홈스테이 하면서 어학 연수와 문화 체험을 하는 것은 가장 효과적인 일본 연수 방법입니다. 특히 미성년 학생들에게 1가정 2인 입주 형태의 홈스테이는 가장 안전하고 바람직한 체류 환경입니다. 또한 일본인 학생과의 교류회를 통하여 일본인 친구를 만들 수 있습니다.

★ 참가모집요강

- ▶ 참 가 대 상 : 중학교 2학년 이상의 중고등학교 재학생으로 일본어 초보자 이상(N2 이상은 문의바람)
- ▶ 연 수 기 간 : 2025년 1월 12일(토)~1월 26일(토)(2주)
- ▶ 어학연수내용 : 1일 4시간 일본어 수업(월~금)(기간 중 10일간 수업)
- ▶ 과 외 활 동 : 오전 수업 후에 오후에는 다양한 문화 체험 활동을 실시합니다. 상세내용은 별도 일정표를 참조바랍니다
- ▶ 어학연수지역 : **도쿄, 오사카, 센다이**(3개 지역 중에서 선택이 가능합니다.)
- ▶ 모 집 인 원 : 각 지역 별 20명(지역별 선착순 마감)
- ▶ 신청 접수기간 : 2024년 9월 1일(일)~2024년 11월 11일(월)
- ▶ 홈스테이 배정 : 1가정 2인을 배정(2인실 사용이 원칙이며 3인실 배정도 있을 수 있음)(희망하면 친구와 동일 가정 배정함)
- ▶ 특 기 사 항 : 1인 1실을 희망하는 경우 추가비용 12,000엔을 납부하면 사용 가능
- ▶ 참 가 비 용 : 총합계 230,000엔 [참가비 포함내역 : 홈스테이비, 조석식비, 교류회비용, 패밀리 마중비(시내), 어학연수비(2주), 교재비, 단체 인솔비, 여행보험료]
- ▶ 별 도 비 용 : [참가비 불포함 내역 : 항공료(약 60만원), 통학교통비(약20만원), 중식비(15만원), 개인용돈(15만원), 과외활동 참가비용 (약10만원) 총합계 120만원]
- ▶ 비용납부시기 : 신청금 50,000엔 납부 후, 〈홈스테이인재팬〉 홈페이지에서 온라인 신청서를 작성하여 신청하시고 잔금은 5월 말경 1차 오리엔테이션 실시일까지 납부(단, 신청 시에 참가비 일괄 납부도 가능)
- ▶ 단 체 인 솔 : 출국에서 귀국까지 일본어 지도교사가 인솔하여 안전하게 관리, 지도합니다.
- ▶ 일 본 어 능 력 : 히라가나 가타카나를 읽고 쓸 수 있고 간단한 인사말 이상이 가능한 능력을 요함
  (단, 일본어 능력이 N3 이상인 사람은 별도 프로그램 안내함)
- ▶ 어학연수학교 : 각 지역에 소재하는 일본어학교
- ▶ 일본어 수업 : 각 레벨에 맞는 반에서 수업하거나 통합반을 구성하여 비슷한 레벨로 반편성함

일본학생들과 교류회

★ 문의 & 신청

(주)해외교육사업단 (www.hedgroup.co.kr)
서울특별시 서초구 강남대로381 (두산709호) TEL.02-552-1010, FAX.02-552-1062

- ● 한국주최 : 사단법인 한일협회 계열 (주)해외교육사업단
- ● 일본주최 : 주식회사넥스트스테이지 홈스테이인재팬
- ● 후　　원 : 한국일본어교육연구회, 사단법인한일협회

1주 프로그램　　2주 프로그램

HED발행 도서로 EJU&JLPT 완전 정복

개념서와 문제집, 기출문제집으로 실전 완벽 대비 가능!
여러분의 고득점을 응원합니다!

HED 글로벌 인재육성, 1984년설립
(주)해외교육사업단
홈페이지 : www.hedgroup.co.kr
문의 : 02-736-1010

EJU 관련 도서

전국 대형 서점 및 온라인 서점 절찬 판매중

    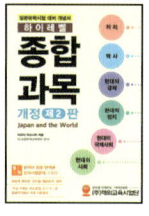   

      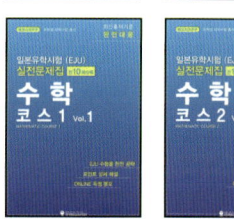

JLPT 관련 도서

머리말

글로벌 시대라는 말이 유행한지 오래 되었습니다. 지금 우리 나라는 세계 6위의 수출대국으로서 전세계와 교역을 하고 외국의 상품이나 문화의 영향을 받지 않을 수 없는 시대에 살고 있습니다. 이러한 시대적 공간 속에서 살아남기 위해서는 외국어를 배우고 외국을 알고 외국을 이겨나가야 하는 일은 숙명처럼 되었습니다. 보다 적극적으로 외국에 나가서 세계를 배우고 공부하는 일은 이 시대를 살아가는 필수 과제가 아닌가 생각합니다.

해외 유학을 고려할 때 어느 나라에서 배우는 것이 좋으냐는 질문을 많이 받습니다. 개인의 목적이나 사정, 가치관 등에 따라 정하는 것이 원칙이지만, 일본 유학을 고려할 때는 다음과 같은 장점이 있습니다.

첫째는 우리와 같은 동양 문화권에 속하기 때문에 영어권 보다는 문화적 차이에 쉽게 적응할 수 있고, 둘째는 아시아 1위의 노벨상 수상 국가로 선진 학문을 배울 수 있는 교육 환경을 갖추고 있는 점입니다. 셋째는 유학생 대상으로 충실한 장학금 등의 지원 시스템이 갖추어져 있을뿐더러 아르바이트를 손쉽게 구할 수 있으므로 유학 비용 면에서 경제적 도움을 받을 수 있습니다. 넷째는 사회 전반적으로 치안이 안정되어 있고 다국적 유학생이 30만명 가까이 존재하여 자연스럽게 국제적인 문화를 접할 수 있습니다. 다섯째로는 유학생 특별전형 제도에 의해서 유학생의 입학이 비교적 쉽다고 할 수 있습니다. 이 외에도 최근에는 일본 유학 후에 일본 기업에 취업도 용이하다는 매스컴의 보도를 보면 일본 유학의 가치를 공감하게 되리라 생각합니다. 그러나 무엇 보다 중요한 점은 일본은 기술과 학문에서 앞서 가고 있으며 이러한 분야에 유학하여 배우면 곧 바로 우리 나라의 실정에 알맞게 응용이 가능하다는 점이라 할 수 있습니다.

한국유학개발원에서는 1984년도부터 '일본 유학 전문'을 내세우고 각종 정보의 충실에 노력하고 있습니다. 인터넷 상으로도 각 교육 분야별로 홈페이지를 개설하여 정보 발신을 하고 있습니다. 이전에는 유학 정보 도서 발행에도 심혈을 기울인 적이 있습니다만, 최근에 새롭게 손에 잡히는 중요 정보는 책자를 통해서 입수하고 음미하는 것이 중요하다는 학생들의 요구에 따라 이 책자를 발행하게 되었습니다.

한 권의 책에 여러분이 필요로 하는 모든 정보를 수록하기에는 어려움이 있지만, 이 책자를 통하여 일본 유학의 길을 발견하고 한국유학개발원과 함께 준비하고 나아간다면 반드시 "일본유학으로 성공하기"라는 명제를 달성할 수 있을 것으로 믿습니다.

여기에 미처 수록하지 못한 세부 정보는 한국유학개발원으로 문의하거나 해당 학교로 자료를 요청하여 보완해 가시기 바랍니다. 일본 유학을 통해서 여러분의 인생이 성공하는 계기를 발견해 가시기를 진심으로 기원합니다.

2024년 5월

HED한국유학개발원
원장 송 부 영

2024-2025 일본 유학으로 성공하기

CONTENTS

머리말	01

제1장 학교정보(광고) — 05
1. 오사카관광대학 — 06
2. 나고야상과대학 — 07
3. 문화복장학원 — 08
4. 무라카와학원 — 09
5. 리허빌리테이션 칼리지 시마네 — 10
6. 동방학원 — 11
7. 센다이이쿠에이가쿠엔고등학교 — 12
8. 메이케이가쿠엔고등학교 — 13
9. 쇼린중학교/고등학교 — 14
10. 건국고등학교 — 15
11. 아크아카데미일본어학교 — 16
12. 인터컬트일본어학교 — 17
13. 나가누마스쿨 도쿄일본어학교 — 18
14. 홋카이도일본어학원 삿포로본교 — 19
15. 관서외어전문학교 일본어과정 — 20
16. 동경외어전문학교 일본어과 — 21
17. 일본전자전문학교 — 22

제2장 기초편 — 23
1. 일본유학 키워드 — 24
   - 일본어 연수과정 — 24
   - 정규 유학과정 — 24
2. 일본의 교육제도 — 26
   - 교육제도의 개요 — 26
   - 학사일정과 학기제 — 26
   - 교육기관별 수업연한 — 26
   - 교육기관의 설치 목적 — 27
   - 고등교육 기관 수 — 27
   - 외국인 유학생 수 — 28
   - 재학 단계별 외국인 유학생 수 — 28
3. 일본유학의 진행도 — 29
   - 일본에서 준비하는 방식 — 29
   - 한국에서 준비하는 방식 — 29
   - 3가지 방식 — 30
4. 일본유학 스케줄 — 32

제3장 일본 교육기관 — 33
1. 일본어 교육기관 — 34
   - 교육기관 종류와 수 — 34
   - 교육기관의 선택 포인트 — 35
   - 교육기관별 비교표 — 35
   - 입학자격과 입학수속 — 36
   - 원서 접수시기 — 36
   - 어학연수 수속 절차 — 36
   - 어학연수 수속 제출서류 — 38
   - 어학연수 Q&A — 39
2. 대학 학부 — 42
   - 입학 자격 — 42
   - 원서 접수 — 42
   - 입학 시험 — 42
   - 영어로 학위 취득 — 43
   - 졸업 및 수료 요건 — 43
   - 일본의 학위 — 43
   - 대학 편입학 — 43
   - 대학 선택 포인트 — 44
3. 단기 대학 — 45
   - 입학 자격 — 45
   - 원서 접수 — 45
   - 입학 시험 — 45
   - 졸업 및 수료 요건 — 45
4. 대학원 — 46
   - 입학 자격 — 46
   - 연구생 과정 — 46
   - 전문직 대학원 — 47
   - 원서 및 제출서류 — 47
   - 연구 계획서 — 47
   - 입학 시기 — 47
   - 입학 시험 — 47
   - 졸업 및 수료 요건 — 48
   - 입학 전형 — 48
5. 전문학교 — 49
   - 전문사와 고도전문사 — 49
   - 고등전문학교 — 49
   - 전문학교 선택 포인트 — 49
   - 전문과정 입학자격 — 49
   - 전문학교 입학시험 — 50
   - 고등전문학교 입학시험 — 50
   - 졸업 및 수료 요건 — 50
   - 입학 전형 — 50
   - 입학수속 제출서류 — 51
   - 대학으로의 편입 — 51
   - 한국에서의 학력 인정 — 51

CONTENTS

2024-2025 일본 유학으로 성공하기

6. 고등학교	52
일본어 수업	52
입학 자격	52
고등학교 선택 포인트	52
원서 접수	53
입학 시험	54
유학 후 진로	54

제4장 유학 관련 정보 … 57
- 1. 출입국 관련 수속 … 58
  - 체류자격의 종류 … 58
  - 체류자격의 수속 … 60
  - 경비 지변자 … 60
  - 체류카드 교부 … 60
  - 재입국 허가 수속 … 61
  - 자격 외 활동허가 … 61
  - 체류기간 갱신 … 61
  - 체류자격 변경 … 61
  - 체류자격 취소 … 61
  - 가족초청 수속 … 61
- 2. 유학 비용 … 62
  - 학비(등록금) … 62
  - 생활비 … 65
  - 통화와 물가 … 65
  - 주요 상품의 가격 … 65
- 3. 장학금 … 66
  - 경제적 원조의 종류 … 66
  - 2가지 응모방법 … 66
  - 장학생 선발 시험 … 66
  - EJU 학습 장려비 … 66
  - 수업료 감면 제도 … 66
  - 도일 전 장학금 … 67
  - 도일 후 장학금 … 67
- 4. 사설 기숙사 … 68
  - 기숙사 종류 … 68
  - 기숙사 선택 포인트 … 68
  - 기숙사 예약 절차 … 69
  - 기숙사 요금(예) … 69
- 5. 아르바이트 … 70
  - 자격 외 활동허가 … 70
  - 아르바이트 유의사항 … 70
  - 아르바이트 찾기 … 71
  - 문제가 발생하면 … 71

세금에 대하여	72
6. 일상생활	73
쓰레기 내는 법	73
공중 목욕탕	73
공동설비 사용법	73
소음에 주의	74
자전거 이용에 대하여	74
부엌 사용법	74
우편물 배달	75
이사할 때에는	75
7. 유학생 보험과 보증인	76
의료보험	76
손해보험	76
신원보증인	76

제5장 일본유학시험 … 77
- 1. 일본유학시험(EJU) … 78
- 2. EJU학습장려비 … 82
- 3. 도일전 입학허가 제도 … 83
- 4. 도일전 입학허가 학교 리스트 … 84
- 5. 일본유학시험(EJU) 이용학교 리스트 … 116

제6장 유학 후 취업 … 177
- 1. 일본에서의 취업 … 178
- 2. 대학·단기대학 졸업 후 취업 … 179
- 3. 전문학교 졸업 후 취업 … 179
- 4. 취업이 가능한 분야 … 179
- 5. 취업 관련 통계 … 180
- 6. 인턴십 … 181

제7장 유학체험기 … 183
- 1. 일본공학원 하치오지교 김준환 … 184
- 2. 일본공학원 카마타교 이준원 … 184
- 3. 동방학원 전문학교 최준원 … 186
- 4. 동방학원 영화전문학교 이지훈 … 187
- 5. 일본전자전문학교 정윤섭 … 188
- 6. 동방학원 음향전문학교 정금니 … 189
- 7. 전문학교 도쿄 아나운스학원 은영 … 190
- 8. 나고야상과대학 방다영 … 191
- 9. 도쿄YMCA일본어학원 김성준 … 192
- 10. 동경공업대학 조민현 … 194
- 11. 동경대학 최성우 … 195
- 12. 히토츠바시대학 고서현 … 196
- 13. 와세다대학 김희원 … 197

일본 유학에 관한 정보는 HED에서!

일본 유학을 준비하는 분들이 정확한 정보를 만나지 못하여 애로를 겪고 있는 점을 감안하여 각 분야별로 유학정보를 정리하고 발신하는 홈페이지를 소개합니다.

1984년부터의 역사와 실적 속에 만들어진 정보의 바다.

- 일본연수(한국유학개발원) : www.hed.co.kr
- 일본중고등학교정보센터 : www.high-hed.co.kr
- 일본전문학교정보센터 : www.prof-hed.co.kr
- 일본대학교정보센터 : www.univ-hed.co.kr
- 일본대학원정보센터 : www.grad-hed.co.kr
- 홈스테이인재팬 : www.homestay-in-japan.co.kr

■ 목적별 유학 사이트

● 일본중고등학교정보센터

● 일본전문학교정보센터

● 일본대학교정보센터

● 일본대학원정보센터

● 한국유학개발원(일본 어학연수)

● 홈스테이인재팬(일본 홈스테이)

2024-2025 일본 유학으로 성공하기

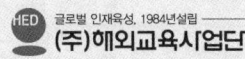

제1장 학교정보 (광고)

1. 오사카관광대학 6
2. 나고야상과대학 7
3. 문화복장학원 8
4. 무라카와학원 9
5. 리허빌리테이션 칼리지 시마네 10
6. 동방학원 11
7. 센다이이쿠에이가쿠엔고등학교 12
8. 메이케이가쿠엔고등학교 13
9. 쇼린중학교/고등학교 14
10. 건국고등학교 15
11. 아크아카데미일본어학교 16
12. 인터길트일본이학교 17
13. 나가누마스쿨 도쿄일본어학교 18
14. 훗카이도일본어학원 삿포로본교 19
15. 관서외어전문학교 일본어과정 20
16. 동경외어전문학교 일본어과 21
17. 일본전자전문학교 22

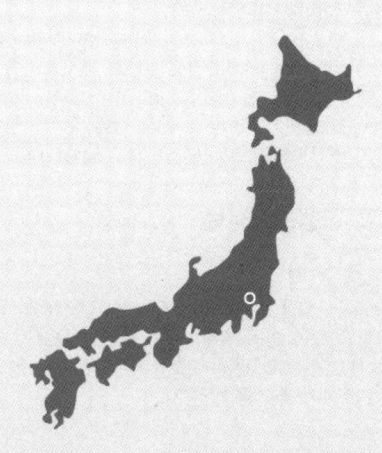

大阪観光大学
Osaka University of Tourism

▶ 주소 : 〒590-0493 大阪府泉南郡熊取町大久保南5-3-1　▶ Tel : +81-72-453-8222　▶ Fax : +81-72-453-1451
▶ E-mail : nyushikoho@tourism.ac.jp　▶ 홈페이지 : https://www.tourism.ac.jp

관광학의 세계는 그대가 좋아하는 것과 이어져 있다.

◎ 학교 연혁 · 특징

오사카관광대학의 기원은 「밝고, 맑고, 올바르다」라는 이념을 내걸고 1921년에 오사카시의 사원단에 의해서 설립된 메이죠고등여학교로 거슬러 올라갑니다. 2000년에 남녀공학의 4년제 대학으로 오사카메이세이대학을 설치, 학부로는 관광학부를 창설. 2006년에는 대학 명칭을 오사카관광대학으로 변경해 고등교육기관으로서의 목적을 관광학과 관광교육의 발전에 두는 것을 선명하게 했습니다. 대학명에 관광을 붙이는 일본에서 최초의 대학입니다.
간사이의 현관, 간사이 국제공항 근처에 캠퍼스가 있습니다. 공항에 가까운 것은 학생 여러분에게 있어 큰 매력으로 일본 전국 뿐만이 아니라 세계로부터 학생이 모이는 이유의 하나입니다. 오사카관광대학 학생에게 있어 간사이 국제공항이란 필드워크나 직업 체험등의 배움의 장소이며, 아르바이트의 장소이기도 합니다. 그리고 여행의 출발점이기도 합니다. 또 본교에는 세계 13개국과 지역의 학생이 재적하고 있어 캠퍼스 내에서 매일 이문화 교류를 할 수 있습니다. 일본인 학생과 유학생이 교류하는 프로그램이나 학내에서 이벤트 등에 유학생 여러분은 매우 적극적으로 활동을 하고 있습니다. 약 800명의 재학생 중 절반 이상이 유학생입니다. 그 때문에 대학의 서포트도 충실합니다. 취직에 대해서도 1학년 무렵부터 지도를 실시합니다. 유학생에게 있어서 공부나 취직 활동을 하기 좋은 환경이 갖추어져 있는 대학입니다.

◎ 설치학과정보

역사나 문화, 경제 · 경영, 지역 · 마을 만들기 · 애니메이션이나 IT등 관광에 관련되는 폭넓은 분야를 배울 수 있습니다.
관광계 관련 과목은 48과목 이상으로 「관광 미디어 · 인플루언서」나 「온라인 관광 상품 제작」등의 주목과목으로 최첨단의 관광 교육을 실천하고 있습니다.

◎ 학생모집정보

출원 자격 :
【1 학년】
외국국적을 보유하고 체류자격 '유학'을 취득할 수 있으며, 다음의 모든 항목에 해당하는 자
(1) 출신학교, 일본어 교육기관 등 어느 한 교육기관의 대표자로부터 추천을 받은 자
(2) 수학에 필요한 일본어 능력을 가진 사람
일본어능력시험 N2이상, 일본유학시험 일본어득점 200점 이상 J.TEST 득점 600점 이상, NAT-TEST 2급 이상 중 하나를 가진 자
(3) 외국에서 학교교육 12년 과정을 수료한 자 또는 본교의 입학자격 심사에 의해 그와 동등 이상의 학력이 있다고 인정받은 자

【편입학】
1년차 출원자격 외에 국외 2년제 이상 대학 졸업자 또는 당해 대학에 재학하여 각 편입년차에 필요한 학점을 취득한 자
입시 내용 : 온라인 면접 · 소논문
학비 : 첫해 약 95만엔
장학금: N1장학금 약 70만엔, N2장학금 약 80만엔

〈2024년 9월 입학자 대상 시험 스케줄〉
출원기간 : 2024. 6. 11. (화) ~ 6. 20. (목)
시험일 : 2024년 6월 29일(토)
시험 방법: 온라인
합격 여부 발표 : 2024년 7월 5일(금)
절차마감일 : 2024년 7월 11일(금)

〈2025년 4월 입학자 대상 시험〉
2024년 11월, 12월, 2025년 1월에 시험을 실시합니다.
자세한 내용은 문의해 주십시오.

◎ 학교기숙사

별과 기숙사와 경식 야구부 기숙사만으로 일반 학생 기숙사는 없음. 대학에서 물건 소개는 가능합니다.

◎ 취업실적

본교에서는 1학년부터 장래의 일에 대한 의식을 기르는 커리어교육을 시작. 필수과목인 「직업으로서의 관광」등의 과목에서는 사회인 선배나 기업 담당자로부터 취직 어드바이스를 들을 수 있습니다. 3학년부터 시작하는 취직활동에서는 커리어센터가 여러분을 서포트합니다.

취업(기업명 일람) 2022년 3월 졸업생 실적
주식회사 JAL 스카이/카토 플레저 그룹/도부 톱 투어스/에이스 호텔 교토/호텔 시무어(시라하마관)/더 리츠 칼튼 교토/모리 트러스트 호텔&리조츠/JW 메리어트 나라/하얏트 리젠시 교토/웨스틴 호텔 요코하마

◎ 그 외 필요사항

수험 신청 전에 반드시 사전에 연락해 주세요.
접수 시간은 일본 시간 9시~17시.
온라인 면담 신청, 자료 청구는 nyushikoho@tourism.ac.jp

名古屋商科大学
NUCB Undergraduate School

▶ 주소 : 〒470-0193 愛知県日進市米野木町三ヶ峯　▶ Tel : +81-561-73-3006　▶ Fax : +81-561-73-1202
▶ E-mail : nyushi@nucba.ac.jp　▶ 홈페이지 : https://www.nucba.ac.jp

Education for Life and Leadership

◎ 학교 연혁 · 특징

89년 동안 추구해 온 세계 표준 경영 교육을 바탕으로, 리더 육성 방법의 정석으로 통하는 '케이스 메소드'를 모든 학부 교육에 도입했습니다. 교원 절반 이상이 실무 경험을 가진 연구자이며, 실무와 연구를 통해 실천적인 배움을 학생들에게 제공하고 있습니다. 또한 경영 교육에 있어 세계적 권위를 자랑하는 AACSB로부터 학부교육으로는 일본 국내 최초로 국제 인증을 취득했으며, '세계대학 랭킹 일본어판'에서도 '교육 충실도' 및 '국제성'분야에서 높은 평가를 받고 있습니다.

◎ 학부학과

- 경영학부(경영학과 · 경영정보학과)
- 경제학부(경제학과 · 종합정책학과)
- 상학부(마케팅학과 · 회계학과)
- 국제학부(국제학과 · 영미학과)
- 경영관리과정(BBA · Global BBA)

※ Global BBA는 4년 동안 영어로만 배웁니다.
※ 본교에는 4월 입학과 9월 입학이 있습니다.

◎ 출원기간

2025년도 4월 입학

구분	출원기간	시험회장
1	2024년9월2일~9월13일	온라인(Zoom 사용)
2	2024년10월15일~10월25일	
3	2024년11월11일~11월22일	
4	2024년12월16일~2025년1월10일	

※ 출원서류는 마감일 필착입니다.

◎ 출원자격

일본어 능력을 증명할 수 있는 아래의 어느 하나의 시험성적이 필요
1) 일본유학시험(EJU) 일본어과목 200점이상
2) 일본어능력시험(JLPT) N2 이상
3) BJT 비즈니스일본어능력테스트의 JLRL 청독해 테스트 (필기테스트) 400점 이상
4) J.TEST의 「A-C레벨」 600점 이상
5) NAT-TEST 2급 이상
6) JPT 525점이상
※ 경영관리과정(BBA)에의 출원은 모든 수업이 케이스 메소드로 진행되므로, JLPT N1 또는 EJU 300점 및 상급 레벨의 회화 능력이 필요 조건이 됩니다.
※ Global BBA 출원 자격에 대해서는 별도 문의 바랍니다.

◎ 전형방법

서류심사, 과제에세이(사전제출), 면접

◎ 학납금

	입학수속 시 학납금	후기수업료	초년도 합계
경영 · 경제 · 상 · 경영관리과정	873,500엔	548,500엔	1,422,000엔
국제	888,500엔	563,000엔	1,452,000엔

※ 입학 수속 시의 금액은 입학금 270,000엔을 포함합니다. (초년도만)

◎ 유학생 전용 웹사이트

文化服装学院
BUNKA FASHION COLLEGE

▶ 주소 : 〒151-8521 東京都渋谷区代々木3-22-1 ▶ Tel : +81-3-3299-2216 ▶ Fax : +81-3-3370-9545
▶ 홈페이지 : https://www.bunka-fc.ac.jp

일본 최초의 패션 전문학교로서, 일본은 물론 아시아에서 「No.1」의 실적

◎ 학교특징
문화복장학원의 역사는 1919년까지 거슬러 올라갑니다. 당시 아직은 기모노가 주류였던 시대에 선견지명으로 탄생한 작은 양재 학교가 그 시작. 1923년에는 일본 최초의 복장 교육 학교로서 인가되어 2023년에는 창립 100주년을 맞이합니다. 배출한 졸업생은 30만 명 이상. 아시아를 비롯한 유럽과 미국에서의 유학생도 해마다 증가해, 일본뿐만 아니라 세계의 패션교육의 중심적인 역할을 하고 있습니다. 문화복장학원을 졸업한 디자이너들은 일본의 패션을 세계 톱 레벨까지 끌어올려, 그 제일선에서 계속 활약하고 있습니다.
일본 국내에서 활약하는 디자이너를 세계로 이끄는 다양한 패션 어워드. 매년 BUNKA에서 자립한 차세대 크리에이터들은 상을 수상하며 세계로 뻗어 나가고 있습니다. BUNKA는 앞으로도 일본 패션의 선두를 달려 나갈 것입니다. 기술을 갈고 닦는 전문 시설, 감성을 자극하는 독자적인 커리큘럼, 패션의 「지식」도 일본 제일의 BUNKA밖에 없는 전문적인 환경에서 재능을 키워 갈 수 있습니다.

◎ 학교연혁
1923년 일본 최초의 복장 교육 학교로서 도쿄부 각종 학교령에 의해 인가.
6월 23일을 창립기념일로 하고 문화재봉학원에서 문화재봉여학교로 교명 개칭.
1935년 재단법인 나미키학원을 설치하고 문부성으로부터 인가.
일본 최초의 법인 인가 복장교육전문학교가 되었다.
1936년 『문화 양재 강좌』전 6권을 완성. 일본 최초의 복장 연구 잡지 『소엔』을 창간.
교명을 문화복장학원으로 개칭.
1956년 『소엔』창간 20주년을 기념하여 패션디자이너의 등용문으로서 "소엔상"을 창설.
1957년 개교이래 최초의 남자 학생을 사범과에 입학 허가.
1976년 학교교육법 개정에 의해 전문학교로 인가.
2001년 한국 서울 및 부산에서 한일 교류를 목적으로 한 한일 페스티벌에서 패션쇼를 개최.
2023년 창립 100주년

◎ 설치학과 정보

설치과정	학과명	코스명
복식 전문과정	복장과	
	복식연구과	
패션공과 전문과정	패션고도전문사과	
	패션공과기초과	2년차 선택코스 어패럴디자인과/어패럴기술과/니트디자인과/인더스트리얼머천다이징과
패션유통 전문과정	패션유통고도전문사과	
	패션유통과	2년차 선택코스 스타일리스트코스/ 샵스타일리스트코스/리테일플래닝코스/패션프로모션코스/패션모델코스

패션공예 전문과정	패션텍스타일과	
	모자디자인과	
	쥬얼리디자인과	
	백디자인과	
	슈즈디자인과	

◎ 학생모집정보
모집학과·인수·학비(2024년도)

학과명	수학년수	모집인원	입학금	수업료	그 외 제반비용	1년간 합계
복장과	2	280	260,000	720,000	370,400	1,350,400
복식연구과	1	80	260,000	720,000	370,400	1,350,400
패션고도전문사과	4	100	300,000	800,000	370,400	1,470,400
패션공과기초과	3	350	300,000	720,000	370,400	1,390,400
패션유통고도전문사과	4	30	300,000	800,000	370,400	1,470,400
패션유통과	2	470	260,000	720,000	370,400	1,350,400
패션텍스타일과	3	30	300,000	720,000	370,400	1,390,400
모자디자인과	2	20	260,000	720,000	370,400	1,350,400
쥬얼리디자인과	2	20	260,000	720,000	370,400	1,350,400
백디자인과	2	20	260,000	720,000	370,400	1,350,400
슈즈디자인과	2	20	260,000	720,000	370,400	1,350,400

입시내용
(1) 일본어시험 필기+작문(400자 정도) 70분, 청해20분
(2) 면접

◎ 장학금
문화학원 각 학교의 졸업생 및 졸업예정자에 대해서는 각각의 조건에 따라 수험료 및 입학금의 일부가 감면 됩니다.

◎ 기숙사
전용 기숙사/지정 기숙사

◎ 취업실적
[①2022년도 졸업생수] 209명
학내 진학자 39명 학외 진학자 14명 일본에서 취직 44명
일본에서 취직 활동 52명, 모국에서 활동 42명

주요 취직처
(주)Y's MODELS/(주)진이치주식회사/(주)TS DESIGN/합동회사F&W/Hi-Fire합동회사/PMC주식회사/주식회사 엠비덱스/주식회사 아틀리에/LaBella주식회사/주식회사 클라우디아/(주)adapt retailing/이치반칸양복점/주식회사 올드웍스/주식회사 미타케/주식회사LAILA/주식회사TOKYO BASE/미유키케오리 주식회사/주식회사 골드윈/주식회사Dover Street Market Japan/(주)아타고/선플리츠 주식회사/주식회사 탑/주식회사 사자바리그 에스트네이션 컴퍼니/주식회사 후타바통신사/주식회사 올드웍스/(주)사토섬유/주식회사 산마리노/주식회사 베리/주식회사COMPLETE FELLOWS/주식회사 쇼비/(주)요지야마모토 /유한회사H3O/Seiya Nakamura 2,24 주식회사 레이/꼼데가르송/furuhashi-weaving유한회사/ASWAVE furuhashi-weaving 유한회사/주식회사GU/민나노미라이 주식회사/주식회사YJGlobal/MALAIKA주식회사/e.m디자인 주식회사/주식회사 Zuihou

◎ 문화복장학원 서울사무소
● 주소 : 서울시 종로구 삼일대로 461 skhub 102동 204-1호
(지하철 3호선 안국역 6번 출구)
● 연락처 : 02-561-6708

村川学園 MURAKAWA GAKUEN

오사카조리제과전문학교 — Osaka Cooking and Confectionery College
오사카조리제과전문학교ecole 우메다 — Osaka Cooking and Confectionery College
도쿄야마노테조리사전문학교 — Yamanote Cooking and Confectionery College
야마노테조리제과학교 — Tokyo Yamate Culinary School

▶ 주소 : 〒595-0021 大阪府泉大津市東豊中町3-1-15   ▶ Tel : +81-725-41-4330
▶ E-mail : info@daicho.ac.jp   ▶ 홈페이지 : https://murakawa-gakuen.com

DAICHO이기 때문에 가능한 「배움」이 있습니다.

◎ 학교 특징
무라카와(村川)학원은 일식집의 조리 현장에서 태어났습니다. 직업 현장에서 즉시 전력이 되는 것을 목적으로 「매일 만드는 실습」을 실시하고 있습니다. 이것은 일본 국내에서도 특히 드문 특징입니다.

특징 1 「매일 만들기 실습」
일본 국내에서도 드문 「매일 만들기 실습」은 압도적인 실습 시간을 자랑합니다. 지식 뿐만이 아니라 기술을 연마해, 현장에서 즉전력이 되는 힘을 몸에 익힙니다. 또, 매일 수업을 실시하는 DAICHO의 교원은, 일류 호텔이나 미슐랭 별이 달린 레스토랑에서 조리장을 경험해 온 선생님을 비롯한, 국가가 추천하는 실무가 교원뿐! 현장을 잘 아는 선생님으로부터 매일 질 높은 기술 지도를 받을 수 있습니다.

특징 2 「프로 현장과 같은 실습실」
각 실습실은 프로 현장에서 사용되고 있는 것과 같은 레벨의 설비가 갖추어져 있습니다. 또한, 학교 건물 안에는 일반 고객이 식사를 즐기는 진짜 레스토랑과 기술 연구 시설로서의 역할을 갖춘 음식 종합 빌딩도 병설! 매일의 수업은 실습실내에 머무르지 않고, 산・관・학과 제휴해, 배움의 장소는 학생 중에서 거리 전체로 퍼집니다. 프로와 같은 현장에 서서 배울 수 있는, 바로 「현장 그 자체」의 환경입니다.

특징 3 「한사람 한사람에 맞춘 취직 서포트」
전임 강사가 담임이기 때문에, 진로의 상담은 물론, 현장에서 기른 넓은 연결을 활용해 한사람 한사람에 맞는 취직 활동을 진행합니다! 또, 취직 담당 교원이 W체제로 서포트 취직 지원 시스템은 24시간 열람 가능한 시스템을 도입. 100사 이상이 모이는 합동 기업 설명회나, 유학생 취직을 요구하는 기업이 단독 기업 설명회, 비자의 취득에 대한 상담 등, 다채로운 취상 서포트를 실시하고 있습니다.

◎ 학과일람

3년	트리플코스	셰프 파티시에 마스터 클래스 (제과 클래스)
		셰프 파티시에 마스터 클래스 (조리 클래스)
		톱셰프 육성 코스
2년	W라이선스코스	조리・제과 클래스
		총요리장 후보생 클래스
2년	조리종합본과	스시 와쇼쿠 클래스
		서양요리 클래스
		토털 푸드 클래스
2년	제과종합본과	파티시에&쇼콜라티에 클래스
		파티시에&블랑제 클래스
		카페오너 클래스
2년	제과종합본과	쇼콜라티에 클래스
		블랑제 클래스
		삐에스몽테 클래스
1년	조리사과	조리사 클래스
	제과위생사과	제과위생사 클래스
	커리어 어시스트과	슈퍼 일본요리 코스
		슈퍼 서양요리 코스
		슈퍼 파티시에 코스

※ 캠퍼스별로 설치 학과가 다르므로 홈페이지를 확인하시기 바랍니다.

◎ 학비
1년차 : 182만엔(※커리어 어시스턴트과 이외)
2년차 이후는 학과에 따라 다릅니다. 입학요강을 확인해주세요.

◎ 출원요강 (유학생입시)

출원접수기간	2024년 9월 1일(일)~2025년 3월 31일(월)
선고방법	면접심사+작문심사(온라인 면접 가능)
선고일	●수시

◎ 장학금제도
• 유학생응원장학금(본교독자 장학금) 최대 20만엔 지급
  유학생 한정으로 입학 후(재학중)의 노력을 평가하는 본교 독자적인 장학금 제도.
  ※신청・전형・급부의 방법에 대해서는 입학 후에 안내합니다.
• 유학생 수용 촉진 프로그램 월 48,000엔 지급
  고등 교육기관에 재적하는 사비 외국인 유학생으로, 학업・인성 모두 뛰어나고, 한편 일본어 능력 또는 영어 능력에 대해 규정의 조건을 만족시켜, 유학생 생활을 계속해 가기 위해서 경제적인 원조를 필요로 하는 분에 대해, 일본 학생 지원 기구(JASSO)가 실시하고 있는 지급 사업입니다.

◎ 학교기숙사
무라카와 학원이 제휴하는 부동산 회사를 소개하고 있기 때문에, 희망에 응하는 방을 구할 수 있습니다.

◎ 취업실적
취업률(정사원 내정만) 99% ※2021년 실적

◎ 한국입학사무소
• HED한국유학개발원
• 전화번호 : 02-552-1010 ● 이메일 : hedc@hed.co.kr

일본 유학으로 성공하기

学校法人 同志舎
リハビリテーションカレッジ島根 Rehabilitation College Shimane

▶ 주소 : 〒699-3225. 島根県浜田市三隅町古市場2086-1　▶ Tel : +81-0855-32-3260　▶ Fax : +81-0855-32-3261
▶ E-mail : info@rcs.ac.jp　▶ 홈페이지 : https://www.rcs.ac.jp

일본에서 의료 국가 자격증 취득을 목표로 하자!

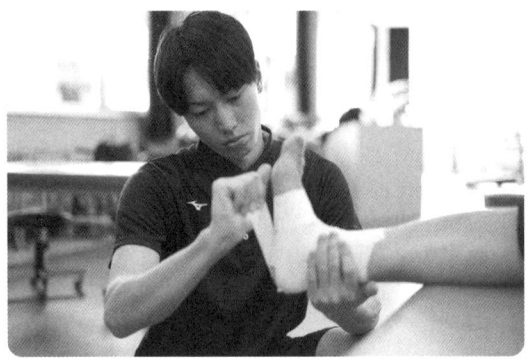

◎ 학교연혁·특징

본교는 1998년 개교한 4년제 전문학교로 의료계 국가자격, 「물리치료사」·「작업치료사」·「언어청각사」를 양성하고 있습니다.
「학사」와 동등한 「고도 전문사」 칭호로 대학원에 진학할 수 있습니다.
본교는 수업연한 4년 이상·총 수업시수가 3,400시간 이상 등 문부과학성이 정하는 기준을 충족하는 전문학교이며, 졸업생에게는 대졸자의 「학사」와 동등한 「고도 전문사」의 칭호가 주어져 「대학원 입학 자격」을 얻을 수 있습니다.

◎ 설치학과 정보

물리치료학과 (모집정원 15명)
수업연한 : 4년
취득자격 : 물리치료사 국가시험 응시자격
　　　　　대학원 입학 자격(고도전문사)

작업치료학과 (모집정원 15명)
수업연한 : 4년
취득자격 : 작업치료사 국가시험 응시자격
　　　　　대학원 입학 자격(고도전문사)

언어청각학과 (모집정원 10명)
수업연한 : 4년
취득자격 : 언어청각사국가시험수험자격
　　　　　대학원 입학 자격(고도전문사)

◎ 학비

입학금 30만엔
학비 납부금
1학년 80만엔·2학년 80만엔·3학년 135만엔·4학년 135만엔

◎ 유학생 특전

1. 유학생 특대생 제도
　유학생의 1·2 학년의 학납금은 일반 학생에 비해 2년간에 100만엔 면제하고 있습니다.

2. 아파트 월세감면제도
　학교가 소유한 학생 전용 아파트를 월세 월 2만엔에 제공합니다.

3. 입학금 반환제도
　입학금 300,000엔은 입학 후 전액 반환됩니다.

4. 임상실습비 무료제도
　많은 양성학교에서는 30~50만엔 정도 자기 부담이 필요하나 본교 학생은 무료입니다.

5. 학습용 태블릿PC 증정
　입학 후 학습 도구로 신입생 전원에게 태블릿PC를 지급합니다.

6. 학비 납부금 납입특례제도
　사정에 따라 학비 납부금을 일괄납입하기 어려운 분은 할부 및 후납이 가능합니다.

◎ 학생 아파트 정보

본교 소유 학생 아파트는 1K로 욕실·화장실별도, 화장실은 비데 기능이 포함되어 있습니다. 에어컨이나 모니터가 있는 인터폰도 있습니다.
아파트에서 학교로 통학하는 것은 하마다시 생활버스에 무료로 승차할 수 있습니다.

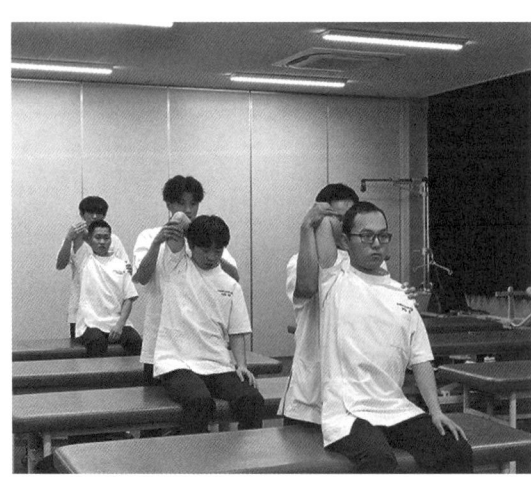

東放学園
TOHO GAKUEN INSTITUTE

▶ 주소 : 〒151-0023 東京都新宿区西新宿4-5-2　▶ Tel : +81-3-3378-7531　▶ Fax : +81-3-3378-7524
▶ E-mail : inter@tohogakuen.ac.jp　▶ 홈페이지 : https://www.tohogakuen.ac.jp/abroad/

엔터테인먼트의 세계를 목표로 세계 각국으로부터의 유학생이 동방학원에서 배우고 있습니다.

◎ 학교특징
TBS의 교육 사업 본부가 설립한 학교를 전신으로하여 창설한 동방학원. TV · 라디오 · 영화 · 애니메이션 · 성우 · 콘서트 · 음악 · 탤런트 · 예능의 세계에서 활약할 수 있는 프로를 육성하고 있습니다. "엔터테인먼트의 현장에서 태어난 학교"만이 가지는 교육 노하우와 취직 · 데뷔 서포트가 충실. 여기서 배우는 것이 프로로 가는 지름길입니다.

◎ 설치학과 정보
방송예술과 · 방송기술과 · 조명크리에이티브과 · TV미술과 · 방송음향과
영화제작과 · 프로모션영상과 · 애니메이션CG과 · 소설창작과
음향기술과 · 음향예술과
성우과 · 연기과 · 아나운서과 · 댄스 퍼포먼스과 · 배신(配信) 크리에이터과

◎ 학생모집 정보
입시 :
- 서류전형
- 필기시험 : JLPT「N2」또는「N1」에 합격한 자
  EJU 일본어 과목 200점 이상 취득자는 필기시험 면제
- 면접
- 학비 : 1년차(1,446,610엔), 2년차(1,230,000엔)

◎ 장학금 (동방 학원 유학 특대생 제도)
본학원 유학생 입시 성적 및 면접 평가가 우수한 자. 입학 수속 시 1학년 전기 수업료의 일부(20만 엔 또는 15만 엔) 면제

◎ 학생기숙사 정보
아파트 · 맨션을 희망하는 유학생에게는, 유익한 할인 혜택이 있는 부동산 회사를 소개해 드릴 수 있습니다. 자세한 사항은 입학상담실로 문의해 주십시오.

◎ 취업 실적
동방학원에는 캐리어 지원 센터가 있습니다.
「취업 · 데뷔 지원실」 「졸업생 네트워크」
업계 기업과의 굵은 파이프를 활용해 폭넓은 정보의 수집 · 제공을 실시하는 동방학원 커리어 지원 센터. 일본내에서 유학생의 채용을 적극적으로 실시하고 있는 기업이나, 한국 · 중국의 기업 등 넓게 아시아권을 시야에 넣어 정보 수집을 실시하고 있습니다. 또 채용 담당자를 학교에 초대하는 기업 설명회나 많은 연예 프로덕션을 초청하는 학내 오디션도 개최해, 취직 · 데뷔를 백업하고 있습니다.

◎ 한국 입시에 대해서
동방학원은 매년 한국에서 입학시험을 실시합니다.

〈2025년도 한국입시(서울)〉
출원기간 : 2024년 9월 1일(일)~12월 10일(화)
시험일 : 2024년 12월 21일(토)
※수험희망자는 사전에 입학상담실로 연락주시기 바랍니다.
(inter@tohogakuen.ac.jp)

◎ 한국 입학 문의처
- HED한국유학개발원
- 전화번호 : 02-552-1010

仙台育英学園高等学校
Sendai Ikuei Gakuen High School

▶ 주소 : 〒983-0045 宮城県多賀城市高橋5-6-1 ▶ Tel : +81-22-786-2444 ▶ Fax : +81-22-786-4175
▶ E-mail : h.yoon@sendaiikuei.jp ▶ 홈페이지 : www.sendaihigh.co.kr, www.sendaiikuei.ed.jp

대학 진학을 목표로 하는 향학심 높은 여러분의 유학을 진심으로 환영합니다.

◎ 학교연혁
1905년, 학교 설립자 가토 리키치 선생님이 설립하신 배움의 장 「이쿠에이주쿠」로부터 그 역사가 시작된 센다이 이쿠에이가쿠엔은 "Global Education(국제이해교육)"을 교육방침으로 하여 학습, 문화, 스포츠 면에 있어 국제교류 촉진사업을 적극적으로 추진해 왔습니다. 해외의 여러 학교와 자매교를 제휴하여 교환유학생을 서로 파견하고 있으며, 교환유학 프로그램은 1963년부터 시작하여, 이미 60년에 걸친 실적을 가지고 있습니다

◎ 유학생에 메시지
국제교류를 목적으로 하는 교환유학과는 달리, 사비유학의 궁극적인 목적은 일본에서의 대학진학입니다. 대학진학을 목표로 하는 유학생활의 결실을 맺기 위해서는 일본에 오기 전의 일본어 학습은 매우 중요한 요소입니다. 유학 전에 일본어능력시험 N3 정도의 실력을 갖추고 오는 것이 이상적입니다. 그 후 본교에서의 학습기간 중에 일본어능력시험 N2 이상을 취득할 수 있도록 일본어 습득에 노력하시기 바랍니다. 일본어능력시험 N2, 또는 동등한 실력을 갖추고 있다면 일본 국내의 대학에 지정교 추천으로 진학할 기회를 얻을 수 있습니다.

◎ 캠퍼스 소개
본교는 미야기노 캠퍼스와 다가죠 캠퍼스를 가지고 있으며 유학생은 주로 다가죠 캠퍼스에서 생활합니다. 학교 기숙사도 다가죠 캠퍼스 근처에 위치하고 있습니다.
미야기노 캠퍼스는 2013년에 재건축 준공하여 최신 설비와 학습환경에 충실한 시설을 완비하여 대학 교사에 손색이 없을 정도라고 평가 받고 있습니다. 다가죠 캠퍼스는 넓은 부지 에 유럽풍 건물과 야구와 축구 등 운동부의 연습장도 잘 갖추어져 있습니다.

◎ 코스 소개
유학생은 물론 일본 학생들도 자신의 목적과 능력에 맞게 선택이 가능한 코스를 개설하고 있습니다.
- 특진코스(국립 명문 대학 진학 목표)
- 슈코코스(IB교육, 국내외 명문대학 진학 목표)
- 영진코스(대학 진학 목표)
- 외국어코스(국제적인 인재양성, 국내외 대학 진학 목표)
- 정보과학코스(IT기술과 자격 취득을 목표)
- 플렉스코스(동아리 활동에 중점을 둔다)
- 기능개발코스(기능 개발, 취업을 목표)

◎ 유학생 모집 학년
- 4월 신학기의 신입생, 편입생(3년, 2년과정)
- 10월 가을학기의 편입생(3년반, 2년반, 1년반 과정)

◎ 모집시기
모집학기	원서접수	시험일	시험장소
4월학기	10월 1일~11월 15일	11월 말	서울(Zoom)
10월학기	5월 1일~5월 22일	6월 초	서울(Zoom)

◎ 유학생 일어교육
일본어능력시험 N2 이하의 학생은 입학 후 6개월 간 유학생반에서 일본어를 집중적으로 배웁니다. 그 후에 정규반에서 일본인과 함께 수업을 받습니다. N2 이상의 학생은 본인의 희망에 따라 정규반에서 수업을 받을 수 있습니다.

◎ 학비(2024년도 후기 입학)
- 1년차납부금 : 3,680,000엔(1.5년)
- 2년차부터 납부금 : 2,340,000엔(1년)
  ※ 포함 내역 : 기숙사비(침구 리스비, 기본 광열비 포함), 식비(조·석식), 수업료, 교과서대, 교복대, 국민건강보험료, 유학생 연수비 등
  ※ 불포함 내역 : 제반 경비(보조교재비, 교외 연수비 등). 점심 식사비, 광열비 초과분 (기숙사), 개인 용돈 등

◎ 한국 입학 사무소
본교는 한국 입학사무소를 개설하여 입학상담, 원서접수, 입학시험, 비자수속, 학생관리 등 모든 업무를 관장합니다.
- 한국어 홈페이지 : www.sendaihigh.co.kr
- 전화 : 02-552-1010
- 이메일 : hedc@hed.co.kr
- 주소 : 서울시 서초구 강남대로 381(강남역7번출구앞)

茗溪学園高等学校　　Meikei High School

▶ 주소 : 〒305-0061 茨城県つくば市稲荷前 1 - 1　▶ Tel : +81-29-851-6611
▶ E-mail : international@meikei.ac.jp　▶ 홈페이지 : https://www.meikei-inter-kor.com/

IB월드스쿨 메이케이가쿠엔에서 세계로 날아라!

◎ **학교 연혁**

- 1979년 130년 이상의 역사를 가진 메이케이회(도쿄고등사 범학교 : 현재의 츠쿠바대학 동창회)에 의해 설립
- 2011년부터 슈퍼사이언스 하이스쿨 인증
- 2016년, 국제 바칼로레아 디플로마 프로그램(DP) 인정.

메이케이가쿠엔을 졸업한 학생이, 과학이나 의료, 비즈니스 그리고 교육이나 예술 등 폭넓은 분야에 있어서, 일본내 뿐만이 아니라 세계 각지에서 활약하고 있는 것은, 메이케이 교육 실천의 증거라고 말할 수 있겠습니다

◎ **코스 (둘 중 하나 선택)**

- MG코스(일본 커리큘럼)
- IB코스(국제표준 커리큘럼)

◎ **학생 모집**

출원기간, 입학시험일, 합격발표

입학시기	출원서류제출	입학시험
2024년 9월	2024년 5월 6일(월)~ 2024년 6월 3일(토)	2024년 6월 8일(토)
2025년 5월	2024년 9월 30일(월)~ 2024년 11월 11일(월)	2023년 11월 16일(토)

◎ **시험 과목** (면접/보호자 동반+필기시험)

영어(50분/100점), 수학(50분/100점), 일본어(50분/100점)
면접(일본어 또는 영어 30분)

◎ **학비**

비용(연간)	연간유학비용 2024년 9월~2025년 3월 ※2025년도 4월입학부터 개정 예정	
	MG코스	IB코스
수업료	¥994,800	¥1,564,800
기숙사비	¥684,000	
기숙사 식비	¥330,000	
침구렌탈비	¥29,700	
교재비	¥150,000	
국민건강보험	¥17,000	
합계	¥2,205,500	¥2,775,500

※ 별도 입학시 납부금 ¥650,000+교복비 ¥150,000

◎ **학교기숙사**

- 기숙사는 2인실, 각 층에는 공용 세탁기, 냉장고, 전자레인지, 급탕기 등이 설치되어 자유롭게 사용할 수 있습니다. 목욕은 대욕탕, 개별 샤워부스가 완비되어 아침과 저녁의 정해진 시간에 이용할 수 있습니다.
- 식사는 기숙사와 인접한 식당에서 아침, 점심, 저녁 세 끼를 먹습니다.
- 18:30 통금시간까지는 외출 자유입니다. 주말에는 자전거 대여도 하고 주말에는 도쿄 등으로 나가는 학생도 있습니다.

◎ **진학실적**(2021년, 2023년 실적)

- 국립대학 노교내학 오사카대학 츠쿠비대학 등 65명 합격
- 사립대학 와세다대학 게이오대학 조치대학 등 622명 합격
- 해외 대학 Stanford University, UC Berkeley, Imperial College 등 세계 랭킹 100위 이내 대학 다수 합격

※ 유학생진학실적(2021년~2023년 실적)
와세다대학, 조치대학, 릿쿄대학, 가쿠슈인대학, 도쿄이과대학, 호세이대학, 공학원대학, 간세이가쿠인대학, 리츠메이칸 APU대학, 멜버른대학 등

◎ **한국 입학 사무소**

- HED한국유학개발원
- 한국어 홈페이지 : www.meikeihigh.co.kr
- 전화번호 : 02-552-1010

翔凛中学校・高等学校
Shorin Global Junior & Senior High School

▶ 주소 : 〒299-1172 千葉県君津市三直1348-7　▶ Tel : +81-439-55-1200
▶ Tel : 02-552-1010(입학사무소)　▶ E-mail : hedc@hed.co.kr　▶ 홈페이지 : www.shorinedu.co.kr(한국어)

쇼린의 교육은 심지가 강한 인간력을 함양하고 당당한 글로벌 마인드를 가진 인재를 양성합니다.

기숙사 전경

◎ 학교로부터의 메시지
쇼린은 글로벌한 시야를 가진 인재를 키웁니다. 졸업 후에는 글로벌한 사람으로서 일본은 물론 세계에 공헌할 수 있는 인재로 성장했으면 하는 꿈이 있습니다.
세계의 난관 일류 대학에 합격·진학한다는 이 꿈을 실현하기 위해서, 학생과의 살아있는 커뮤니케이션을 도모하는 장을 마련하여 한사람 한사람 세심히 지도를 맡는 시스템을 실천하고 있습니다.
중고 일관 교육 속에서 학업의 레벨업을 비롯한 글로벌 교육, 부활동의 강화를 목표로 삼위일체의 균형잡힌 교육을 실시하는 것으로 인간력 그 자체의 향상을 도모하고 있습니다.
또, 학생의 주체성을 길러, 각종 이벤트에 참가하거나 검정시험에 도전하는 의욕을 서포트하는 환경이 갖추어져 있습니다. 저희는 높은 뜻과 진지하게 노력하는 기개있는 학생을 원합니다. 학업도 운동도 전력으로 임하고 누구와도 적극적으로 소통하는 충실한 시간을 함께 합시다.

◎ 학교 특징
1. 소수인원제 교육으로 철저히 학생을 보살펴 줍니다.
2. 진학 고등학교로서 진학의 꿈을 실현해 드립니다.
3. 세계로 웅비하기 위한 지식과 경험을 풍부하게 제공합니다.
4. 학력을 늘리고 자신을 단련하는 학습 환경을 갖추고 있습니다.
5. 정확한 진로 지도로 학생 개개인의 가능성을 넓힙니다.
6. 자연과 접하게 함으로서 풍부한 마음을 양성합니다.
7. 학교 행사나 클럽 활동을 자기표현의 장으로 장려합니다.

◎ 학교 위치
도쿄역에서 버스로 약 1시간 거리에 위치합니다. 학교가 소재한 치바현 기미츠시는 지방의 소도시이지만 도쿄에 근접한 지역이며 학교는 주택가이면서 낮은 산의 언덕 위에 있어서 주변은 경치가 아름답습니다.

◎ 코스 소개
여러분의 꿈을 서포트하는 3가지 코스가 있습니다.
- 특진코스 : 국공립대학 및 초일류 사립대학 합격 목표 코스
- 선발코스 : 초일류 사립 대학에 합격을 목표로 하는 코스
- 진학코스 : 현역 진학을 목표로 무리 없이 진학하는 코스

◎ 유학생 모집시기

모집학기	원서접수	시험일	시험장소
4월학기	10월 1일~11월 15일	11월말	HED사무실
10월학기	5월 1일~5월 30일	6월말	HED사무실

◎ 시험 과목
영어, 수학, 일본어 필기시험 및 면접(학부모 동반)

◎ 학비(2024년도 기준)
- 1년차입학 납부금 : 2,130,000엔
- 2년차부터 납부금 : 1,753,800엔

◎ 학교기숙사
- 기숙사는 3인실이며, 목욕탕, 화장실이 딸린 원룸 스타일 공간입니다.
- 남녀 각 다른 동을 사용하며 각 동은 20실이 갖추어져 있습니다.
- 1일 3식은 학교 카페테리아를 이용하며 모든 비용은 학비에 포함됩니다.

◎ 진학 실적
국공립 대학에 약간명이 진학하고 사립의 명문 대학에 다수의 진학자를 매년 배출하는 진학교입니다.

◎ 한국 입학 사무소
- HED 한국유학개발원
- 한국어 홈페이지 : www.shorinedu.co.kr
- 전화 : 02-552-1010　E-mail: hedc@hed.co.kr

建国高等学校
KEONGUK HIGH SCHOOL

▶ 주소 : 〒558-0032 大阪市住吉区遠里小野2-3-13　▶ Tel : +81-6-6691-1231　▶ Fax : +81-6-6606-4808
▶ E-mail : keonguk@keonguk.ac.jp　▶ 홈페이지 : http://keonguk.ac.jp

세계로, 그리고 미래로!
국제친선에 기여하는 글로벌 리더를 육성합니다.

◎ 학교 연혁
일제시대 해방후 귀국하지 못하고 일본에 남은 동포자녀들의 한글, 역사 및 문화 교육, 민족정체성 확립을 위한 교육기관으로서 1946년 3월 초대 이사장 조규훈 선생님이 '백두동지회'를 결성하여 설립한 백두학원은 일본사회로부터 인정받는 교육을 목표로 1949년 일본 문부성으로부터 정식학교 자격을 얻어 현재의 국제사회를 앞선 교육과정이 실시되었다. 또한 1976년에는 한국 교육부로부터 정식인가를 받아 일본과 한국 양국으로부터 정식인가를 가진 학교가 되어 현재 유치원·초등학교·중학교·고등학교를 병설하고 있다.

◎ 특징 (영어·한국어·일본어·중국어)
창립자의 교육이념을 이어받아 본교에서는 일본 문부성의 교육지도요령에 따른 교육과정에 한국 교육부의 교육과정을 담은 커리큘럼을 채택하고 있다. 또한 창립초부터 영어, 한국어·일본어 어학교육을 실시해왔으며 금년부터 중국어 교육을 도입하여 국제화 사회에 우수한 인재 배출을 목표로 하고 있다.
원어민 교사를 중심으로한 정확한 발음과 확실한 듣기가 어학실력 향상의 비결이라 할 수 있다. 학습면뿐아니라, 방과후 활동도 활발하며 여자배구, 취주악, 전통예술의 각 클럽활동은 일본전국에서도 지명도 있는 활동을 계속하고 있으며, 이외 테니스·농구·유도·태권도·댄스부 등이 활동중이다.

◎ 대학 진학
본교 대학진학의 특징은 소수정예를 기본으로 철저한 개인지도에 의해 진학대책을 계속하는 것이다. 학생 개인이 가진 능력을 철저분석하여 그 능력에 따른 진학대책을 고안, 착실하게 합격을 목표로 하는 방법에 의해 한국대학, 일본대학에 매년 다수 대학진학자를 배출하고 있다.
- 과거 10년간 진학대학
  〈국공립〉동경대·교토대·오사카대·고베대·오사카시립대·오사카부립대 외 다수
  〈사립〉와세다대·호세이대·조치대·동지사대·간사이학원·리츠메이칸대·간사이대 외 다수

◎ 유학생에 메시지
본교는 일본에 관한 것은 물론 한국에 관한 것도 가르치는 학교입니다. 그 때문에 한국어를 이해할 수 있는 학생들이 많이 재학하고 있습니다. 교사 또한 한국어로 회화가 가능하기 때문에 여러분이 일본 유학중 고민이나 걱정, 진로상담 등 언어때문에 염려할 일이 없이 상담할 수 있는 환경입니다. 또한 카운셀러도 한국어로 대응하기 때문에 안심하시고 본교에서 일본어를 포함한 일본문화를 익혀 주십시오.

◎ 코스 소개
- 종합코스(영미문화·중국문화·한국문화전공)
- 특별진학코스(국·공·사립 명문대학 진학 목표)

◎ 학생 모집 정보
- 모집시기
  4월, 9월(1, 2학년 신입생·편입생)
- 시험과목
  1차 학과시험 영어(공통), 수학(공통), 국어(신입생만)
  2차 면접시험(공통)
- 학비(기숙사비 별도)
  1년차 납부금 1,365,000엔, 2년차부터 748,000엔
  (포함내역:입학금, 사무수수료, 교복대, 수업료, 교육충실비, 급식비, 부교재비, 행사비, 수학여행적립금, 졸업경비적립금, 건강관리진단비, 학생회비, PTA비, 건국제찬조금)
  ※ 2학년 편입생의 경우, 추가 납부금 있음
- 장학금제도
  고1신입생으로 지원하는 자 중에서 본교의 특별장학생 선발 조건에 부합하는 학업성적 우수자에게 입학금 면제, 학습장려금(특별장학생A 24만엔, B 12만엔)을 급부
- 학교기숙사(제휴 민간기숙사)
  기숙사비: 아넥스파오 연간 약77만엔(남),
  　　　　　카사데파오 연간 약82만엔(여)
  ※ 불포함 내역: 광열비(실비), 식사비(조·석식)

◎ 한국 입학 사무소
(주)해외교육사업단
- 한국어 홈페이지 : www.keonguk.co.kr
- 전화 : 02-552-1010
- 이메일 : hedc@hed.co.kr
- 주소 : 서울시 서초구 강남대로 381(두산빌딩709호)
　　　　(강남역 7번 출구앞)

ARC GROUP
ARC Academy

도쿄교 · 신주쿠교 · 교토교
Tokyo, Shinjuku, Kyoto

▶ 新宿校住所 : 〒160-0023 東京都新宿区西新宿7-18-16 3층   ▶ Tel : 03-5337-0166   ▶ Fax : 03-5337-0168
▶ 홈페이지 : https://japanese.arc-academy.net/

다국적, 질 높은 일본어교육, 진로 지원

◎ 학교 연혁

1986년 도쿄에 개교한 이래, 30년 이상 역사가 있는 일본어학교입니다. 일본어교육양성강좌를 병설하여 일본어학습자에게 호평받는 '한자마스터' 시리즈 등, 일본어교재 편집에도 관여하고 있습니다. 교토교와 오사카교에 이어 2017년 10월에 도쿄교(구 시부야교)도 사회적 신용도 높은 학교법인이 운영하는 학교가 되었습니다.

◎ 학교 특징
- 10단계 클래스, 본인에게 맞는 레벨로 학습 가능.
- 활동형 수업을 통해 의사소통능력을 양성
- 중급 이상은 주 3회 선택수업 있음 (도쿄교 한정)
- 다국적 : 상시 30개국 이상 재적
- 매 학기 이벤트, 교외학습 있음
- 유학생 의료비 보조제도 이용 가능

◎ 설치학과 정보

일반유학코스 (유학비자로 학습하는 분)
- 6개월~2년 (4월·7월·10월·1월 입학)

집중일본어코스 (단기체재, 워킹홀리데이 등 비자가 있는 분)
- 3개월 (4월·7월·10월·1월 입학)

특별클래스 (도쿄교 한정)
[비즈니스일본어클래스]
- 학습기간 : 1년
- 입학시기 : 4월
- 입학조건 : 학사 또는 전문 학사 학위를 가진 자. 일본어 중급 이상

[대학원진학클래스]
- 학습기간 : 1년
- 입학시기 : 4월
- 입학조건 : N1레벨, 선택시험 있음

◎ 국적 비율
- 중국 42%
- 유럽 및 미국 34% (이탈리아, 스페인 외 31개국)
- 베트남 5%
- 기타 19% (대만, 한국 외 16개국)

◎ 학비 (단위/엔)

구분	일반유학코스	집중일본어코스
선고료	30,000	없음
입학금	70,000	10,000
수업료	384,000※1	192,000
합계	484,000※2	202,000※2

※1 6개월분 : 개월 마다 분납 가능
※2 교재비 별도

◎ 기숙사

제휴 학생 기숙사(월액) 도쿄 67,000엔~, 교토 55,000엔~ 등 제휴 숙박시설 있음

◎ 취업 지원 (도쿄교)

교내 취업 세미나(매 학기 실시), 선택수업의 '취직활동대책' 과목, 선배의 이야기, 교내 기업 설명회 실시, 구인 안내, 개별 상담, 면접 연습 등
- 업계내역 : IT 20%, 외식·레저 20%, 기계 15%, 전문교육·인재 14%, 기타 31% (2019년도)

◎ 학교 정보

아크아카데미 신주쿠교(정원 240명)
- 우160-0023 도쿄도 신주쿠구 니시신주쿠 7-18-16 3층
- Tel : 03-5337-0166 Email : shinjuku@arc-academy.net

ARC도쿄 일본어학교(정원 640명)
- 우112-0004 도쿄도 분쿄구 고라쿠 2-23-10
- Tel : 03-5804-5811 Email : tokyo@arc.ac.jp

ARC교토 일본어학교(정원 400명)
- 우600-8429 교토시 시모교쿠 만주지도리 카라스마니시이리고쿠이시쵸 349
- Tel : 075-254-8518 Email : kyoto@arc-academy.co.jp

◎ 한국 연락 사무소
- HED한국유학개발원
- 홈페이지 : www.arc-k.co.kr (한국어)
- 전화번호 : 02-552-1010

インターカルト日本語学校 INTERCULTURAL INSTITITE OF JAPAN

▶ 주소 : 東京都台東区台東2-20-9　▶ Tel : +81-3-5816-4861　▶ Fax : +81-3-5816-4862
▶ E-mail : incul@incul.com　▶ 홈페이지 : http://www.incul.com/　www.inter-cult.co.kr(한국어)

～일본어를 배우려는 모든 사람들에게～

◎ 유학생에 대한 메시지

1977년 설립이래 저희들은 일본과 해외 각국의 연결고리가 될 인재를 육성하는「일본어교육사업」과 진정한 커뮤니케이션 능력을 이끌어낼 일본어 교육의 프로를 육성하는「일본어교원양성사업」을 통해 일본어 교육을 필요로 하는 모든 사람, 기업, 사회의 여러 수요에 부응해왔습니다.

◎ 학교의 특징
- 세계 60개국 이상의 다국적 학생(균형 잡힌 국적 비율)
- 장소는 도쿄의 중심부(아키하바라, 우에노 부근)
- 일본인이 공부하는 일본어교사양성 학과를 병설 (일본인과의 교류 기회가 있음)
- 수요에 맞춘 다채로운 코스(학생이 선택하는 목적 별 수업, 진학 서포트, 취직 서포트 프로그램)
- 도보권내에 학교 기숙사 완비, 체재할 숙소 소개 (히가시쥬죠, 와라비 등)

◎ 개설코스

장기 코스
- 진학, 취직 등 학생이 자신의 목적에 맞는 수업을 수강할 수 있는 목적 별 수업
- 취직 서포트 프로그램(취업 가이던스, 개별상담, 면접연습, 이력서와 자기 PR 작성지))
- 진학 서포트(대학원 진학 상담, 교내 전문학교 박람회, 대학 진학 박람회)

위클리 코스 (단기 속성 코스)
- 회화중심
- 소인원제의 클래스 수업
- 매주 월요일 개강으로 자신의 스케줄에 맞춰 수강 가능

◎ 출원기간

입학시기	코스	신청기간
4월	1년/2년	9월～10월 하순
7월	1년 9개월	1월～2월 하순
10월	1년 6개월	3월～4월 하순
1월	1년 3개월	7월～8월 하순

◎ 장기 코스의 출원 자격
- 고등학교 졸업 혹은 그와 동등한 자격이 있는 자
- 진학을 희망하는 학생은 12년 이상의 학교 교육과정을 수료한 자

◎ 장기 코스 수업료

(단위 : 엔)

학습기간	전형료	입학금	수업료	교육활동비	시설유지비	보험가입비	교재비용	합계
1년	22,000	66,000	792,000	44,000	33,000	10,000	22,000	989,000
1년 3개월	22,000	66,000	990,000	58,300	41,250	13,300	27,500	1,218,350
1년반	22,000	66,000	1,188,000	58,300	49,500	15,800	33,000	1,432,600
1년 9개월	22,000	66,000	1,386,000	88,000	57,750	17,900	38,500	1,676,150
2년	22,000	66,000	1,584,000	88,000	66,000	20,000	44,000	1,890,000

◎ 재학생의 국적

한국, 중국, 태국, 홍콩, 대만, 이탈리아, 미국, 스웨덴, 스페인, 러시아, 말레이시아, 인도네시아, 필리핀, 캐나다, 프랑스, 멕시코, 영국, 독일 등 상시 40개국(2023년 4월 현재)

◎ 취직처 실적

년도	인원	취직처
2023	17	AIS 주식회사, 엠엔 휴머틱, 우븐 플래닛 홀딩스, 주식회사 트레이딩, 주식회사 티케 그룹,마스 재팬, 주식회사 GO! GO! 월드, (주)트리콜롤, 주식회사 디지털 하트, 주식회사 스퍼트, 주식회사 마노 배전인 소개소, 주식회사 NOVA 외

◎ 한국 입학 사무소
- 한국어 홈페이지 : www.inter-cult.co.kr
- HED한국유학개발원
- 전화 : 02-552-1010

学校法人長沼スクール 東京日本語学校
The Naganuma School
Tokyo School of Japanese Language

▶ 주소 : 16-26, Nampeidaicho, Shibuya-ku, Tokyo, 150-0036 JAPAN ▶ Tel : +81-3-3463-7261 ▶ Fax : +81-3-3463-7599
▶ E-mail : info@naganuma-school.ac.jp ▶ 홈페이지 : www.naganuma-school.ac.jp/kr/index.html

1948년 설립의 학교법인!
친절한 취업 · 진학 서포트에 자신이 있습니다!!

◎ 학교로부터의 메시지
매년 약 50여개국에서 온 친구들, 약 75년의 역사와 3만명 이상 졸업생들의 네트워크는 여러분의 귀중한 재산이 될 것입니다.

◎ 코스
- 일본어커뮤니케이션코스
- 비즈니스일본어코스
- 진학코스(4월, 10월에만 개강)
- 기타(JLPT N1,N2대책반, 개인레슨등)

◎ 특징
- 커뮤니케이션능력 향상을 위해서 장면과 문법을 중시한 철저한 회화연습을 실시 (이 지도법이 오늘날 일본어교육의 기반이 됐음)
- 1클래스 최대 약15명~20명을 3명이상 교사가 팀 티칭
- 일본문화 유행의 첨단지 시부야에 위치하면서 건물을 3개 보유함

◎ 취업대책 특징(실적은 홈페이지 참조)
- 취업활동부터 회사내부 및 외부 업무까지 연습
- 담임교사와 Career Center가 끝까지 취업 서포트
- 외부회사 기업인을 인한 모의면접이나 기업견학이 있음

◎ 진학대책 특징(실적은 홈페이지 참조)
- 학교추천 다수 가능
- EJU대책수업과 모의시험 있음.
- 담임교사와 Career Center가 끝까지 진학 서포트
- 교내 진학설명회 실시 (유명학교 참가)

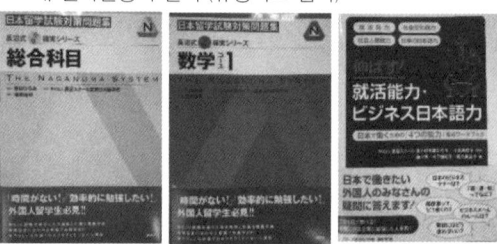

◎ 국적비율(2023년 4월학기)
한국	대만	중국	몽골	홍콩	서구	기타
4%	37%	16%	11%	7%	12%	13%

◎ 진학비율(2023년도)
전문학교	대학(국공립포함)	대학원	기타
36%	52%	8%	4%

◎ 취업내정실적(홈페이지도 참조)
2023	2022	2021
48명	20명	28명

◎ 학비(일본어종합코스)
3개월 단기	1년
303,000엔	998,800엔

2025년부터 소비세 인상으로 학비가 변동될 코스가 있음(미정)

◎ 한국 연락 사무소
- HED한국유학개발원
- 한국어 홈페이지 : www.naganuma.co.kr
- 전화번호 : 02-552-1010

北海道日本語学院札幌本校

Hokkaido Japanese Language Academy Sapporo Main Campus

▶ 주소 : 〒060-0006 北海道札幌市中央区北6条西25丁目1-5 ▶ Tel : +81-11-633-1616 ▶ Fax : +81-11-633-1818
▶ E-mail : info@h-nihongo.org ▶ 홈페이지 : http://www.h-nihongo.org

전 세계에서 사람이 모이는 홋카이도에서 배운다! 논다! 느낀다!

단위 : 엔

	1년	1년 6개월	1년 9개월	2년
선고료	30,000	30,000	30,000	30,000
입학금	66,000	66,000	66,000	66,000
제비용	88,000	132,000	154,000	176,000
수업료	600,000	900,000	1,050,000	1,200,000
합계	784,000	1,128,000	1,300,000	1,472,000

※ 제비용에는 설비비, 교재비, 보험료, 건강검진진료비가 포함됩니다.

◎ 학비안내(단기)

단위 : 엔

	1개월(20일)	2개월(40일)	3개월(60일)
입학금	11,000	11,000	11,000
수업료	55,000	110,000	160,000
합계	66,000	121,000	171,000

※ 별도 교재비(5,000엔~7,000엔)가 3개월에 1회 정도, 참가 희망자만 액티비티비(통상 7,000엔 이하, 연 2회 대행사 때는 약 3,000엔~1,000엔)가 한 달에 한 번 정도 듭니다.

◎ 학교연혁·특징

본 학원에서는 올바른 일본어 습득은 물론, 그 장면에 최적인 자연스러운 일본어로 교류할수 있도록 평시의 수업과 행사등을 통해 많은 일본인들과 교류하고 일본을 체감할수 있는 커리큘럼을 준비하고 있습니다. 또 일본에서도 손꼽히는 식문화를 자랑하고 있는 홋카이도에서만 체험할수 있는 과외 활동도 풍부히 준비하고 있습니다.

◎ 학교특징

- 경험이 풍부한 강사에 의한 질 높은 수업
- 발군의 생활·진학 서포트 체제
- 사계절의 즐거운 과외활동이 풍부
- 20개 이상의 국가와 지역 유학생이 모여 일본어를 배우기에 최적의 환경

◎ 설치코스

- 장기코스
- 단기코스
- 여름·겨울 2주 코스 : 오전에는 4시간 동안 일본어 수업을 듣고 오후에는 초밥 만들기와 다도 등의 문화 체험과 삿포로의 인기 명소를 둘러보는 관광을 합니다. 여름에는 오타루나 후라노 등의 관광지로 발걸음을 옮기거나 겨울에는 스키 등 겨울 스포츠를 즐길 수 있습니다. 일본어를 배우면서 홋카이도의 매력을 체험할 수 있는 매우 유익한 코스입니다.

◎ 학교기숙사

기숙사 가능월 : 4월, 7월, 10월
기숙사비품 : 침구, 테이블, 냉장고, 밥솥, 가스받침대, 전자레인지, 세탁기, 난방기구
최초 납입금 : 6개월분

단위 : 엔

	1인실	다인실
입학금	30,000	30,000
수업료	10,000	10,000
화재보험 등	5,000	5,000
월세	228,000	150,000
합계	273,000	195,000

학교 주변에 여러 개의 방을 빌려 학생 기숙사로 이용하고 있으며 고등학교나 대학의 학생 기숙사와는 다릅니다.

◎ 취직실적

우포포이(민족상생상징공간), 도큐호텔즈, 주식회사 인터락북 일본 등

◎ 한국 연락 사무소

- HED한국유학개발원
- 전화 : 02-552-1010
- E-mail : hedc@hed.co.kr

関西外語専門学校(日本語課程)
KANSAI COLLEGE OF BUSINESS & LANGUAGES(JAPANESE LANGUAGE COURSE)

▶ 주소 : 〒545-0053 大阪市阿倍野区松崎町2-9-3　▶ Tel : +81-6-6621-8115　▶ Fax : +81-6-6623-9164
▶ E-mail : nihongo@tg-group.ac.jp (한국어, 영어, 중국어로 대응 가능)　▶ 홈페이지 : http://www.tg-group.ac.jp/nihongo/

간사이의 우수한 전통학교에서 일본어를 배우자!

◎ 학교 연혁

관서외어전문학교는 1967년 창립된 비즈니스 어학 전문학교입니다. 일본의 외국어 교육은 문법에 편중되어 있다고 알려져 있으나, 관서외전은 세계에 통용되는 뛰어난 외국어 능력을 갖춘 인재 육성을 목표로 하고 있습니다. 창립 이후 수많은 어학 전문가를 각계에 배출해왔습니다.
1989년에는 25년에 걸친 외국어교육 노하우를 활용해, 외국인 유학생 및 귀국 자녀를 대상으로 일본어과정을 마련하여 현재 400명의 외국인 학습자가 본교에서 일본어를 배우고 있습니다.

◎ 학교특징

일본어 과정에서는 최대 28개인 수준별 반 편성을 실시하고 있습니다. 입학 시 반 편성 테스트(Placement Test)를 실시하고 학습자의 능력별, 진도별로 클래스를 결정하고 본인의 실력과 맞는 레벨부터 일본어를 공부합니다.
커리큘럼 구성은 읽기·쓰기·듣기·말하기로 '일본어의 4가지 기능' 육성을 기반으로, 학습자 스스로 학습 내용을 선택하고 학습 목적이나 진로에 맞는 독자적인 과목을 편성할 수 있는 '선택 과목제'를 도입했습니다.
또한, 각 클래스를 담당하는 담임교사가 학습자 개개인의 일본어 학습 성취도를 파악해, 알맞은 학습지도를 실시하고 '클래스 담임제'를 반영해 꾸준히 본인의 목표에 따라 일본어 능력을 향상시킬 수 있도록 합니다.

◎ 설치 학과

장기과정
- 4월입학 (1년코스/2년코스)
- 10월입학 (1년반 코스/2년코스)

단기과정
- 4월, 6월, 10월, 1월 (각 210시간)

◎ 학비
- 선고료 장기 20,000엔, 단기 10,000엔
- 입학금 장기 80,000엔, 단기 20,000엔

	장기(1년)	장기(1년반)	장기(2년)	단기
수업료	696,000엔	1,044,000엔	1,392,000엔	190,000엔
연습비	22,000엔	33,000엔	44,000엔	10,000엔
과외 활동비	15,000엔	22,500엔	30,000엔	–
상해안전비 (보험)	7,000엔	10,500엔	14,000엔	–
합계	740,000엔	1,110,000엔	1,480,000엔	200,000엔

◎ 국적 비율
- 한국 11%, 홍콩·마카오 21%, 대만 30%, 중국 10%, 미국 6%, 태국 1%, 기타 17%
- 기타 국가는 호주, 영국, 베트남, 스웨덴, 멕시코, 프랑스, 러시아, 독일 등 총 23개국

◎ 진학처(2023년도)
- 오사카대학 대학원
- 류코쿠대학 대학원
- 교토외국어대학
- 오사카예술대학
- 관서외어전문학교(전문과정)
- 츠지조리사전문학교
- OCA오사카디자인&IT전문학교
- 오사카전자전문학교
- 오사카종합디자인전문학교 등 합계 42교

◎ 학교기숙사

연계 부동산이나 업체가 보유한 학생기숙사 및 원룸 소개 가능

◎ 한국 연락 사무소
- 홈페이지 : www.kansaicollege.co.kr
- 전화번호 : 02-552-1010

学校法人 東京国際学園
東京外語専門学校
Tokyo Foreign Language College

160-0023 東京都新宿区西新宿7-3-8   TEL(03)3367-1101(代)・(03)3367-1181(直)   FAX(03)3367-1106
www.tflc.co.kr   e-mail: tflc@tflc.co.kr

동경외어는 유학생 여러분을 응원하고 있습니다.

▶ 특색
- 본교는 동경의 중심지 신주쿠에 위치하며 신주쿠역에서 7분거리 입니다.
- 일본어과는 대학, 대학원, 전문학교 진학을 위한 일본어 능력시험과 일본유학시험 대비 등 진학을 위한 교육을 실시하며, 일본 문화코스는 고도의 일본어 능력을 갖추고 싶은 한국인 유학생들에게는 최상의 교육 환경이 되고 있습니다.
- 일본에서의 취직이나, 한국에서의 일본계 기업에 취직을 원하는 분을 위한 전문사 과정의 통역번역과의 일한코스, 국제일본학과(비즈니스 일본어 코스)등이 있습니다.
  통역번역과는 기업에서 실전에 대응할 수 있는 고도의 언어 운용능력과 지식, 이해력 등으로 통역과 번역의 실력을 기르며, 국제일본학과는 비즈니스 현장에서 활용할 수 있는 비즈니스 스킬과 다방면의 지식을 습득할 수 있도록 지원합니다.

▶ 진로지도
매년 많은 학생이 대학원, 대학, 전문학교에 진학하고 있습니다. 진학 희망자에게는 빠른 시기부터 개인면담을 중심으로 세심한 진학지도를 하고 있습니다. 선택과목 제도도 실시하고 있습니다.
〈대학〉 요코하마국립대학, 게이오기쥬쿠대학, 와세다대학, 메이지대학, 사이타마 대학, 주오대학, 일본대학, 호세대학 등.
도쿄공업대학대학원, 치바대학대학원, 동경학예대학대학원, 동경대학대학원, 일본대학대학원, 메이지대학대학원 등.

▶ 설치학과
- 일본어과 (1년제/4월입학, 1.5년제/10월입학)
  (단기생/연중 입학)
- 통역번역과·일한코스 (2년제/4월입학)
- 국제일본학과 (2년제/4월입학)
  비지니스일본어코스
- 국제커뮤니케이션학과 (2년제 : 4월입학)

▶ 장학금제도
- 「유학생학습장려금」으로서 입학금을 면제(일본어과 제외)
- 「유학생특별 장학금제도」로서 선고에 의해 최고 30만엔 지급 (일본어과 제외)
- 일본어과에서 전문과정으로 학내 진학자에게는 장학금 지급
- 독립 행정법인 일본학생 지원기구(JASSO)의 「사비 외국인 학습장려비 지급제도」(월 48,000엔) 수급자격이 주어집니다.

(주)해외교육사업단 부설
HED 한국유학개발원
HANKUK EDUCATIONAL DEVELOPMENT CENTER

강남본부 서울시 서초구 강남대로 381 709 ☎ 02-552-1010
www.hed.co.kr   E-mail : hedc@hed.co.kr

- 매년 90%이상의 『높은 취업률』
- 도쿄(신주쿠,오쿠보역에서 도보 1분거리)에 위치
- 취업요건이 대학과 동등한 『외국인 유학생 커리어형성 촉진 프로그램』첫 인정교
  ※2024년도 문부과학성으로부터 인정된 학교는 전국 2700개 중 약 187개교(약 7%)
- 『iU정보경영 이노베이션 전문직대학』편입학제도 실시

크리에이터 분야

CG · 영상
- CG 컴퓨터 그래픽과 2년
- CG 영상 제작과 2년
- CG 컴퓨터 그래픽 연구과 3년

<취업 희망 분야>
- CG 디자이너
- 모델러 (모형제작가)
- VFX 아티스트
- 컴퍼지터 등

 게임
- 게임 제작과 2년
- 게임 기획과 2년
- 게임 제작 연구과 3년

<취업 희망 분야>
- 게임 프로그래머
- 게임 CG 디자이너
- 게임플래너 (기획) 등

 애니메이션
- 애니메이션과 2년
- 애니메이션 연구과 3년

<취업 희망 분야>
- 애니메이터 (작화)
- CG 애니메이터
- 촬영 (디지털촬영)
- 제작진행 등

 디자인
- 그래픽 디자인과 2년

<취업 희망 분야>
- 그래픽 디자이너
- 에디토리얼 디자이너
- 캐릭터 디자이너
- 일러스트레이터 등

IT · 엔지니어 분야

AI
- AI 시스템과 2년

<취업 희망 분야>
- AI 엔지니어
- 데이터 사이언티스트
- 시스템 엔지니어
- 프로그래머 등

Web · 모바일
- Web 디자인과 2년
- 모바일 애플리케이션개발과 2년

<취업 희망 분야>
- Web 디자이너
- Web 프로그래머
- 모바일 앱 프로그래머 등

정보처리
- DX 스페셜리스트과 2년
- 정보처리과 2년
- 정보 시스템 개발과 2년
- 고도 정보처리과 3년

<취업 희망 분야>
- 프로그래머
- DX 디자이너
- 시스템 엔지니어
- 데이터베이스 엔지니어 등

네트워크 · 시큐리티
- 네트워크 시큐리티과 2년

<취업 희망 분야>
- 시큐리티 엔지니어
- 클라우드 엔지니어
- 네트워크 엔지니어
- 서버 엔지니어 등

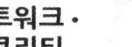 전기 · 전자
- 전기공학과 2년
- 전기공사 기술과 2년
- 전자 응용 공학과 2년

<취업 희망 분야>
- 전기 주임 기술자
- 전기공사사
- 임베디드 엔지니어 (하드웨어)
- 전자 설계 기술자 등

学校法人電子学園
日本電子専門学校

TEL　+81-3-3363-2985
E-MAIL　jpr@jec.ac.jp
〒196-8522 東京都新宿区百人町 1-25-4

한국유학개발원

TEL　02-552-1010
E-MAIL　japan1@hed.co.kr
서울시 서초구 강남대로381 두산 709호

2024-2025 일본 유학으로 성공하기

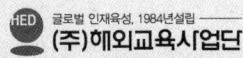

제2장 | 기초편

1. **일본유학 키워드** 24
   - 일본어 연수과정 24
   - 정규 유학과정 24

2. **일본의 교육제도** 26
   - 교육제도의 개요 26
   - 학사일정과 학기제 26
   - 교육기관별 수업연한 26
   - 교육기관의 설치 목적 27
   - 고등교육 기관 수 27
   - 외국인 유학생 수 28
   - 재학 단계별 외국인 유학생 수 28

3. **일본유학의 진행도** 29
   - 일본에서 준비하는 방식 29
   - 한국에서 준비하는 방식 29
   - 3가지 방식 30

4. **일본유학 스케줄** 32

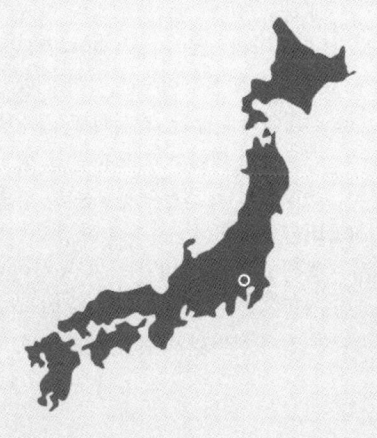

1. 일본유학 키워드

‹- 일본어 연수과정

① **단기어학연수** : 90일 이내의 단기 비자로 일본어 연수하는 일. 수시 입학 가능한 학교도 있음.
② **장기어학연수** : 6개월 이상의 유학생 비자로 2년까지 장기간 일본어 연수하는 일. 연간 4회 1, 4, 7, 10월에 개강.
③ **유학생 비자** : 일본어학교를 비롯하여 고등학교 및 고등교육기관에서 공부하는 학생에게 학업 수료 기간까지 부여되는 학생 비자.
④ **진학코스** : 일본어 연수과정에 설치된 고등교육 기관으로의 진학을 목적으로 하는 어학코스.
⑤ **일반코스** : 진학 이외의 목적으로 일본어를 배우는 코스. 취업, 비즈니스, 일본 이해, 교양 등을 목적으로 하는 어학코스.
⑥ **일본어학교** : 일본어만을 가르치는 어학교로서 학교법인, 재단법인, 주식회사 등의 설립 형태가 있음. 진학코스, 일반코스 등을 개설. 전국적으로 700여개 학교가 있음. 6개월에서 2년까지 재학.
⑦ **전문학교 일본어과** : 전문학교라는 고등교육 기관에서 일본어를 가르치는 과정. 1년 또는 2년 코스 개설. 전국적으로 150여개 학교가 있음.
⑧ **대학 유학생별과** : 대학에 설치된 어학코스. 자체 대학에 진학을 중심으로 교육하며 다른 대학으로의 진학도 가능. 전국적으로 약 70여개 대학이 있음.
⑨ **2부제 수업** : 일본어학교 수업은 오전 4시간, 오후 4시간씩 2부제로 나누어 수업하는 것을 말합니다. 대부분의 일본어학교는 2부제.
⑩ **전일제 수업** : 오전9시경부터 오후 3시~4시경까지 종일 반으로 수업하는 것을 전일제라 한다. 주로 전문학교 일본어과, 대학 유학생별과에서 전일제로 수업한다.
⑪ **법인학교** : 학교법인, 종교법인, 재단법인 등의 학교를 설립자 기준으로 법인학교라 한다. 비법인학교에 비해 설립 기준이 까다로운 만큼 시설이 충분하고 학교 운영이 체계적이라 할 수 있다.
⑫ **각종학교** : 대학, 전문학교, 고등학교와 같은 정규 교육과정 외에 사회교육 등을 맡고 있는 학교가 각종학교이다. 일본어학교는 이 기준에 속한다.
⑬ **비한자권 학생** : 한자권 학생의 반대 말이 비한자권 학생인데, 일본어가 한자 중심이므로 비한자권 학생들은 그만큼 일본어 수업이 어렵고 학습 진도가 느려서 한자권 학생과 비교된다.

‹- 정규 유학과정

① **도일전 전형**: 일본에 가지 않고도 한국에서 일본유학시험, 일본어능력시험 등의 성적을 제출하여 전형 받는 방식.
② **도일후 전형**: 도일전 전형의 반대로 일본에 가서 전부 또는 일부 입학 시험을 치르고 전형을 받는 방식.
③ **일본유학시험(EJU)**: 일본 대학, 전문학교 진학에 필요한 외국인 유학생을 위한 기초학력 시험. 한국에서도 6월, 11월 년 2회 실시.
④ **문과계 응시과목**: 일본유학시험에서 대학의 문과계에 지원할 경우 일본어, 수학코스1, 종합과목(사탐에 해당) 중에서 지원할 대학이 지정하는 과목을 응시함.
⑤ **이과계 응시과목**: 일본유학시험에서 대학의 이과계에 지원할 경우 일본어, 수학코스2, 이과과목(물리, 화학, 생물 중 2과목) 중에서 지원할 대학이 지정하는 과목을 응시함.
⑥ **EJU이용대학**: 98%의 국립 대학, 64%의 공립 대학, 50%의 사립 대학이 일본유학시험을 이용하여 신입생을 선발하며 이러한 대학을 이용대학이라 함. 영어는 토플, 토익 및 대학 자체 영어시험을 이용.
⑦ **단기대학**: 우리나라의 전문대학에 해당. 2년간 재학이 일반적이나 3년과정도 일부 있음.
⑧ **전문학교**: 기술, 기능을 습득하는 2년 과정의 고등교육 기관 중의 하나. 3년, 4년 과정도 있음.
⑨ **고등전문학교**: 고등학교 3년과 전문학교 2년 과정을 합하여 5년 일관 교육을 실시하는 교육기관. 국립이 대부분. 유학생은 3학년에 편입 가능.
⑩ **대학원 연구생**: 대학원의 석사, 박사 과정에 입학하기 전의 준비과정으로 연구생이 되는 경우임.
⑪ **유학생 특별전형** : 외국인 유학생에 대해서 일본인 전형과 다른 방식으로 전형하는 것이며, 외국인 입장을 고려한 특별 전형을 하므로 입학이 다소 수월한 점이 있다. EJU이용 등이 그것이다.
⑫ **대학 자체시험** : 대학이 EJU를 이용하지 않고 자체적인 시험으로 전형하는 것을 의미한다.
⑬ **EJU장학금** : EJU시험을 본 사람 중에 각 응시 카테고리 별로 성적이 우수한 사람을 지급 예약자로 선발하는데, 정식명칭은 '사비외국인 유학생 학습 장려비 지급 예약제도'라고 한다.

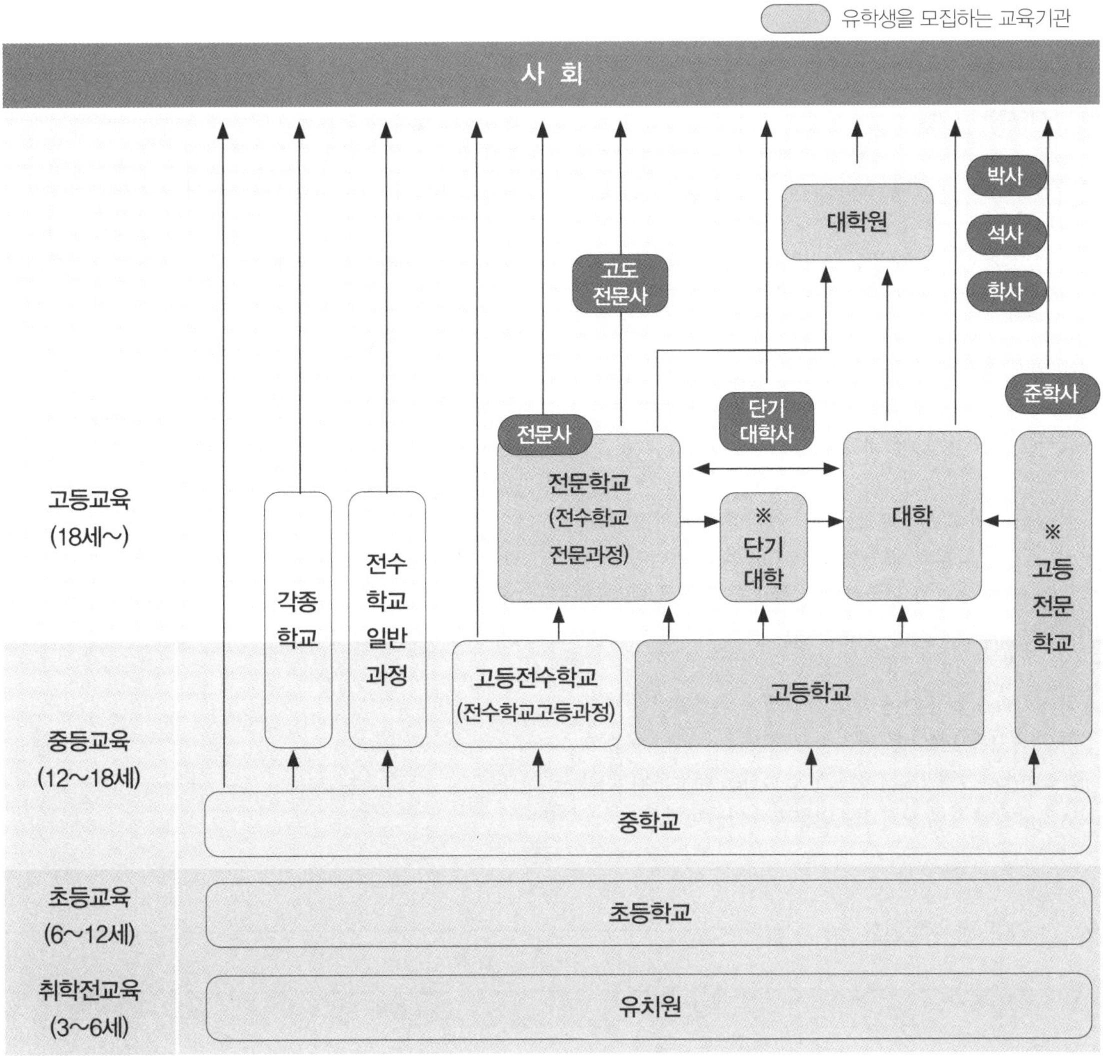

제2장 기초편

 유학생을 모집하는 교육기관

사 회

- 박사
- 석사
- 학사
- 준학사

고등교육 (18세~)
- 각종학교
- 전수학교 일반과정
- 전문사 / 전문학교(전수학교 전문과정)
- 고도전문사
- 단기대학사 / ※ 단기대학
- 대학원
- 대학
- ※ 고등전문학교

중등교육 (12~18세)
- 고등전수학교(전수학교고등과정)
- 고등학교
- 중학교

초등교육 (6~12세)
- 초등학교

취학전교육 (3~6세)
- 유치원

※ 은 전공과를 표시함
대학평가 학위수여 기구가 인정한 단기대학·고등전문학교의 전공과를 수료하고, 대학평가 학위수여 기구의 심사에 합격하면, '학사'학위를 취득할 수 있습니다. 자세한 사항은 지망학교에 확인해 주세요

2. 일본의 교육제도

교육제도의 개요

일본의 학교 교육 제도는 6, 3, 3, 4제가 기본으로 되어 있습니다. 6년간의 초등교육은 초등학교에서, 3년간의 전기 중등교육은 중학교에서, 이어지는 3년의 후기 중등교육은 고등학교에서 이루어지며 총 12년간입니다.

고등교육 기관에서는 대학은 학부가 4년, 단기대학이 2년, 대학원은 석사과정이 2년, 박사과정이 3년이며, 전문학교가 2년, 고등전문학교가 5년으로 되어 있습니다.

유학생은 중학교부터 대학원까지 유학생 비자가 발급이 됩니다만, 중학교와 고등학교에서 유학생을 받아주는 학교는 아직 소수에 불과하며 고등교육 기관은 대부분의 학교가 유학생을 받고 있습니다.

한국에서의 교육 기간에 따라 각 과정을 수료하면 일본의 상급 교육기관으로 지원 자격이 주어집니다. 나아가 중학교, 고등학교 졸업 학력검정고시 합격자도 대부분의 일본 교육기관에서 지원 자격으로 인정되고 있습니다.

학사 일정과 학기제

일본의 학교는 4월부터 다음해 3월까지를 한 학년으로 취급합니다. 대부분의 학교는 2학기제를 채택하고 있으며 4월부터 9월까지를 전기, 10월부터 3월까지를 후기로 합니다. 일부 학교는 3학기제, 4학기제를 채택하는 경우도 있습니다.

9월이나 10월에 가을 학기 입학을 도입하는 대학이 늘어 날 기미를 보이며 대학원에서는 많은 곳이 가을 학기 입학을 채택하고 있습니다.

한국과 일본의 교육제도는 수학기간에서 거의 같으며, 아울러 상호 상대국의 학위 및 졸업, 수료 자격을 인정하고 있습니다.

교육기관별 수업연한

구분	과정	취득 학위 칭호	표준 수업 연한
대학원	박사과정(박사후기)	박사	5년(3년)
	석사과정	석사	2년
	전문직 학위과정	석사(전문직)	2년
		법무박사(전문직)	3년
		교육석사(전문직)	2년
대학(학부)	일반학부, 4년제 약학부	학사	4년
	의학, 치학, 수의학 과정, 6년제 약학부		6년
단기대학	–	단기대학사	2~3년
고등전문학교	–	준학사(칭호)	5년(상선은 3.5년)
전수학교	전문과정(전문학교)	전문사(칭호)	2년 이상
		고도전문사(칭호)	4년 이상
고등학교	–	–	3년
중학교	–	–	3년

※ 대학원 박사과정으로 전기과정(2년), 후기과정(3년)으로 5년인 경우도 있음.
※ 학사과정의 수업연한이 6년인 의학 치학, 수의학, 6년제 약학부는 박사과정의 수업연한이 4년임.
※ 단기 대학 졸업 후, 전공과(1~2년간)에 진학하여 학사 학위 취득이 가능.
※ 고등전문학교에 유학생은 3학년으로 편입하고 졸업 후 전공과(2년)에 진학하여 학사 학위 취득 가능.
※ 전문학교에서 전문사를 취득하면 대학 3학년 편입 자격이, 고도전문사 칭호를 취득하면 대학원 지원 자격이 주어짐.

교육기관의 설치 목적

◎ 고등전문학교

한국의 교육제도에는 없는 것으로 고등학교 과정 3년과 전문학교 과정 2년을 합한 5년과정의 학교입니다.

'전문직업에 필요한 능력을 육성함'을 목적으로 하며, 기계, 전기, 정보, 화학, 건축, 토목, 항공, 공업, 디자인 등의 공업분야와 해양상선에 관한 학과를 주로 설치하고 있습니다.

◎ 전문학교(전문과정을 두는 전수학교)

'직업과 실생활에 필요한 기능 습득 및 교양을 익히는 것'을 목적으로 하는 교육기관입니다. 직업의 변화에 따라 '유연성'과 실제로 물건을 만들 수 있는 '실용성', 개별 직업에 알맞은 교육방법과 수업연한을 정한 '다양성'을 특색으로 합니다.

수업연한은 1년에서 4년까지이지만 2년과정이 대부분입니다. 2년과정을 졸업하면 '전문사' 칭호가 부여되고 4년과정을 졸업하면 '고도전문사' 칭호가 부여됩니다.

◎ 단기대학

'실질적인 전문직업을 위한 교육'에 중점을 두는 것으로 한국의 전문대학과 비슷한 교육기관입니다. 가정계열, 문학·어학계열, 교육·보건계열의 학과가 과반수 이상을 차지하며 최근에는 사회과 계열과 정보계열의 학과가 인기를 얻고 있습니다.

수업연한은 2년이지만 간호학과처럼 3년인 것도 있습니다. 졸업하면 '단기대학사' 학위가 부여됩니다.

◎ 대학(학부)

4년제 대학은 '넓고 깊은 풍부한 교양과 견식을 배워서 창조성을 배양한다'는 목적의 학부 교육기관입니다. 대개 인문, 사회, 자연과학이라는 3개 분야에 걸친 일반교양 과목과 전문기초 교육이 차지하는 비중이 크며, 졸업필수 학점에서 차지하는 전문과목은 60~65%정도입니다.

실무과목이 적으며 전문 세미나가 많은 것이 일반적입니다. 4년간에 걸쳐 자신이 선호하는 테마를 연구할 수 있는 것이 특징입니다.

◎ 대학원

대학원은 석사 2년과정, 박사 3년과정으로 구분됩니다. 또한 5년일관 박사과정, 후기 3년간의 박사과정으로 구분하는 대학원도 있습니다.

석사과정은 '넓은 시야에서 정밀하고 세심한 학식을 교수하여 전문분야에서 연구할 능력을 함양하는 등'을 목적으로 합니다. 박사과정은 '전문 분야에 대하여 연구자로써 자립하여 연구활동을 하기 위한 고도한 연구능력을 함양하는 등'을 목적으로 합니다.

고등교육 기관 수

구분	국립	공립	사립	합계
대학원	86	90	485	661
대학(학부)	82	99	602	783
단기대학	0	15	288	303
고등전문학교	51	3	4	58
전문학교	8	178	2,507	2,693

※ 문부과학성 '2023년도 학교기본조사'에서 인용

외국인 유학생 수

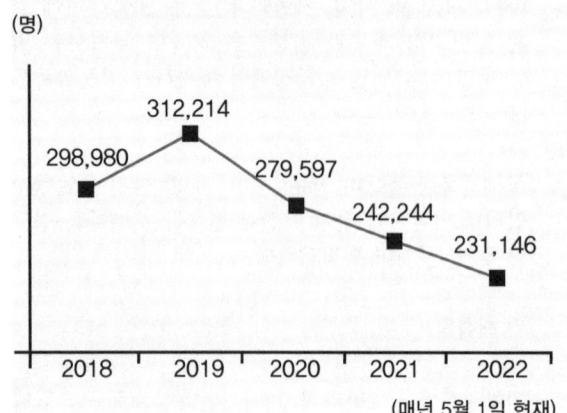

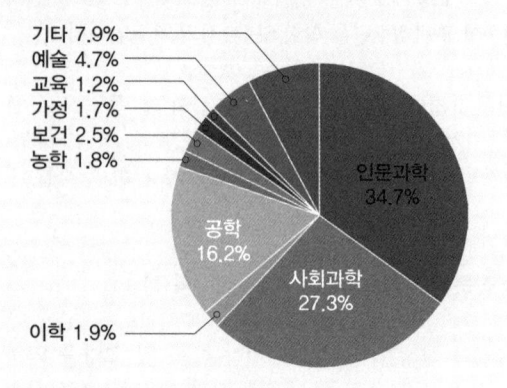

※ 출전 : JASSO (2023년도)

재학 단계별 외국인 유학생 수

구분	국립	공립	사립	합계
대학원	33,056	2,199	17,867	53,122
대학(학부)	9,092	1,519	61,436	72,047
단기대학	–	3	1,860	1,863
고등전문학교	478	–	2	480
전문학교	1	22	51,932	51,955
준비교육과정	127	–	2,147	2,274
일본어교육기관	–	97	49,308	49,405
합계	42,754	3,840	184,552	231,146

※ JASSO '2023년도 외국인유학생 재적상황조사'에서 인용

3. 일본유학 진행도

《 - 일본에서 준비하는 방식

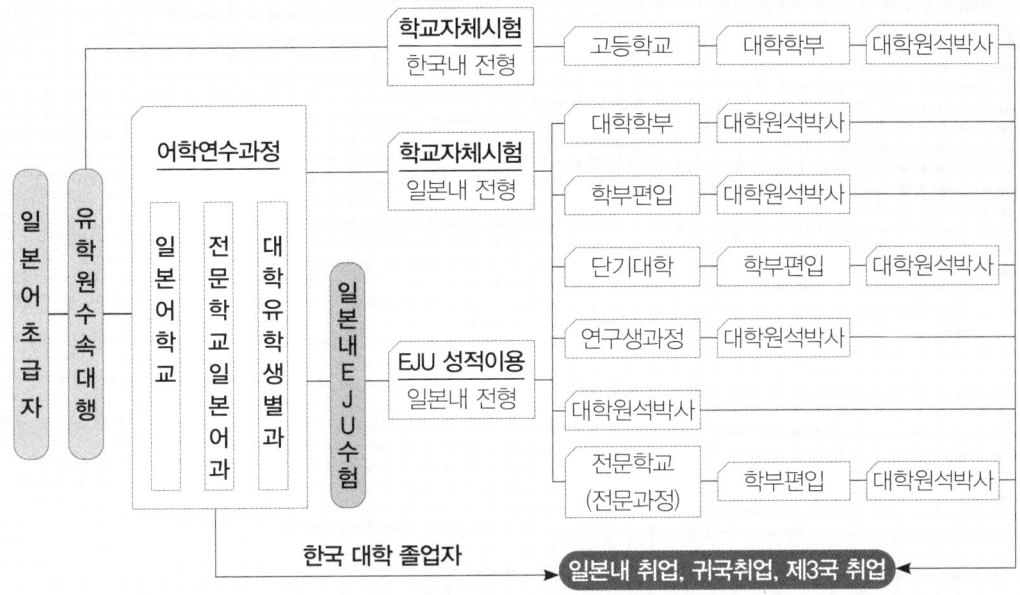

《 - 한국에서 준비하는 방식

※ 상기 도표 설명
1. 일본어를 한국에서 충분히 공부하고 진학이나 취업을 시도하는 경우와 일본에서 일본어를 공부하여 진학이나 취업을 시도하는 경우로 구분하였습니다.
2. 고등교육기관에 진학을 희망하는 경우에는 EJU(일본유학시험)를 한국이나 일본에서 수험하는 경우로 구분하였습니다.
3. 취업은 대학교 졸업 이상의 학력을 요한다는 전제에서 한국 대학 졸업자는 일본어 능력을 갖추고 일본 현지 취업을 할 수 있습니다.

‹- 3가지 방식

일본 고등교육 기관의 입학 경로는 하나만은 아닙니다. 크게 구분하면 다음의 3가지 경로가 있습니다. 여기서 말하는 3가지 방식은 일본유학시험을 이용하는 경우와 그렇지 않은 경우가 모두 포함됩니다.

- A방식: 일본에 있는 일본어 교육기관에서 일본어를 학습한 뒤 대학이나 전문학교에 입학한다
- B방식: 한국에 있으면서 일본에 방문하여 대학이나 전문학교 입시에 응시하여 입학한다
- C방식: 한국에서 입시에 응시하고 한국에서 입학 허가를 받아 일본을 방문한다

어떤 경로를 선택할지에 따라 정보 수집 방법, 입학시험 보는 방법, 비자 수속 절차가 다릅니다. 또한 유학 기간과 비용도 다릅니다. 어느 쪽 방식에도 장단점이 있습니다. 아래에 각 방식의 장점과 일반적으로 단점이라고 생각할 수 있는 것을 정리해 보았습니다. 자신에게 무리 없는 유학 계획은 어느 것인가 생각해 보세요.

◎ A 방식

A방식은 우선 일본어학교 등의 입학 허가를 받아 일본을 방문하여 일본에 있는 일본어 교육기관에서 일본어를 학습한 뒤, 대학이나 전문학교에 지원하고 입학하는 방법입니다.

이 방법의 장점은 다음과 같습니다.

- 한국에서의 일본어 학습 시간이 길지 않다
- 일본어 학습에 약 6개월~2년의 기간으로 일본 유학의 기초가 되는 일본어 실력을 단단히 굳힐 수 있다
- 일본어 학습 기간에 일본의 생활에 익숙해 질 수 있다
- 일본에서 진학할 곳의 정보를 찾으므로 한국에서 조사하는 것 보다 쉽게 자세한 정보를 입수할 수 있다

이에 대해 이 방법의 단점은 다음과 같습니다.

- 일본에 가서 대학 등을 졸업할 때까지의 유학 기간이 길어지면서 학비와 생활비 등을 합친 유학 비용 총액이 늘어 난다
- 일본어학교의 학생은 학교나 입국관리국으로부터 관리되는 경우가 많다
- 일본어학교에는 경영이 안정되지 못한 곳도 있다
- 일본어 학습 기간은 최장 2년까지로 되어 있어 2년 사이에 어느 대학이나 전문학교에 합격하지 못하는 경우에는 귀국해야 한다

◎ B 방식

B방식에서는 먼저 일본어 공부 및 일본유학시험 대비 공부를 한국에서 충분히 하고 진학할 곳의 학교 정보를 입수하고 입학을 지원하여 지원 학교로부터 수험표를 받습니다. 시험 날에 맞춰 일본을 방문하고 대학이나 전문학교 시험을 봅니다. 그리고 일단 귀국하여 합격, 불합격 결과를 기다리고 합격하면 다시 일본에 가서 입학하는 방법입니다.

B방식에는 다음과 같은 장점이 있습니다.

- A방식보다 일본을 방문해서 졸업하기까지 기간이 짧아 유학 비용 총액은 A방식보다 낮아진다
- 만약 입학 시험에 실패하더라도 한국에서 다음 기회를 기다리면 되므로 시간적, 경비적인 부담이 적다
- 90일의 체류 기간 내에, 수험, 합격 발표, 입학 절차가 마무리되면 '유학'이라는 체류 자격으로 변경하고 모국에 돌아오지 않고 일본에 체류할 수도 있다

이에 대해 다음과 같은 단점이 있습니다.

- 한국에서 입학에 필요한 충분한 일본어 실력(학교에 따라서는 영어실력)을 익혀야 할 필요가 있다
- 한국에서 직접 지원할 수 없는 경우에는 일본에 있는 친구·지인과 친척을 통해 지원 절차를 밟아야 한다
- 일본유학시험과 진학할 학교의 시험까지, 양쪽 시험을 모두 치러야 하는 경우에는 여러 번 한국과 일본을 왕복해야 한다.

◎ C 방식

단기대학, 대학, 대학원, 전문학교 중에는 한국에서 일본유학시험을 수험한 경우에는 그 성적으로 입학 허가를 하는 곳이 있습니다. 일본유학시험을 이용하

✓ 일본 유학 정보 수집 방법

일본 유학에 관한 정보를 얻는 행위는 매우 중요하며, 그 정보를 상세하게 구하기는 그렇게 쉬운 일이 아닙니다. 부단한 노력으로 아래와 같은 곳에서 정보를 얻도록 하시기 바랍니다.

- 일본학생지원기구(JASSO) : http://www.jasso.go.jp
- 일본유학시험(EJU) : http://www.ejutest.com
- 일본대사관/총영사관 : http://www.mofa.go.jp
- 일본유학포털사이트 : http://www.g-studyinjapan.jasso.go.jp
- 일본유학 종합가이드 : http://www.studyjapan.go.jp/jp/index.html
- JAPAN STUDY SUPPORT : http://www.jpss.jp/ko
- 일본대학교정보센터 : http://www.univ-hed.co.kr
- 일본대학원정보센터 : http://www.grad-hed.co.kr
- 일본전문학교정보센터 : http://www.prof-hed.co.kr
- 일본고등학교정보센터 : http://www.high-hed.co.kr

여 도일 전 입학 허가를 실시하는 학교의 명단은 아래의 홈페이지에 있습니다.
- http://www.ejutest.com

또 일본유학시험을 수험하지 않아도 한국에서 입학시험을 실시하고 입학 허가를 해주거나 한국에서 보낸 서류만으로 심사하고 입학 허가를 하는 곳도 있습니다. 이런 전형 방법을 '도일 전 입학 허가'라고 부르고 있습니다.

C방식에는 다음과 같은 장점이 있습니다.

- 일본에 가서 졸업하기까지 기간이 A방식보다 짧아 유학 비용 총액은 A방식보다 낮아진다
- B방식처럼 일본을 방문하여 수험할 필요가 없으므로 시간과 비용의 부담이 B방식보다 적다
- 일본에 가서 바로 대학 등 전문 분야 공부를 시작할 수 있다
- 국립 대학 대학원 연구생과정 학생은 한국에서 보낸 서류를 심사하여 입학 허가를 하는 곳이 많다

이에 대해 C방식에는 다음과 같은 단점이 있습니다.

- 한국에서 입학에 필요한 충분한 일본어 실력(학교에 따라서는 영어실력)을 익혀야 할 필요가 있다
- 도일 전 입학 허가를 실시하고 있는 학교가 많지 않아 선택의 폭이 좁다
- 한국에서는 학교 정보를 충분히 입수할 수 없기 때문에, 지원한 학교가 기대와 다른 점을 입학 후 알게 되기도 한다

4. 일본유학 스케줄

구분	4월 학기 입학을 기준으로	중고등학교	전문학교	대학(학부)
1	**계획과 정보수집** ☐ 정보수집, 어학능력 확인 ☐ 유학 비용 및 유학 적성	~12개월전	~12개월전	~12개월전
2	**학교선택** ☐ 학교별 모집요강 수집 ☐ 각 학교를 비교하여 학교 선택	~6개월전	~6개월전	~6개월전
3	**유학에 필요한 시험 수험** ☐ 필요한 시험을 수험한다 예) 일본유학시험(EJU), 일본어능력시험 (JLPT), TOEFL, TOEIC, IELTS 등	12~5개월전 JLPT (수험이 필수는 아님)	12~5개월전 EJU200점 및 JLPT N2 이상 합격 필수	12~5개월전 EJU(필수) TOEFL, TOEIC IELTS 등 (학교지정)
4	**지원학교 출원** ☐ 출원서류 준비 ☐ 수험료, 전형료 송금 수속	6~4개월전	6~3개월전	6~3개월전 (사립은 빠르고 국립은 늦게까지)
5	**학교 별 입학시험 수험** ☐ 도일전 수험 ☐ 도일후 수험(면접, 학력검사)	5~4개월전 (대부분 도일전)	6~3개월전 (학교에 따라 다름)	6~3개월전 (대학에 따라 다름)
6	**합격 발표** ☐ 합격 통보 수령	5~4개월전	6~3개월전	6~3개월전
7	**입학 수속** ☐ 입학허가서 수령 ☐ 입학금 송금 수속 ☐ 체류자격인정증명서 수령	4~2개월전 (체류자격인정증명서 발급이 필수임)	3~2개월전 (체류자격인정증명서 발급이 필수임)	3~2개월전 (체류자격인정증명서 발급이 필수임)
8	**도일 준비** ☐ 학비 송금 수속 ☐ 사증(비자) 신청 ☐ 주거지(기숙사) 수배 ☐ 항공권, 보험 등 신청	2~1개월전	2~1개월전	2~1개월전
9	**입학** ☐ 일본으로 출국 ☐ 입학 수속 서류 제출	학교가 지정한 시기에 입국	학교가 지정한 시기에 입국	학교가 지정한 시기에 입국

※ 상기 내용은 4월학기 입학을 기준으로 스케줄을 예시한 것입니다.

2024-2025 일본 유학으로 성공하기

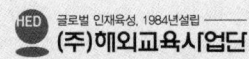

제 3 장 | 일본 교육기관

1. 일본어 교육기관 34
   교육기관 종류와 수 34
   교육기관의 선택 포인트 35
   교육기관별 비교표 35
   입학자격과 입학수속 36
   원서 접수시기 36
   어학연수 수속 절차 36
   어학연수 수속 제출서류 38
   어학연수 Q&A 38
2. 대학 학부 42
   입학 자격 42
   원서 접수 42
   입학 시험 42
   영어로 학위 취득 43
   졸업 및 수료 요건 43
   일본의 학위 43
   대학 편입학 43
   대학 선택 포인트 44
3. 단기 대학 45
   입학 자격 45
   원서 접수 45
   입학 시험 45
   졸업 및 수료 요건 45
4. 대학원 46
   입학 자격 46
   연구생 과정 46
   전문직 대학원 47
   원서 및 제출서류 47
   연구 계획서 47

   입학 시기 47
   입학 시험 47
   졸업 및 수료 요건 48
   입학 전형 48
5. 전문학교 49
   전문사와 고도전문사 49
   고등전문학교 49
   전문학교 선택 포인트 49
   전문과정 입학자격 49
   전문학교 입학시험 50
   고등전문학교 입학시험 50
   졸업 및 수료 요건 50
   입학 전형 50
   입학수속 제출서류 51
   대학으로의 편입 51
   한국에서의 학력 인정 51
6. 고등학교 52
   일본어 수업 52
   입학 자격 52
   고등학교 선택 포인트 52
   원서 접수 53
   입학 시험 54
   유학 후 진로 54

1. 일본어 교육기관

일본의 고등교육 기관에서는 원칙적으로 대부분 일본어로 수업이 이루어지며, 영어로 수강 가능한 코스는 조금씩 늘어나고 있습니다. 따라서, 미리 충분한 일본어 능력을 습득하는 것은 일본의 고등교육 기관에서 공부하려는 학생에게 매우 중요한 일입니다. 이 때문에 유학 희망자 대부분은 6개월에서 2년 정도 일본에서 일본어를 공부한 후 희망하는 대학 등에 지원하고 있습니다.

교육기관 종류와 수

대학 등 진학 희망자를 대상으로 하는 일본어 교육기관과, 비즈니스 등 일상적인 장소에서 사용을 목적으로 하는 일본어 교육을 실시하는 기관으로 크게 두 가지로 구분됩니다. 그 첫 번째가 사립대학의 유학생별과(수험준비를 위한 코스)로 65여개 기관, 두 번째가 법무부 장관이 고시로 정한 일본어 교육기관으로 660여개가 있습니다. 물론 이 외에도 대학의 학부에 일본어학과가 있지만 이것은 어학연수 과정이 아니므로 제외합니다.

◎ 사립대학 유학생별과

사립대학(단기대학 포함) 유학생별과는 법률(학교교육법) 상 대학교육의 일환으로서 자리잡은 정규교육과정으로 일본어나 일본문화, 일본사정, 대학진학을 위한 기초과목 등을 배우려는 외국인을 위해 설치되었습니다. 코스는 1년 미만입니다. 대학진학 희망자의 경우, 별과 설치 대학으로서의 추천입학 제도가 있으면 그것을 이용할 수도 있고, 설치 대학 이외의 대학으로 진학하는 것도 가능합니다. 대학 시설이나 서비스를 이용할 수 있는 장점이 있으며, 기숙사 등의 복리 후생 면에서 충실하다는 이점이 있습니다.

| 입학자격

대학 진학을 목적으로 한 과정은 12년간의 초중고 교육과정을 수료할 필요가 있습니다.

◎ 일본어 교육기관

일본어 교육기관은 ①전문학교 일본어과와 ②설치자가 학교법인, 민간법인, 주식회사 등으로 되어 있는 일본어학교로, 두 종류가 있습니다. 일본어 일반 코스 이외에 대학진학을 위한 진학 코스가 있으며, 개인 레슨 및 90일 이내의 단기 코스를 개설하고 있습니다. 학습 기간은 6개월에서 2년으로 다양합니다. 수업 시간 수나 기숙사의 유무 등은 기관에 따라 다릅니다.

| 전문학교 일본어과

전문학교 중에서 주로 어학계열, 비즈니스 계열의 학교에 설치된 일본어과는 전국적으로 150여개가 있습니다. 전문과정의 일본인 학생과 같은 건물 내에서 일본어를 공부하기 때문에 일본인 학생과 교류할 수 있는 기회가 있으며, 일본어과는 유학생만을 위한 코스입니다. 전문학교의 일본어과는 대개는 전일제로 운영되며 1일 5~6시간씩 수업하지만, 일부 학교는 4시간 수업으로 오전, 오후 2부제로 운영하기도 합니다. 성격상 일반 일본어학교와 비슷하고, 수업료가 약간 비싼 편입니다.

| 일본어학교

일본 어학연수의 목적은 다양합니다. 대학 대학원 또는 전문학교에 진학을 목적으로 하는 사람, 회사의 사원연수 대상자로 파견되는 사람, 일본어를 배워 취직을 목적으로 하는 사람, 일본의 문화를 연구할 사람, 단순히 일본어를 잘 구사하고 싶은 사람 등 다양합니다. 이러한 다양한 목적을 가진 사람들을 대상으로 일본어를 가르치는 곳이 소위 일본어학교로 불리며 전국적으로 600여개 있습니다. 오전반 오후반으로 구분하여 1일 4시간 일본어 수업을 하는 2부제이며, 진학과에서는 일본어 외에 기초과목(일본유학시험이나 대학 등의 입학시험에 대비한 과목)을 별도로 강의하는 학교도 있습니다.

《 교육기관의 선택 포인트

일본 국내의 일본어 교육기관에서는 다른 일본어 교육기관으로 전학은 원칙적으로 인정되지 않습니다. 각 학교의 안내 책자를 잘 읽어보거나, 재학생이나 졸업생으로부터 직접 이야기를 듣는 등 꼼꼼히 정보를 수집하고 신중하게 학교를 선택하여, 나중에 전학해야 할 필요성을 느끼지 않도록 해야 합니다.

① 비자 발급유무
- 법무부 장관이 인정하는 학교로서 유학생 비자가 나오는가?

② 배우는 목적
- 일상회화, 대학진학, 비즈니스일어, 종합일본어 중 목적에 맞는 코스가 있는가?

③ 반 편성
- 학생의 레벨에 맞게 반 편성하는가?
- 학급당 인원수는?

④ 학생 수, 교사 수
- 학교의 규모, 학생 수, 교사 수는 어느 정도?

⑤ 학생 출신국 비율
- 한자권에서 온 학생이 많은가?
- 비 한자권에서 온 학생이 많은가?

⑥ 수업시간 수
- 총 수업시간 수, 1일 수업시간 수, 과목별 수업시간 수는?

⑦ 진학 수험대책
- 일본유학시험(EJU), 일본어능력시험(JLPT)의 대책 수업이 있는가?
- 기초과목(영어, 수학, 이과, 종합과목 등)의 수업이 있는가?

⑧ 진로지도, 생활상담
- 담당하는 교사나 진로 상담 시스템이 있는가?

⑨ 진학실적
- 졸업생은 어디로 진학하는가?

⑩ 학비
- 수업시간 수, 교사 수, 설비 등에 대해 타당한 금액인가?

⑪ 입학시험
- 서류심사, 본인 면접, 보증인 면접이 있는가?
- 한국에서 선발 시험이 있는가?

⑫ 학교 소재지
- 대도시인가? 지방도시인가?
- 기후에는 적응할 수 있는가?

⑬ 기숙사, 주거
- 학교 기숙사가 있는가?
- 민간 임대 숙소(아파트)를 소개해 주는가?

《 일본어 교육기관별 비교표

구분	일본어학교	전문학교 일본어과	대학 유학생별과
설치자	학교법인, 재단법인, 주식회사, 임의단체, 개인 등	학교법인 (전수학교, 각종학교)	사립대학, 단기대학
목적	① 진학을 위한 일본어 습득 ② 대학 등 진학을 위한 준비교육 ③ 진학 이외의 목적을 위한 일본어교육		진학을 위한 일본어 습득
입학자격	12년과정의 중등교육 과정 수료자(검정고시 합격자도 가능)		
코스기간	3개월, 6개월, 1년, 1년3개월, 1년6개월, 1년9개월, 2년	1년, 1년6개월, 2년	1년, 1년6개월
개강학기	4월, 7월, 10월, 1월(연4회)	4월, 10월(연2회)	4월, 10월(연2회)
전형방식	서류심사	서류심사, 면접	서류심사, 면접
수업시간	오전, 오후 2부제	전일제 또는 2부제	전일제
모집정원	학기 별 다수	학기 별 다수	학기 별 소수
특징	단기코스도 있음	전문과정 학생과 교류	대학 시설을 사용가능
기타사항	학교 선택에 신중	학비가 약간 비쌈	모집조건, 정원에 유의

« - 입학자격과 입학수속

일본어 교육기관의 입학자격은 대부분의 경우 자국에서 "12년간의 학교 교육 수료 이상 및 이와 동등한 자격을 갖춘 자"입니다. 그러나 외국인이 일본어의 습득만을 목적으로 하고, 일본의 고등교육기관으로의 진학을 예정하지 않고 유학할 경우에는 학력에 관계 없이 법무부로부터 고시된 일본어 교육기관의 일반코스 등에서 학습할 수 있습니다.

입학기준에는 각 학교의 독자적인 조건이 첨가될 수도 있으므로, 반드시 사전에 확인하도록 하십시오.

전형 방법은 서류심사가 많고, 보증인이나 연락인을 요구하여 면접하는 경우도 일부 있습니다.

일반적인 제출 서류는 다음과 같습니다.
① 입학원서
② 전형료(3만엔 정도)
③ 이력서
④ 최종학교 졸업증명서
⑤ 최종학교 성적증명서
⑥ 건강진단서
⑦ 보증인 면접
⑧ 보증인 관계서류
⑨ 재정능력증명서

학교에 따라 제출 서류가 약간 다르기 때문에 상세한 것은 지망학교에 직접 문의합니다. 이러한 서류를 제출하면, 학교는 전형 결과를 지원자에게 통지함과 동시에 합격자의 대리인으로서 비자신청 수속을 시작합니다. 그 이후의 흐름은 다음의 <어학연수 수속절차>항목을 참조하기 바랍니다.

« - 원서 접수시기

보통 1년, 2년 코스는 4월에 시작하고, 1년 6개월 코스는 10월에 시작합니다. 또한 1년 9개월 코스는 7월에 1년 3개월 코스는 1월에 시작합니다. 신청마감일은 학교에 따라 다르지만, 대부분 4월 시작 코스는 전년도 10월~12월경에, 10월 시작코스는 4~6월경입니다. 그 외 일부 학교는 1월, 7월 개강 코스를 가진 학교도 있습니다.

필요한 원서를 받고 서류를 준비하고 우편으로 보내는 시간을 고려하여 적어도 개강 학기의 6~8개월 전부터 충분한 시간적 여유를 가지고 준비를 시작하는 것이 좋습니다.

학기별 원서접수 마감일(한국 내에서의 마감일)

지역	1월 학기	4월 학기	7월 학기	10월 학기
도쿄 지역	9월 20일경	11월 20일경	3월 20일경	5월 20일경
기타 지방	10월 10일경	12월 10일경	4월 10일경	6월 10일경

« - 어학연수 수속 절차

※아래 내용은 HED(한국유학개발원) 기준입니다.

 상담/학교선택

자신의 유학계획에 따라 현지생활, 유학경비(학비, 생활비 등), 진학관계, 일본어학교 선정(진학률, 학교규모, 교육내용, 역사 등)에 관한 내용을 HED(한국유학개발원) 유학설계사와 상세히 상담하여 지원할 학교를 선택하시기 바랍니다.

 신청접수

구비서류 일체를 준비하여 HED에 신청합니다. 이때 선고료(전형료)를 납부합니다. 아래 표는 학기별 접수 마감일이며 모든 어학교가 동일한 시기에 마감합니다. 단, 유학생 별과는 이와 다른 일정으로 마감합니다. 또한 인기 있는 학교는 미리 마감하는 경우가 있으므로 사전에 문의해 주시기 바랍니다.

 서류 번역 및 발송

제출한 구비서류에 대하여 면밀히 검토하고 서류를 완벽하게 번역합니다. 학교 앞으로 완성된 서류를 발송합니다. 학기 별로 출입국 관리사무소에 비자 신청 마감일이 정해져 있습니다. 이 신청 마감일은 도쿄, 오사카 등 지역별로 모든 학교가 동일합니다.

04. 입학심사 및 입학허가

학교측에서는 지원서류에 대하여 서류심사를 거쳐 입학가부를 결정합니다. 미비서류가 있으면 보완을 요청해 옵니다. 서류심사에 합격되면 입학허가서가 발행됩니다. 일부 학교는 지정된 날짜까지 입학금을 납부합니다.

05. 체류자격인정증명서 신청

학교가 입학을 허가한 학생에 대하여 학교측에서 일본 출입국체류관리청에 체류자격인정증명서(가비자) 심사를 신청합니다.

06. 체류자격 심사 결과통보

신청일로부터 보통 2~3개월 후(입학 예정 학기의 개강일로부터 약 1개월 전)에 일본 출입국체류관리청으로부터 체류자격인정증명서 심사 결과가 발표되고 증명서가 발급됩니다.

07. 학비납부 및 가비자 도착

체류자격 심사에 합격되면 학교에 따라 6개월~1년 분의 학비를 납부하고 기숙사 신청도 확정합니다. 학비는 학생이 학교 계좌로 직접 송금합니다. 학비를 납부하면 체류자격인정증명서 원본이 보내져 옵니다.

08. 비자 발급

한국 내 일본대사관이나 총영사관에 체류자격인정증명서와 여권을 제출하여 정식 비자를 발급받습니다. HED에서 대행합니다.

09. 출국 오리엔테이션

출국에 관련된 제반 사항에 대하여 설명하고, 특히 항공편 예약, 일본 도착 후의 일정, 기숙사 및 아파트 등 주거문제에 대하여 자세하게 안내하고 해결해드립니다. 이 순서는 비자가 발급될 것을 전제로 체류자격인정증명서 발표 이전에 실시하는 경우도 있습니다.

10. 기숙사 예약

학교 기숙사 외에 사설 기숙사와 제휴하여 여러분의 편의를 도모하고 있습니다. 모든 생활 도구가 갖추어진 기숙사, 식사가 제공되는 기숙사, 시설이 좋은 기숙사, 비용이 저렴한 기숙사 등 여러분의 사정에 알맞는 많은 기숙사가 준비되어 있습니다.

11. 환전 출국준비

학비, 생활비, 현지 정착경비 등을 은행에서 환전하고 개인적인 출국 준비를 마무리합니다. 이용이 편리한 은행에서 유학비용을 송금하시고 그 은행을 계속해서 이용하는 것도 좋습니다.

12. 출국 및 마중

개인의 사정에 따라 개별 출국도 하지만, 단체출국을 권장하고 HED 직원이 동행하여 애로사항에 대하여 즉시 대응하기도 합니다. 기숙사가 정해진 사람은 당일 입주합니다. 개별 출국 시 마중을 원할 경우 본인이 실비를 부담하면 마중하는 서비스를 소개해드립니다.

13. 기숙사/아파트 입주

정해진 기숙사 및 아파트에 입주합니다. 주거에 필요한 도구가 갖추어진 경우도 있으나 그렇지 못한 경우에는 스스로 가까운 아울렛 등에서 구입합니다.

14. 학교등록/수업시작

학교에 가서 일본에 도착했음을 알리고 최종적으로 입학 등록을 함으로써 정식으로 학생이 됩니다. 입학식, 개강식이 있은 다음 수업이 시작됩니다. 비로소 일본에서의 어학연수가 시작됩니다.

일본 유학으로 성공하기

《- 어학연수 수속 제출서류

◎ 장기 어학연수
아래 서류 중에서 해당되는 것을 제출합니다. 개인별로 차이가 있습니다.

서류 이름	작성 언어	발행처	비고	체크
입학원서	국문	소정양식	지원하는 학교의 소정양식에 기입, 가족란에는 동거하는 모든 가족을 기입.	
성적증명서	국문	최종학교	최종 졸업한 학교 또는 재학(휴학)중인 학교의 것 모두(고등학교, 대학).	
졸업증명서	국문	최종학교	고등학교 또는 대학 등 최종학교 중에서 하나. 양 쪽 모두 제출하는 학교도 있음.	
재학증명서	국문	재학중인 학교	고등학교 재학자는 졸업예정증명서, 대학에 재학중인 자는 고등학교 졸업증명서도 추가.	
휴학증명서	국문	휴학중인 학교	대학에 휴학중인 경우에는 고등학교 졸업증명서를 추가.	
이력서	국문	소정양식	자신의 학력, 경력 등의 이력을 작성, 일본 출입국 사실 기록을 정확히 기록.	
일본어 학습이유서	국문	소정양식	일본어를 배우는 목적, 동기, 학습 후의 계획 등을 작성.	
건강진단서	영문	병원, 보건소	학교 소정양식 또는 병원, 보건소 양식(기본적인 사항만 해도 무방)	
여권사본	-	구청 등 발급처	인적사항 페이지 및 출입국 기록 전 페이지. 미발급의 경우에는 제출하지 않아도 무방합니다.	
컬러사진	-	사진관	3x4cm 사이즈의 컬러사진 10매.	
출입국 사실증명서	국문	주민센터	주민센터 등에서 신청 가능. 일본 출입기록 해당 사항을 발급.	
일본어 학습증명서	국문	학원, 학교	어학원 발급 양식, 정규 학교에서 배운 경우는 성적증명서, 일본어능력증명서 등도 있으면 제출.	
경비지변서	국문	소정양식	3등친 이내의 친족으로서 직업, 소득이 확실한 사람이 보증. 지원자가 직장 경력이 많고 소득이 충분하면 본인 보증도 가능. 직장에서 연수를 보낼 경우에는 회사가 보증인이 될 수 있음.	
소득금액 증명서	국문	세무서	급여소득 또는 종합소득 금액을 증명하는 서류를 제출. 혹은 회사의 근로소득원천징수 영수증 제출.	
직업증명서	국문	재직회사 (세무서)	회사원은 재직증명서(재직회사), 사업자는 사업자등록증명(세무서).	
은행예금잔고 증명서	국문	해당은행	은행예금의 잔고가 약 3~4천만원 이상임을 증명.	
보증인관계 증명서	국문	주민센터	본인과 보증인의 가족관계증명서로 친족임을 증명. 본인의 기본증명서도 제출.	
출석/성적 증명서	일문	재학한 학교	이전에 일본에서 단기, 장기 어학연수를 한 경력자는 그 학교에서 이 증명서를 발급받아 제출(출석율 80% 이상이 바람직).	
체류사실 설명서	국문	본인작성	이전에 1개월 이상 일본에 체류한 경력이 있는 사람은 당시의 체류에 대해, 주소지, 연락처, 경비출처 등을 설명하는 문서를 작성.	
주민등록증 사본	국문	주민센터	앞면, 뒷면의 복사본을 제출.	
주민등록등본	국문	주민센터	학생의 주소지를 중심으로 발행	

◎ 단기 어학연수
아래 서류 중에서 해당되는 것만 제출합니다. 개인별로 차이가 있습니다.

서류 이름	작성 언어	발행처	비고	체크
입학원서	국문	해당학교 양식	지원자 본인이 해당 사항을 기입.	
이력서	국문	해당학교 양식	지원자 본인이 해당 사항을 기입.	
컬러사진	-	사진관	3x4 cm 사이즈 컬러사진 5매.	
주민등록등본	국문	주민센터	가족관계를 알 수 있는 주민등록등본.	

어학연수 Q&A

Q. 일본어학교는 몇 개나 있습니까?
A. 일본어를 가르치는 교육기관으로 외국인 유학생을 받는 곳은 일반적으로 일본어학교, 전문학교 일본어과가 있습니다. 이들은 법무부 장관이 고시로 정한 학교이며 전국적으로 약 750여개 있습니다. 그리고 대학에 부설된 유학생을 위한 일본어과정을 유학생 별과라고 하는데 이것은 전국적으로 약 60여개교 있습니다.

Q. 일본어학교에서 공부할 수 있는 기간은 어느 정도입니까?
A. 초보자가 일본어학교에 입학하여 상급과정을 수료하기까지, 커리큘럼상으로는 최장 2년이 설정되어 있는 경우가 대부분입니다. 따라서 본인의 목적이나, 입학시의 능력, 입학시기에 따라서 최소 6개월에서 최장 2년까지 일본어학교에서 공부할 수 있습니다. 그러나 전문학교나 대학의 유학생 별과는 1년 코스만 있는 경우도 있습니다.

Q. 어학연수 시의 비자는 무엇입니까?
A. 일본어학교나 전문학교, 대학에서 일본어를 공부하는 어학연수 유학생에게는 유학비자를 발급합니다. 일반적으로 1년간 체류가 가능한 자격을 부여하며 1회 1년을 더 연장할 수 있습니다.

Q. 일본어학교에서 6개월간 공부하고 귀국하였는데, 다시 갈 수는 없나요?
A. 일본어 연수 목적으로 최장 2년까지는 일본어학교에 다닐 수가 있으므로 그에 대한 잔여기간 만큼은 다시 입학하여 (비자를 취득하여) 공부할 수 있습니다. 단, 과거 일본어학교 재학시의 출석률, 성적 등이 나쁘면 (예를 들어 출석률이 70%~80%이하) 비자를 받지 못하는 경우도 있으므로 유의하시기 바랍니다.

Q. 일본어학교에 장학제도가 있습니까?
A. 학교 자체적으로 장학제도를 실시하는 곳은 많지 않습니다. 재학생 중에서 학기마다 시험을 봐서, 출석률, 성적, 면접 등을 종합하여 다음 학기의 학비 전액 면제, 일부 면제의 학생을 약간 명 선발하는 학교가 있습니다. 그리고 일본학생지원기구 (JASSO)에서 일본어 학교 학생을 대상으로 지급하는 장학금은 '재학생 학습 장려비'가 있는데, 재학 중에 월 48,000엔을 1년간 지급합니다. 지급 대상 인원은 학교 별로 몇 명 정도에 불과합니다.

일본 유학으로 성공하기

Q. 단기 어학연수는 어떤 것입니까?
A. 유학비자로 어학연수를 할 경우, 기간은 최소 6개월에서 최장 2년입니다. 그러나 3개월 정도 또는 그 이내에서 단기간 일본어 공부를 하고자 할 때는 단기 어학연수 코스에 입학하게 됩니다. 이 코스는 많은 학교에 개설되어 있습니다. 입학수속 기간은 대략 2주 정도 소요됩니다. 비자는 한일간의 무비자 협정에 의해 90일간은 단기 체류 비자로 입국이 가능하므로 학교로부터 입학허가서를 받으면 됩니다.

Q. 일본어학교 입학 시 제출하는 서류는 어떤 것이 있습니까?
A. 최근에는 제출서류가 많이 간소화 되었습니다. 입학 신청 시 제출서류는 비자 신청에 필요한 서류를 함께 제출하게 됩니다. 본인의 최종학교 졸업증명서(고졸이상, 검정고시 포함), 가족관계증명서(기본증명서 포함), 여권사본(미발급자는 추후 제출), 재학 또는 재직증명서(해당할 경우), 컬러사진(3x4cm) 10매, 그리고 학교 소정양식의 원서, 이력서를 작성하게 됩니다. 재정보증인 서류로는 부모님이나 3등친 이내 명의의 은행예금 잔고증명서 (1년 재학당 3,000만원 정도), 재직증명서 또는 사업자등록증명서, 소득증명서를 준비합니다.

Q. 학기별 신청마감일은 언제입니까?
A. 일본어학교는 1월, 4월, 7월, 10월로 1년에 4학기가 개설되어 있으나, 4월, 10월 2학기만 모집하는 학교도 있습니다. 신청 마감일은 비자 심사기간을 포함하는 관계로, 각 학기 개강일보다 약 4~5개월 전입니다.

Q. 신청시 납부하는 선고료는 무엇입니까?
A. 일본어 표기로 선고료라 하는데, 한국어로는 전형료라고 표현합니다. 신청자의 서류를 받아서 입학허가 여부를 전형하고, 비자신청 대행도 일괄하여 하는 데에 필요한 비용입니다. 각 학교별로 대개 2만엔에서 3만엔 정도 책정되어 있으며, 신청 후 이것은 일체 반환하지 않는 것으로 되어 있다는 점에 유의하십시오.

Q. 어학교 선택시 유의할 사항은 무엇입니까?
A. 기본적으로는 자신의 목적과 사정에 맞는 학교라고 할 수 있습니다.

좀더 자세하게 설명하면 다음과 같습니다.
① 진학코스, 일반코스 등 목적에 맞는 학교인가
② 자신의 레벨에 맞는 반에서 공부 할 수 있도록 단계별로 세분화되어 있는가
③ 진학을 목적으로 한다면, 기초과목(영어, 수학, 물리, 화학, 사회) 강의가 있는가
④ 주변의 교육환경은 좋은가
⑤ 기숙사 등 숙박시설은 잘 해결해 주는가
⑥ 진학지도, 생활지도가 충실하여 진학실적은 우수한가
⑦ 학생수에 비해 교원수는 충분한가
⑧ 학비는 시설이나, 수업시간 수, 교원 수 등에 비해 합당한가
⑨ 수업시간은 2부제인지, 전일제인지
⑩ 국적별 학생비율 등

신중히 검토하시기 바랍니다.

제3장 일본 교육 기관

Q. 한국인 학생이 많으면 좋지 못하다고 하는데?
A. 한국인 학생이 많을 경우 장점은 수업진도가 잘 나가고, 서로 도움을 주고 받을 수 있는 등이며, 단점으로는 우리말을 쓰는 기회가 많기 때문에 일본어 사용기회가 적다고 합니다. 그러나 실제 수업은 모두 일본어로 진행되고 학교에서 쉬는 시간을 제외하고는 우리말로 대화하는 시간은 없으며 아르바이트 등으로 바쁘기에 모두가 함께 있는 시간은 많지 않습니다. 한국인끼리 어울려서 놀러 다닌다거나, 학생으로서 이탈된 행동을 한다면, 그것은 본인의 문제이지 한국인이 많은 것은 문제가 아니라고 봅니다.

Q. 일본에서는 아르바이트가 가능합니까?
A. 일본에서는 아르바이트가 법적으로 보장되고 있으므로, 자격 외 활동허가를 받으면 풍속영업을 제외하고 유학생은 주당 28시간 범위 내에서 아르바이트를 할 수 있습니다. 방학 때에는 1일 8시간 범위가 인정되고 있습니다. 시간당 급료는 900~1000엔 정도입니다. 사비 유학생의 75%정도는 1주일에 15시간 정도 아르바이트 하는 것으로 조사되고 있습니다.

Q. 학비, 생활비는 얼마나 드는지요?
A. 어학연수 중의 학비는 학교등록금 중에 선고료, 입학금, 수업료, 기타 비용을 합하여 1년에 70만엔~100만엔인데, 평균적으로 80만엔의 학교가 대부분입니다. 학교와 지역에 따라 약간 다릅니다. 생활비에도 주거비, 식비, 교통비, 일상경비가 있으며 월평균 10만엔~15만엔이 필요합니다. 아파트나 기숙사를 넓고 깨끗한 것으로 정하면 생활비는 월 15만엔, 조금 좁고 2인실로 정하면 월 10만엔 정도라 할 수 있습니다. 최소 1년에 120만엔이 소요된다는 셈입니다.

Q. 학비는 언제, 어떻게 납부하는지요?
A. 학교에 따라 차이가 있으나, 일반적으로, 신청 시에 선고료(전형료)를 납부하고, 입학허가서 도착 시에 입학금을 납부하는 학교도 일부 있으나 대부분은 수업료와 함께 납부합니다. 그리고 체류자격인정증명서 발급 후에 입학금, 수업료 6개월분 및 기타 비용을 납부하게 됩니다. 6개월 후에 다시 6개월분 수업료를 납부합니다.

Q. 일본의 대학에 입학하려면 일본어를 어느 정도 해야 하나요?
A. 일본의 대학에 입학을 하려면, 유학생 특별전형을 받는 것이 대부분인데, 국, 공, 사립에 따라, 그리고 학교에 따라 전형 방식이 다릅니다. 각 대학별 전형에 대해서는 <HED한국유학개발원>에 문의해 주시기 바랍니다. 일본어 실력에 대해서는, 기본적으로 대학에서 수학하는 데에 필요한 실력을 요구하며 일본유학시험(EJU)의 일본어과목에서 250점 정도는 최소한 확보되어야 할 것입니다. 이 정도 실력을 갖추기 위해서는 초보자인 경우 일본어학교에서 최소 1년반 이상은 공부해야 할 것입니다.

Q. 일본 대학에 편입학은 가능한지요?
A. 유학생을 대상으로 편입학생을 모집하는 대학은 많지 않습니다. 유학생 특별전형으로 응시할 수 있는 대학은 40여 개 입니다. 그리고 국립 30개교, 공립 10개교, 사립 160개교 정도는 일본인과 동일한 전형으로 선발하는데 그 문은 넓지 않다고 할 수 있습니다. 한국 대학졸업생 (학사) 이나 2, 3학년 수료자 (전문대학사 포함) 가 일본의 2, 3학년에 지원할 자격은 이수한 학점을 계산하여 부여됩니다.

Q. 전문학교에 입학하려면 어떤 조건을 갖추어야 하나요?
A. 최종학력은 고졸이상 이어야 하고, 일본유학시험 일본어 과목 200점 이상 득점이거나, 일본어능력시험 N2 레벨 이상 합격이거나, 일본에서 6개월 이상 일본어학교에 재학한 사람, 이러한 자격 중 하나를 갖추어야 지원할 수 있습니다. 입학시험은 대부분 면접, 서류전형이지만, 학교에 따라서는 일본어, 영어, 수학 등 필요한 과목을 시험 보는 경우가 있습니다. 신학기 입학을 위해 10월부터 접수를 받고 접수 순으로 전형을 하므로, 시기를 놓치면 마감되는 경우가 있습니다. <HED한국유학개발원>에서는 전문학교 입학지원 수속을 대행해드리고 있습니다.

2. 대학 학부

대학 학부 정규과정의 수학기간은 4년입니다. 의대·치대·수의대의 경우는 6년입니다. 대학에 따라서는 정규과정 이 외에 청강생·과목 등 이수생의 제도가 있습니다. 학위 취득을 목적으로 하지 않는 단기유학 제도도 있습니다.

입학 자격

다음 중 어느 하나에 해당하는 자
- 일본 이외의 국가에서 12년간의 학교교육(중등교육을 수료했다는 요건포함)을 수료한 자.
- 중등교육기관을 11년으로 졸업 한 경우, 일본 정부에서 <준비교육과정>으로 지정된 기관을 수료한 학생으로, 18세가 된 자.
- 대한민국의 고등학교 졸업학력 검정고시에 합격하고 만 18세가 된 자
- 국제 바칼로레아, 아비투어, 프랑스 바칼로레아 자격을 소지하거나 GECA 레벨시험에서 학교가 개별적으로 정한 성적을 충족시키고 만 18세가 된 자.

원서 접수

대학의 모집요강은 4월 입학의 경우 매년 6월~8월에 발표 되는 것이 일반적입니다. 학부에 따라서는 후기(9월 또는 10월) 입학제도를 가진 대학도 약 50여개 있습니다. 4월 이외에 입학 가능한 대학의 리스트는 <HED한국유학개발원>으로 문의해 주십시오.

원서 접수에 필요한 서류는 각 대학에 따라 다르지만 일반적으로 다음과 같습니다.
- 입학원서(대학소정의 양식)
- 고등학교 졸업(예정)증명서
- 고등학교 성적증명서
- 출신고등학교 교장, 교사 추천서
- 일본어 능력 또는 영어 능력 증명서
- 일본유학시험 수험표 사본, 기타

입학 시험

일본의 대학에 입학하기 위해서는 각 대학이 실시하는 입학시험에 합격하지 않으면 안 됩니다. 많은 대학이 일본유학시험 성적·서류심사·면접·대학 자체 학력심사 등을 조합하여 유학생을 위한 특별 전형을 실시하고 있습니다. 대부분의 대학은 일본 국내에서 수험하지 않으면 안되지만 한국에서 수험하는 대학 및 도일전 입학허가 제도를 실시하는 대학도 있습니다.

◎ 일본유학시험(EJU)

일본의 대학(학부) 등에 입학을 희망하는 외국인 유학생의 일본어능력 및 기초학력을 평가하는 것을 목적으로 하는 시험입니다. 각 대학은 이 시험의 성적을 참고하여 학생을 전형합니다. 시험과목은 문과계 지원자는 일본어, 수학1, 종합과목(사탐)을 보고 이과계 지원자는 일본어, 수학2, 이과(물리, 화학, 생물 중 2과목 선택)을 보게 됩니다. 상세한 내용은 제4장을 참조바랍니다.

◎ 대학 별 전형 방식

각 대학의 입시유형은 아래와 같이 크게 5가지로 구분할 수 있으며, 세부적인 내용은 <HED일본대학교 정보센터>에서 확인해 주시기 바랍니다.

① 일본유학시험+토플+서류심사+소논문+면접 = 주로 **국공립대학**
② 일본유학시험+대학자체시험+서류심사+소논문+면접 = 주로 **사립대학**
③ 일본유학시험+서류심사 = **도일전 입학허가 실시 국공립, 사립대학**
④ 대학 자체시험+소논문+면접 = 주로 **사립대학**
⑤ 대학입시센터시험+대학 자체시험 = **일본인과 동일한 입학시험, 주로 의치학부**
 - 일본유학시험의 필요과목은 각 대학이 지정한 것을 수험합니다.
 - 토플이나 영어 시험은 각 대학이 정한 내용에 따릅니다.
 - 대학 자체시험은 같은 대학이라도 학부에 따라 시험과목이 다릅니다.
 - 서류심사는 고등학교의 졸업여부, 성적 등을 확인하는 정도입니다.
 - 소논문은 한국의 논술시험과 비슷하지만 출제 형식은 많이 다릅니다.
 - 대학입학공통테스트(일본 수능)을 적용하는 학

부는 아주 일부입니다(의대, 치대 등).

◎ 한국에서의 전형

대학이 요구하는 일본어, 영어 등의 실력을 갖춘 학생이 한국에서 전형을 받을 수 있는 대학이 있습니다. 그 중에는 <HED한국유학개발원>과 제휴된 대학도 있고 일반적인 대학도 있습니다.

일본유학시험을 응시한 학생을 대상으로 하는 <도일전 입학허가> 대학도 있으며, 일본유학시험과는 관계없이 대학이 자체적으로 입학시험을 실시하는 대학도 있습니다. 그러나 아직은 한국에서의 전형 대학은 그 수가 많지는 않습니다.

◎ 일본에서의 전형

일본유학시험을 이용하는 대학, 또는 대학 자체시험으로 전형하는 대학이 이것에 해당합니다. 이들 대학에 지원을 위해서는 원서를 준비하여 스스로 직접 지원하며, 정해진 전형일에 일본에 가서 시험을 치고 합격이 되면 비자 수속을 하는 것이 일반적입니다.

HED한국유학개발원에서는 준비단계의 상담에서부터 학교선택, 원서제출, 시험대비, 합격 후 비자서류 작성, 기숙사 예약, 학비납부, 항공편 예약, 현지생활 지도 등 전반적인 사항에 대해 <서포터 시스템>이라는 서비스를 제공합니다.

《- 영어로 학위 취득

일본의 고등교육 기관에서의 강의는 대부분 일본어로 이루어집니다. 그러나 학위 취득을 목적으로 하고 영어로 강의하는 코스를 설치하고 있는 대학이나, 영어로 강의하는 단기유학 프로그램을 개강하고 있는 대학도 있습니다. 영어로 학위 취득이 가능한 대학 리스트는 'Study in Japan'이라는 홈페이지에서 입수할 수 있습니다.
※ 필요한 영어실력은 대학원이 TOEFL iBT로 75~80, 대학학부가 71~80점 정도입니다.

《- 졸업 및 수료 요건

대학을 졸업하기 위해서는 대학에서 4년간(의대·치대·수의대는 6년간) 재학하고, 대학에서 정한 필수학점 이상을 이수해야 합니다. 대부분의 대학에서는 졸업조건으로 124학점 이상(의대·치대의 경우 188학점 이상, 수의대의 경우 182학점, 약대는 186학점 이상)을 이수할 필요가 있습니다. 대학을 졸업한 자는 '학사'학위를 취득합니다.

《- 일본의 학위

일본에서 취득한 학위의 인정은, 해당 국가나 전공 분야에 따라 다르지만, 일반적으로 일본에서 취득한 학위는 어느 국가에서나 자국에서 취득한 학위와 동등하게 취급됩니다. 단 국가에 따라서는 정부나 민간기업의 각 감독기관이 독자의 학위 인정 리스트를 작성해서 그에 준해 인정하는 경우도 있습니다. 한국에서는 일본의 학위를 그대로 인정하고 있습니다.

《- 대학 편입학

일본에서의 대학 편입학은 일반적이지 않습니다. 편입학생을 모집하는 대학은 국립 약 40개교, 공립 약 30개교, 사립 약 170개교입니다. 그러나 그 중에서 유학생을 위한 특별전형 편입학 시험을 실시하는 대학은 약 50개교로 소수입니다. 따라서 유학생은 대부분 일본인과 동일한 시험을 보지 않으면 안됩니다.
지원자격은 일본의 단기대학 졸업자나 고등전문학교 졸업자, 전수학교 전문과정 수료자, 대학의 교양과정(1~2년생)수료자, 또는 4년제 대학수료자입니다. 한국의 전문대학 졸업자 및 대학의 교양과정(1~2년생) 수료자, 4년제 대학 수료자도 해당됩니다.

대학 수료자가 전공과목을 바꾸어 학위코스에 학사편입하기 위해 대학의 2년차, 3년차에 편입학 하는 경우도 있지만, 제도는 있어도 학년도에 따라 편입학생을 모집하지 않는 등 대학에 따라 다릅니다. 각 대학의 편입학 전형방식에 대해서는 크게 다음과 같이 구분할 수 있습니다.
① **유학생 특별전형** : 일본어(또는 영어), 전공, 소논문, 면접 중에서 학교가 정하는 시험
② **일본인 동일전형** : 영어, 전공, 소논문, 면접 중에서 학교가 정하는 시험

일본 유학으로 성공하기

✓ 대학입학공통테스트

일본인 학생이 국공립대학이나 일부 사립대학(학부)에 입학할 때 수험이 필요한 한국의 수능시험과 같은 것입니다3. 외국인 유학생 전형에 있어서는 대부분의 대학은 수험을 요구하지 않으나, 일부 대학의 학부(주로 의학부, 약학부)에 출원하는 경우에는 수험이 필요한 대학이 있습니다. (참고 사이트 : http://www.dnc.ac.jp/)

≪ 대학 선택 포인트

① 수업과 연구내용
- 자신이 정말로 수강하고 싶은 수업이 있는가?
- 연구는 가능한가?

② 코스(프로그램)
- 일본인과 동일한 수업을 수강하는 프로그램인가?
- 영어강의 수업만으로 학위를 취득할 수 있는 프로그램인가?
- 장기, 단기 어느 것인가?

③ 연구시설
- 연구를 위한 시설은 잘 갖추어져 있는가?

④ 입학시험
- 도일전 입학허가 제도가 있는가?
- 유학생 특별전형이 있는가?

⑤ 유학생 지원 시스템
- 일본어 보충 수업이 있는가?
- 유학생 지원 직원이 있고 튜터(도우미) 제도가 있는가?
- 취업 지원 시스템이 있는가?

⑥ 졸업생의 진로
- 졸업생의 대학원 진학, 취업 실적은 어떤가?

⑦ 학비, 기타 비용
- 첫해, 2년 째, 졸업까지 드는 비용의 총액은 얼마인가?

⑧ 장학금 등
- 학교 독자적 장학금 제도나 학비 감면, 면제 제도는 있는가?
- 받을 확률은 있는가?
- 일본에 가기 전에 지급 여부의 통지가 있는가?

⑨ 주거문제
- 학교에 기숙사가 있는가?
- 민간 임대 숙소를 소개해 주는가?

⑩ 학교 소재지
- 학교는 학업과 생활에 적합한 환경인가?
- 대도시인가, 지방도시인가?
- 기후는 어떤가?

3. 단기 대학

단기대학의 수학기간은 통상 2년이지만 의료기술, 간호와 같이 3년인 분야도 있습니다. 4년 대학이 학술적인 원리와 이론연구와 교육이 중심인데 반해, 단기 대학은 사회에 나가 직접 현장에서 도움이 될 기능을 읽히는 교육에 중점을 두고 있습니다. 단기 대학 중 약 과반수가 여자 단기대학이며, 인문계열, 가정계열, 교육계열 및 사회계열의 학과가 과반수를 차지하고 있습니다. 한국의 전문대학과 같은 레벨의 교육기관입니다.

입학 자격

다음의 중, 어느 하나에 해당하는 자
- 일본 이외의 국가에서 12년간의 학교교육(중등교육을 수료했다는 요건포함)을 수료한 자.
- 중등교육기관을 11년으로 졸업 한 경우, 일본의 <준비교육과정>으로 지정된 기관을 수료한 학생으로, 18세가 된 자.
- 대한민국의 고등학교 졸업학력 검정고시에 합격하고 만 18세가 된 자
- 국제 바칼로레아, 아비투어, 프랑스 바칼로레아 자격을 소지하거나 GECA 레벨시험에서 학교가 개별적으로 정한 성적을 충족시키고 만 18세가 된 자.

원서 접수

출원에 필요한 서류는 각 단기 대학에 따라 다르나, 일반적으로는 다음과 같습니다.
- 입학원서(대학소정의 것)
- 고등학교 졸업(예정)증명서
- 고등학교 성적증명서
- 출신고등학교 교장, 교사 추천서
- 일본유학시험 수험표, 일본어 능력 증명서
- 기타

입학 시험

단기대학에 입학하기 위해서는, 각 학교가 실시하고 있는 입학시험에 합격해야 합니다. 또한 일본유학시험의 결과를 합격의 판단기준으로 이용하는 경우도 있습니다. 각 대학별 입시 형태는 대학학부와 같으므로 '대학 학부' 편에서 참고 바랍니다.

졸업 및 수료 요건

졸업하기 위해서는, 수학기간 2년제 단기대학의 경우 2년 이상 재학하고 62학점이상 이수, 또는 수학기간 3년제의 경우는 3년이상 재학에 93학점 이상의 학점 이수가 필요합니다.

단기대학 졸업자는 '단기대학사'로 칭합니다.

4. 대학원

대학원 정규 과정으로는 석사과정(수학기간 2년)과 박사과정(수학기간 3년)이 있습니다. 그런데 5년 일관제 박사과정을 개설한 대학원은 전기과정(2년, 석사과정)과 후기과정(3년, 박사과정)으로 나뉘어져 있습니다. 의대·치대 및 수의대의 박사과정은 6년의 학부 과정 수료 후 진학하며, 수학기간은 4년입니다.
대학원에 따라 정규과정 외에 연구생, 청강생, 과목 등 이수생 제도가 있습니다.

《- 입학 자격

◎ 석사과정 및 박사과정(전기)

다음의 조건 중, 어느 한 가지에 해당하는 자.
- 대학(4년제)을 졸업한 자, 또는 이와 동등 이상의 학력이 있다고 인정되는 자.
- 외국에서 학교 교육 18년 과정을 수료한 자.
- 지정된 전문학교를 수료한 자(고도전문사 칭호 소지자)
- 대학원에서 개별의 입학 자격 심사에 의해 대학을 졸업한 자와 동등 이상의 학력이 있다고 인정된 자로, 22세가 된 자.

◎ 박사과정 후기

다음의 조건 중, 어느 한가지에 해당하는 자.
- 석사학위를 가진 자, 또는 이와 동등 이상의 학력이 있다고 인정되는 자.
- 외국에서 석사학위에 해당하는 학위를 수여 받은 자.
- 대학원에서 개별 입학 심사에 의해 석사학위를 가진 자와 동등 이상의 학력이 있다고 인정된 자로, 24세가 된 자.

◎ 의대·치대, 일부 약대 또는 수의대 박사과정

- 대학에서 의대, 치대, 일부 약대 또는 수의대의 학부과정(6년)을 수료한 자.
- 대학에서 4년 이상 재학하고, 대학원에서 소정의 학점을 우수한 성적으로 이수했다고 인정되는 자.
- 외국에서 학교교육 18년 과정을 수료하고, 대학원에서 소정의 학점을 우수한 성적으로 이수했음이 인정되는 자.

《- 연구생 과정

일본 독자적인 제도로 설명되는 '연구생 과정'은 각 대학의 학칙 등에 근거하여 인정되고 있는 것으로, 1학기 또는 1년 정도의 기간에 특정 전문 사항의 연구 등에 종사하는 것을 허가 받으며 학위취득을 목적으로 하지 않는 비정규 학생을 말합니다. 이수과목의 학점은 인정되지 않습니다.

연구생이 되기 위한 자격은 학부 졸업 이상, 석사과정 수료, 박사과정 수료 등 다양하며, 명칭이나 대학 내에서의 위치도 각 대학에 따라 다릅니다. 연구생으로 '유학'의 체류자격을 받기 위해서는 법률에 정해진 것과 같이 '주 10시간(600분)이상의 청강'이 필요합니다.

연구생에 재적하는 자의 규정은 아래와 같습니다.
- 학위취득을 목적으로 하지 않고 단기간 연구활동을 위해 재적하고 있는 자
- 대학간 교류협정에 근거하여 단기 유학생으로 재적하고 있는 자
- 대학원 정규과정 입학의 준비기간으로 이용하고 있는 자가 있습니다.

상기한 셋째 것은 유학생을 위한 것이며, 대학원 정규과정 입학시험 합격까지의 1년 정도를 재적하는 자가 많으나, 반드시 대학원에 입학할 수 있는 것은 아닙니다. 그 중에는 불합격한 채 귀국하는 자도 있습니다. 한편, 대학원 정규과정에 입학을 희망할 경우, 직접 입학 수험을 인정하고 있는 대학원이 대부분이지만 이 '연구생'과정을 거치는 것이 바람직하다고 규정하는 대학원도 있으므로 상세한 내용은 각 대학원 해당 연구과로 문의하시기 바랍니다.

- 전문직 대학원

고도의 전문 능력을 갖추고 사회, 경제 각 분야에서 리더로 활약할 수 있는 직업인 양성을 목적으로 설치된 교육과정입니다. 대표적으로는 법률 전문가를 양성하는 법과대학원, 교사를 양성하는 교직대학원, 그 외에 비즈니스, MOT분야, 회계분야, 공공정책분야 등이 있습니다. 이 중, 법과대학원은 3년 과정입니다.

- 원서 및 제출서류

대학원의 모집요강은 입학 전년도 6월~8월에 발표되는 것이 일반적입니다. 지원에 필요한 제출서류는 일반적으로 다음과 같습니다.
- 입학원서(대학원 소정의 것)
- 대학학부 졸업(예정)증명서
- 석사학위취득(예정)증명서(박사과정의 경우)
- 최종학교 성적증명서
- 출신대학 총장, 학장, 지도교수 추천서
- 기타

※ 대학원에 다라 제출서류가 다르므로 자세한 것은 지망 대학원에 직접 문의해 주십시오.

접수마감일, 접수방법, 제출서류 등은 각 대학원, 각 연구과에 따라 다르므로, 직접 지망 대학원에 확인해야 합니다. 지원일이 빠른 곳은 전년도 8월에 마감되는 대학원도 있습니다. 한국에서 지원한 경우, 기간에 늦지 않도록 충분한 여유를 가지고 수속을 하는 것이 좋습니다.

- 연구 계획서

대학원 지원서류 중에 중요한 서류로서 연구계획서가 있으며 대부분의 대학원에서는 연구계획서를 요구합니다. 연구계획서의 작성요령을 살펴 봅니다.

먼저 연구 테마를 정하고 그것을 어떻게 연구할 것인가를 정리합니다. 연구 목적, 배경, 의의, 방법, 참고문헌 등입니다. 서식이나 문자 수는 학교에 따라 다르지만 일반적으로는 2,000자 정도입니다. 연구계획서를 작성할 때에는 자신이 연구하고 싶은 분야의 논문을 찾아서 어디까지 연구가 진행되어 왔고 어떠한 과제가 남아 있는지를 조사하는 것도 중요합니다.

논문 검색에 참고되는 사이트는 아래와 같습니다.
- CiNii Articles : http://cl.nii.ac.jp/
- Article Search Qross : http://qross.atlas.jp/top

- 입학 시기

4월이 신학기이지만, 일부 대학원은 10월 신입학도 모집합니다. 4월 입학의 지원시기는 8월경부터 10, 11월의 경우가 많고 1월~3월에 모집하는 학교도 있습니다. 상세한 지원시기, 입시일정은 각 대학원으로 문의하거나 <HED일본대학원정보센터>로 문의해 주시기 바랍니다.

- 입학 시험

◎ 정규 과정

석·박사 과정은 서류전형만으로 입학허가를 하는 대학원도 소수 있지만, 일반적으로는 일본에서 입학시험을 거쳐야 할 필요가 있습니다.

입학시험은 아래의 몇 가지를 조합하여 해당 대학원별로 실시됩니다.
- 서류심사
- 일본어, 영어 능력 증명서 또는 시험
- 전공 과목에 대한 필기시험
- 면접
- 소논문, 작문
- 전공 과목에 관한 구술시험

◎ 연구생 과정

연구생 과정 입학은 연구계획서를 포함하여 서류심사만으로 입학을 허가하는 경우가 대부분입니다. 일부는 면접을 요구하는 경우도 있습니다. 충분한 일본어 능력과 연구계획서 작성이 충실하면 입학이 허가되는 경우가 많습니다.

◎ 지도 교수에 대해서

정규과정이든 연구생과정이든 원서제출 전에 미리 지도 교수를 찾아 사전승인을 받을 필요가 있는 경우가 있으므로, 승인을 받을 필요가 있는지를 지원

예정 대학원에 문의해야 합니다. 지도 교수의 승인이 필요한 경우는 자신의 출신대학 교수로부터 소개받거나 직접 해당 대학원 교수에게 타진해야 합니다.

필요에 따라서는 각 대학의 요람, 학회지, 귀국유학생, 국내의 연구자로부터 정보를 얻거나 아래 사이트를 참조해 보시기 바랍니다.

※ researchmap : http://researchmap.jp/search/
※ J-GLOBAL : http://jglobal.jst.go.jp

지도교수에게 연락을 할 때는 지금까지의 자신의 연구결과, 앞으로의 연구계획, 그 지도 교수를 선택한 이유 등을 구체적으로 명기하고, 가능하면 모국의 담당교수 추천서 등을 첨부하는 것도 좋습니다. 상대방은 본적도 알지도 못하는 여러분을 서면으로 밖에 판단할 수 없으므로, 한번에 사전승인을 받는 일은 어려울 것입니다. 수 차례 서신교환 등을 거듭하면서 여러분의 연구계획을 전달하는 것이 필요합니다.

《- 졸업 및 수료 요건

대학원의 수료조건은 석사과정·박사과정별로 각각 다르게 정해져 있습니다. 석사과정의 수료조건은 원칙상 2년이상 재학하고, 전공과목에서 필수학점 30학점 이상을 이수한 후, 석사논문 심사 및 시험에 합격해야 합니다. 석사과정을 수료한 자는 '석사'학위가 주어집니다.

박사과정은 석사과정 2년의 재학기간을 포함해 원칙적으로 5년이상 재학하고, 석사과정에서의 이수학점을 포함해 30학점 이상 이수하고 박사 논문 심사 및 시험에 합격해야 합니다. 박사과정을 수료한 자는 '박사'학위가 수여됩니다.

전문직 학위과정에서는 석사(전문직) 2년, 법무박사(전문직) 3년, 교직석사(전문직) 2년을 재학하고 각 30학점 이상(법과대학원이거나 교직대학원에서는 취득 학점수가 다름)을 이수하면 전문직 석사 학위가 주어진다.

《- 입학 전형

◎ 정규과정 일본에서의 전형

대학원 석사, 박사 정규과정은 대부분 일본 현지에서의 입학시험을 통한 전형 방식입니다. 각 대학원의 해당 연구과가 요구하는 서류를 제출하고 정해진 전형일에 일본에 가서 시험을 보는 것입니다.

서류에 의한 전형도 간혹 있지만 이것은 대부분 박사코스에 관한 것이고 한정적이기 때문에 이 경우에 대응이 가능한 지원자는 많지 않습니다. 조건을 갖추신 경우에는 서류 전형만으로 입학허가를 받는 수속을 해 드립니다.

◎ 연구생 과정 전형

대학원 연구생 과정은 대부분이 한국에서 서류를 제출하면 서류심사만으로 전형을 하는 방식입니다. 일본 전문 유학원에서 지원할 연구과 선택에 관한 상담으로부터 지도교수 선택, 지도교수 사전승낙, 지원서류 작성, 합격 후 비자수속, 기타 관련 수속 등을 일관되게 서비스하는 곳도 있습니다.

일본어가 상급 수준(일본어능력시험 1급, 일본유학시험 일본어 과목 260점 이상)인 경우, 기타의 조건을 갖추면 서류전형으로 지원이 가능합니다. 일본어 실력이 약간 모자라도 지원이 가능한 대학원도 있습니다. 상세한 내용은 <HED일본대학원정보센터>로 상담해 주시기 바랍니다.

5. 전문학교

전수학교 중 전문과정을 설치한 곳을 전문학교라고 부르며, 이것은 고등교육기관에 해당됩니다. 전문학교는 취업이나 실생활에 필요한 지식, 기술, 기능 습득, 교양 향상을 목적으로 하는 교육기관으로, 재학기간은 1년에서 4년까지 다양하지만 통상 2년 과정으로 되어 있습니다. 세계에서 주목을 받는 만화, 애니메이션, 게임, 패션 같은 '쿨재팬'으로 불리는 대중문화부터 환경에너지나 IT, 의료나 복지 분야 등 앞으로 세계시장에서 성장이 예상되는 산업을 뒷받침하는 전문인재를 양성하고 있습니다. 또한 경제 동향에 관계없이 높은 수준의 취업률을 유지하고 있는 것도 특징입니다.

전문사와 고도전문사

전문학교 중에서 2년과정을 설치한 학교로서 1,700시간 이상의 수업시간을 교육하는 학교를 졸업하면 '전문사'라는 칭호를 부여하며, 4년과정을 설치한 학교에서 3,400시간 이상의 수업시간을 교육하는 학교를 졸업하는 자에게는 '고도전문사' 라는 칭호를 부여합니다.

학력 자격에 있어서는 전문사 칭호를 가진 자는 일본의 대학에 3학년으로 편입할 자격이 주어지며, 고도전문사 칭호를 가진 자는 일본의 대학원에 지원할 자격이 주어집니다.

고등전문학교

고등학교 3년과정과 전문학교 2년과정을 합하여 5년과정의 고등교육기관으로 설치된 것이 이것입니다. 한국의 고등학교를 졸업한 유학생은 3학년으로 편입학이 인정되고 있습니다. 교육기관은 대부분 국공립이며 전국의 각 현에 1개교 정도씩 설치되어 있습니다.

학과의 대부분은 공학분야이며 일부 선원 양성을 목적으로 상선학과를 설치한 곳이 있습니다. 이 과정을 수료하면 '준학사' 칭호를 부여하며, 나아가 전공과를 수료하고 대학개혁지원학위수여기구의 심사에 합격하면 '학사'학위를 취득할 수도 있습니다.

전문학교 선택 포인트

전문학교는 수업연한에서 교육내용에 이르기까지 천차만별입니다. 그만큼 자신의 유학목적에 맞는 전문학교를 선택하는 것이 중요합니다. 아래 각 사항을 체크해 보시기 바랍니다.

① 원하는 것을 배울 수 있는 커리큘럼이 개설되어 있는가?
② 교육내용, 교직원 스탭은 충실한가?
③ 전문 교육에 충분한 시설, 설비를 갖추고 있는가?
④ 유학 선배 졸업생의 취업 실적이나 진로 상황은 어떠한가?
⑤ 학비는 얼마나 드는가?
⑥ 일본어학교 선생님이나 선배들의 주변 의견은 어떠한가?
⑦ 학교 견학 등을 통해 실제로 확인하고 납득할 수 있는가?

전문과정 입학자격

일본어 교육기관을 제외한 전수학교 전문과정에 입학 희망자는 다음의 조건을 갖추어야 합니다.

① 일본 이외의 국가에서 12년간의 학교교육을 수료한 자(중등교육을 수료했다는 요건 포함)
② 전문학교에서 교육을 받고자 할 경우 필요한 일본어 능력으로 다음의 5가지 기준 중 한가지에는 해당해야 함.
  - 일본 법무부 장관이 고시로 정한 일본어 교육기관에서 6개월 이상 일본어 교육을 받은 자
  - 일본유학시험(EJU)의 일본어 과목(독해, 청해 및 청독해의 합계) 200점 이상 취득자
  - 일본어능력시험(JLPT)에서 N1 또는 N2에 합격한 자
  - 일본의 초등학교, 중학교, 고등학교에서 1년 이상 교육을 받은 자.
  - 일본한자능력검정협회가 실시하는 BJT비즈니스 일본어능력테스트를 400점 이상 취득한 자

전문학교 입학시험

전문학교는 서류심사, 학력검사, 면접, 작문, 적성검사, 실기시험, 일본어 시험 등에서 몇 가지를 조합하여 전형하는 것이 일반적이지만, 대부분의 학교는 서류심사와 일본어 시험, 면접으로 학생을 선발합니다.

특히 입학 시험에서는 어느 분야에서든 목적 의식, 입학 후의 수업에 따라갈 수 있는 일본어 능력 및 학력의 유무, 학업에 대한 의욕을 중심으로 전형하는 것으로 알려져 있습니다. 대부분의 전문학교는 일본어 능력이 충분하면 합격하는 것으로 알려져 있습니다.

고등전문학교 입학시험

유학생은 고등전문학교 3학년에 편입학 자격이 주어지고 아래와 같은 시험으로 입학을 허가합니다. 전국에 있는 이들 학교는 공동선발시험을 실시하며 출원서류도 통일되어 있습니다. 시험은 일본에서만 보게 됩니다.
① 지원서
② 일본유학시험(EJU) 성적
③ TOEFL, TOEIC, IELTS 성적 중 하나
④ 면접 평가

졸업 및 수료 요건

전문과정은 2년간에 1,700시간 이상, 고도전문과정은 4년간에 3,400시간 이상 각각 수업을 하고 시험 등으로 성적을 평가하여 과정 수료를 인정합니다. 일부 학과는 3년 과정을 설치한 경우도 있습니다.
고등전문학교 졸업자는 '준학사' 칭호가 주어지며 취업을 하는 일본 학생이 많지만, 유학생은 국립대학에 편입학하는 학생이 많습니다.

입학 전형

◎ 한국에서의 전형

일본의 전문학교가 한국에 와서 입시를 실시하는 방식입니다. 최소한 일본어능력시험 N2 레벨 이상 또는 일본유학시험(EJU) 일본어 200점 이상, 그리고 일본에서 어학연수를 6개월이상 한 조건 중에서 하나를 갖추면 지원이 가능합니다.

10월에서 다음해 1월 사이에 <HED일본전문학교정보센터>에 원서를 제출하고 각 학교가 정한 날에 한국에서 필기시험, 면접 등으로 학생을 선발합니다.

HED에서는 제휴된 학교들의 한국 전형에 대하여 지원조건을 갖춘 학생들의 원서를 접수하여 응시하게 합니다. 한국 전형을 실시하는 학교는 많지 않으나 유명학교가 포함되어 있습니다. 모집하는 학교에 대해서는 <HED일본전문학교정보센터> 홈페이지에 공지합니다.

합격이 되면 학교를 통하여 비자(체류자격인정증명서)를 신청합니다. HED에서는 모든 관련서비스를 제공합니다.

◎ 일본에서의 전형

상기한 지원조건을 갖춘 사람이 HED에 원서를 제출하고 일본에 가서 전형을 받는 방식입니다. 일본에 있는 대부분의 학교는 이러한 방식으로 전형을 하지만, 유학생을 받지 않거나 받는 절차에 능숙하지 못한 학교도 있습니다.

HED에 원서를 접수하고 대개는 10월에서 12월 사이에 일본으로 가서 입학시험을 봅니다. 시험의 내용은 일본어, 면접이 대부분이며, 전공에 따라 일부 영어, 수학 등이 추가됩니다.

지원할 학교에 대해서는 <HED일본전문학교정보센터> 홈페이지나 기타 정보지를 이용하기도 하고 실제 HED에서 심층적인 상담을 통해 선택하시기 바랍니다.

합격이 되면 학교를 통해 비자를 신청하고, 비자가 나오면 학비를 납부한 다음 일본으로 출국합니다. HED에서는 관련 서비스를 모두 제공합니다.

◎ 서류만으로 전형

HED와 제휴된 학교에서는 지원자가 한국에 있을 경우, 학교가 정한 서류를 제출하면 서류전형만으로 합격여부를 결정합니다. 대개는 일본어능력시험 N1 수준이거나 일본유학시험(EJU) 일본어 260점 이상일 경우가 해당이 됩니다.

서류전형으로 합격이 되면 비자는 학교를 통해 신청이 되고 비자가 나오면 학비 납부 후 일본으로 출국합니다. HED에서는 관련 서비스를 모두 제공합니다.

◎ 추천 입학 전형

상기한 세가지 전형에 있어서, HED추천으로 입학이 허가되는 학교도 있습니다. 지원자가 한국에 있거나 일본에 있거나 모두 추천 입학의 전형을 받을 수 있습니다. 상세한 내용은 HED에서 상담을 받으시기 바랍니다. 추천입학은 HED의 추천으로 입학시험 없이, 또는 입학 시험을 보더라도 추천 케이스로 입학이 허가되는 경우입니다.

또한 일본에서 어학연수부터 해야 하는 사람이 어학연수를 통해 조건을 갖출 것을 조건으로 이와 같은 HED의 추천으로 미리 입학을 허가 받을 수도 있습니다. 이것을 <조건부 추천 입학>이라고 합니다.

그 조건은 6개월 이상 어학연수를 하고 일본어능력이 N1 수준(학교에 따라서는 N2 수준)이며, 학교출석률이 90%이상인 경우입니다. 어학연수를 하는 학교는 HED에서 지정하는 학교 중에서 선택합니다.

《- 입학 수속 제출서류

아래 서류 중에서 학교가 지정하는 것을 제출해 주시기 바랍니다.
- 입학원서(학교소정양식)
- 고등학교 이상의 최종학교 졸업증명서
- 고등학교 이상의 최종학교 성적증명서
- 일본어교육기관 출석 성적증명서(일본에서 어학연수를 한 경우)
- 일본어교육기관 졸업(예정)증명서(일본에서 어학연수를 한 경우)
- 일본어능력증명서(해당 학교가 요구하는 레벨, 점수) 등 (한국내 거주일 경우)
- 건강진단서
- 사진
- 보증인관계 서류

접수기간 등 자세한 것은 <HED한국유학개발원>에 문의해 주시기 바랍니다.

《- 대학으로의 편입

전수학교 전문과정을 수료하고 '전문사' 칭호를 부여 받으면 일본의 대학으로 편입할 수 있는 자격이 주어집니다.
상세한 내용은 43페이지의 <대학 편입학> 란을 참조바랍니다.

《- 한국에서의 학력 인정

일본의 전문학교를 졸업하고 한국에 귀국하면 어떻게 학력인정을 받을 수 있는가 하는 질문이 많습니다. 전문학교는 기술, 기능을 교육하는 일본 특유의 고등교육기관이므로 한국에서는 딱 맞게 학력 인정을 적용하기는 어렵습니다.

일본에서는 대학의 편입학을 인정하는 학교이지만 한국에서는 각 대학마다 인정하는 기준이 다르며, 제 각각으로 대응하고 있습니다. 주한 일본대사관으로부터 '전문사'칭호에 해당하는 학교라는 확인서를 받아서 성적증명서 등을 대학에 제출하면 편입 자격이 인정되는 한국 대학이 있습니다.

 일본어능력시험(JLPT)

일본어를 모국어로 하지 않는 사람을 대상으로 일본어 능력을 측정하여 인정하는 것을 목적으로 실시하는 시험입니다. 일본 국내 및 해외 각국에서 실시하며 한국에서도 실시합니다.
- 시험 실시 시기 : 7월과 12월 1년에 2회
- 참고 사이트 : http://www.jlpt.or.kr

✓ BJT비즈니스일본어능력테스트

비즈니스 현장에서 요구되는 일본어 커뮤니케이션 능력을 측정하는 시험입니다. 일본 국내는 물론 해외에서도 실시하고 있으며, 한국에서도 실시합니다.
- 시험 실시 시기 : CBT(컴퓨터 시험)방식이므로 수시로 3개월 단위로 응시가 가능합니다.
- 참고 사이트 : http://www.bjttest.com

일본 유학으로 성공하기

6. 고등학교

고등학교는 중학교 졸업 후 3년간 공부하는 후기 중등교육기관입니다. 일본의 고등학교에서는 외국인 유학생을 적극적으로 받아들이는 곳은 아직 많지 않습니다. 그러나 최근에는 일부 사립 고등학교에서 적극적인 자세로 한국인 유학생을 유치하는 활동을 하고 있습니다.

현재는 일본 전역에서 10여개 고등학교가 외국인 유학생을 공개 모집하고 있습니다. 유학생은 모두 기숙사에 입주하여 학교생활을 하며, 비자는 유학생 비자가 발급되고 졸업할 때까지 1년씩 갱신하는 절차를 밟습니다. 이 외에 부모가 장기체류 비자를 취득하여 자녀를 동반할 경우 가족체재라는 비자를 받게 되는데, 이 경우 일본에 있는 한국인 학교(외교관, 주재원 등 자녀 및 재일동포 자녀를 교육하는 학교)에 입학이 가능하고 또한 영어 능력이 충분하면 국제학교(인터내셔널스쿨)에도 입학이 가능합니다. 나아가 일본어 능력이 충분하면 일반 고등학교에도 입학이 가능할 수 있습니다.

《- 일본어 수업

유학생을 모집하는 고등학교의 유학생에 대한 일본어 수업 방식은 크게 두 가지로 구분됩니다.

① **유학생 일본어 반을 설치하는 학교**
이 방식의 학교는 입학하는 시점에 일본어 레벨을 테스트하여 일본인 학생 반으로 들어갈 학생과 유학생 반에서 일본어를 중심으로 하는 수업을 하는 학생으로 구분합니다. 일본어가 부족한 학생은 학생의 레벨에 따라 3개월, 6개월간 유학생 반에서 공부하고 일본인 반으로 옮겨가게 됩니다.

② **일본인 학생 반에서 수업하면서 별도 일본어 수업하는 학교**
이 방식의 학교는 기본적으로 모든 유학생이 일본인 학생 반에서 모든 수업을 동일하게 받으면서 일본어는 레벨 테스트하여 일본어가 충분하지 않은 학생은 별도로 일본어 수업을 실시합니다. 주로 국어, 역사, 사회 과목과 같은 수업 시간에는 유학생은 그 수업에서 나와서 별도로 일본어 반에서 레벨에 맞는 일본어 수업을 받으며 일본어 실력이 향상되면 일본어 수업 시간을 줄여가는 방식입니다.

이렇게 보면 일본 고등학교 유학을 위해서는 입학 시점에 일본어 능력은 N2 레벨을 가지는 것이 가장 이상적입니다. 그렇게 되면 1학년 입학 시점부터 일본어 반이나 별도 일본어를 수업하지 않고 일본 학생과 동일한 수업을 받게 됩니다.

《- 입학 자격

아래 자격을 갖추고 일본어 '학습 경력이 1년 이상이라는 증빙'을 제출할 수 있는 자는 지원이 가능합니다. 일본어 능력 보다는 학습 기간 증명이 중요합니다. 이것은 비자 발급에 필요한 요건입니다.

- 일본 이외의 국가에서 9년간의 학교교육을 수료한 자로 고등학교 1년 이내의 연령
- 이와 동등한 학력이 인정되는 중학교 졸업 자격 검정고시에 합격한 자
- 편입학의 경우는 한국 고등학교에 재학 중인 자 (편입학 학년은 학교에 문의)

※ 1년 이상의 일본어 학습 증빙은, 중고등학교에서의 수업, 인가 받은 학원에서의 수강, 공인된 학습지 수강, 등으로 합산하여 1년 이상인 증빙을 말합니다.

《- 고등학교 선택 포인트

◎ **지역별 특징**

학교가 소재하는 지역을 대도시 지역으로 선택할 것인가 중소도시 지역으로 선택할 것인가에 대해 스스로 결정해야 합니다. 대도시지역은 주변 환경이 편리하지만 여러 가지 유혹이 많다는 점이 있고, 중소도시 지역은 학교의 소재지가 평야나 산 중턱 등에 소재하여 자연이 아름답고 공기도 맑은 편이지만 주변에는 문화시설, 편의시설이 많지 않아서 무미건조하다는 점도 있습니다.

◎ 교육내용

교육 내용은 설치 학과 중심으로 인문계 보통학과인지, 전문계 학과인지, 종합계 학과인지를 살펴 보시기 바랍니다. 우리 나라처럼 특성화 고등학교에서 유학생을 모집하는 학교는 거의 없습니다. 유학하려는 학교의 개설 학과에 대해 잘 살펴 보고 자신이 공부하고자 하는 코스가 있는지를 확인하기 바랍니다.

대부분의 학교는 월요일부터 금요일까지 수업하지만, 토요일에도 오전 수업을 하는 학교도 있으므로 이 점도 확인바랍니다.

◎ 학교 및 기숙사 시설

학교 시설은 모든 학교가 양호한 것으로 판단됩니다만, 특별히 시설이 우수한 학교도 있으므로 그런 점에 대해서도 체크하기 바랍니다. 컴퓨터실은 있는가, 도서관 시설은 어떤가, 실내 체육관은 어떤가, 운동부, 문화부 등 과외활동을 하는 시설은 충분한가 등도 체크해 보세요.

또한 기숙사에 대해서는 매우 민감한 부분입니다. 1인실 방인지, 2~4인실 방인지, 그리고 원룸 스타일인지 목욕탕 화장실이 공용 타입인지도 중요합니다. 기숙사를 학교 캠퍼스 내에 마련한 경우, 캠퍼스 밖에 마련한 경우는 학생들의 이용 상황이 다르므로 관심을 가지고 조사해 보시기 바랍니다.

◎ 학교 규모

학생의 구성에 있어서 남녀비율, 유학생 비율, 전체 학생 수 등도 검토 대상입니다. 규모가 큰 학교는 전교생이 2천명이 되는 학교도 있고 중간 규모는 1천여명, 소규모는 500여명 이하 등으로 학교마다 차이가 있습니다.

또한 중학교를 같이 설치한 학교인가, 고등학교만 있는 학교인가에 따라 분위기도 학생 수도 달라지므로 체크할 필요가 있습니다.

◎ 유학비용 비교

유학생이 고등학교 입학 시에 납부하는 비용으로는 입학금, 수업료, 기타 비용, 교복비, 기숙사비 등으로 크게 구분됩니다. 수업료는 3년간 거의 동일한 금액이며 기타 비용에는 수학여행비, 건강보험료, 시설유지비, 교재비, 기타 학교별 필요 항목으로 구성됩니다. 기숙사비에는 1일 3식의 식비가 포함됩니다.

기숙사비를 포함하여 총 비용은 1년에 200만엔~230만엔입니다. 비용이 적은 쪽을 선택할 수는 있지만 그 학교가 자신에게 맞는지를 충분히 검토해야 합니다. 그리고 학비 납부 방법은 1년치를 입학 시에 일괄 납부하는 학교가 대부분입니다.

◎ 대학 진학 실적

일본 고등학교를 졸업 후 일본 대학에 진학을 목표로 하는 학생은 그 학교의 진학 실적에 대해 관심을 가지게 될 것입니다. 일반적으로 대학진학은 어렵지 않지만 인지도가 높은 명문 대학으로의 진학은 중학교에서 기초를 튼튼히 닦고 일본어를 N2 정도 준비한 학생이 아니면 쉬운 일은 아닙니다.

그 학교의 진학 실적을 보고 지원여부를 결정하고자 하는 경우에는, 먼저 일본인 학생을 대상으로 얼마나 진학 실적을 올리고 있는가에 대해 살펴 볼 수 밖에 없습니다. 공부는 스스로 하기 나름이라지만, 일본인 학생을 대상으로 잘 가르치는 학교는 그만큼 진학 실적이 우수할 것이며, 유학생도 그 기준에서 스스로 열심히 한다면 같은 결과를 낼 수 있을 것입니다.

최근에는 유학생도 명문 대학에 합격하는 케이스가 늘고 있습니다. 그것은 유학하는 학생들의 실력 수준이 높아지고 있기 때문입니다. 또한 일본유학시험을 이용한다든가 유학생 특별전형을 이용하는 학생이 늘면서 좋은 실적을 나타내고 있다고 할 수 있습니다.

《- 원서 접수

매년 6월~8월 경에 모집요강이 발표되고 10월~12월 사이에 한국에서 원서접수 및 입학시험을 실시하는 학교가 대부분입니다. 일부 학교는 일본 현지 학교로 초치하여 입학시험을 보는 경우도 있습니다.

원서접수에 필요한 서류는 다음과 같습니다.
① 입학원서(학교 소정양식)
② 이력서(학교 소정양식)
③ 중학교 졸업(예정)증명서
④ 중학교 성적증명서

⑤ 유학 이유서(학교 소정양식)
⑥ 건강진단서(학교 소정양식)
⑦ 사진
⑧ 보증인 서류(직업증명, 소득증명, 잔고증명 등)

- 입학 시험

학교에 따라 약간씩 다르지만 영어, 수학, 일본어 필기시험, 면접(부모님 포함) 등으로 입학시험을 실시합니다. 물론 제출된 서류에 의한 심사도 종합적으로 합격여부에 관계됩니다.

한국유학개발원(각 학교 입학사무소 역할) 사무실에서 필기시험을 실시하고 면접은 학교와 줌이나 스카이프로 연결하여 화상통신으로 진행하게 됩니다. 시험은 10월~12월 사이에 실시하는 학교가 많습니다.

◎ 한국에서의 전형

일본의 고등학교에 지원하는 방식은 거의 한국에서의 전형 방식입니다.

HED에 원서를 제출하면 학교가 정한 날에 학교 관계자가 한국에 오거나 화상 통신을 연결하여 전형을 합니다. 영어, 수학, 일본어 필기시험, 학생 및 학부모 면접, 서류심사를 통하여 합격여부를 결정합니다. 3년간의 학습기간 중 1학년 때에 일본어를 집중적으로 공부한다는 전제이므로 입학시험에서는 일본어는 초급이라도 문제시하지 않습니다.

아직은 지원자가 대폭적으로 많지 않아서 경쟁률은 그다지 높은 편은 아니지만, 일본에서 공부하기에 적응 능력이나 기초학력 등에서 문제가 없는 학생인가를 판단하는 것이 우선적인 기준입니다. 학칙을 준수하고 문제를 유발하지 않으며 수업에 따라 갈 것으로 믿음이 가는 학생이라는 것이 또 하나의 기준입니다.

HED에서는 원서를 접수하고 지정된 시험일에 시험장에 동행하는 일부터 지원에 관련된 모든 서류작성, 서류번역, 출국준비 등에 이르기까지 원 스톱으로 서비스합니다.

◎ 일본에서의 전형

일부 고등학교에서는 지원서류를 제출하고 직접 학교에 가서 전형을 받아야 하는 학교가 있습니다. 이 경우는 입학시험과 더불어 학교를 견학한다는 장점이 있지만, 실제 일본까지 가야 하는 부담도 있습니다. 시험 내용은 한국에서의 전형과 같습니다.

HED에서는 원서를 접수하고 지정된 시험일에 시험장에 도착하여 시험을 볼 수 있도록 안내하는 일부터 지원에 관련된 모든 서류작성, 서류번역, 출국준비 등에 이르기까지 원 스톱으로 서비스합니다. 또한 학부모의 요청에 따라서 시험일에 일본 현지까지 동행하여 안내도 해드립니다.

- 유학 후 진로

일본 고등학교를 졸업한 후에 진로를 어떻게 해야 하는지에 대한 질문이 많습니다. 그리고 인터넷 등에서 잘못 전해지는 정보에 의해 일본 유학으로 진학에 불리하다는 생각을 하는 경우도 많습니다. 이것은 올바른 정보라 할 수 없습니다. 여기서는 졸업 후의 진로에 대해 상세히 설명합니다.

◎ 일본 대학으로 진학

외국인이 일본의 고등학교를 졸업하면 '일본유학시험(EJU)'이라는 것을 이용하여 '유학생 특별전형'을 받을 수 없다는 정보가 인터넷 등에 있으나 그것은 정확한 정보가 아닙니다. 또한 모든 고등학교 유학생은 일본 학생이 보는 '대학입학공통테스트'를 보고 진학한다는 정보도 바르지 않습니다.

일본의 국공립 대학의 대부분은 일본 고등학교 졸업자가 EJU를 보고 그 성적으로 지원하는 것을 인정하지 않습니다. 이것을 인정하는 국공립대학은 전국적으로 5개 정도에 불과합니다.

그러나 일본의 사립대학의 많은 대학은 일본 고등학교 졸업자가 EJU를 보고 지원하는 것을 인정합니다. 특히 사립 명문 대학으로는 조치대학, 리츠메이칸대학, 간세이학원대학, 센슈대학, 오비린대학 등 많은 대학이 있습니다. 이들 대학 중에는 일본에서 탑 10에 드는 사립 명문 대학도 있습니다.

그런데, 일본 고등학교 졸업자는 한국 고등학교 졸업자에 비교하면 학습 환경이나 교과목 등에 있어서 유리하므로 EJU 득점에서 일본 고등학교 졸업자가 유리할 것이라는 추측은 대부분의 학생들이 동의합니다.

또한, EJU 이용 방식 외에도 외국인 유학생 특별전형 방식은 여러 가지가 있습니다. 자기 추천 방식, 학교장 추천 방식, AO방식, 영어 특기자 입시 방식, iBDP이용 방식, 대학입학공통테스트 방식이 아닌 본고사 방식 등이 있습니다.

단, 국공립의 탑 클래스 대학에 지원할 정도로 학력이 우수한 학생인 경우는 한국에서 대학 진학을 준비하는 것이 EJU방식을 이용할 수 있으므로 진학에 유리할 것이라는 견해가 있지만, 진정 그렇게 성적이 우수한 학생이라면 일본의 어떤 입시 방식이라도 불리하다고 생각할 필요는 없을 것입니다. 그러므로 자신의 능력을 먼저 판단하는 것이 중요합니다.

◎ 한국 대학으로 진학

일본 고등학교 졸업 후에 한국 대학으로 진학을 검토하는 경우, 한국 각 대학의 전형 방식에 대해 정통해야 합니다. 한국 대학의 전형 자체가 복잡 다기하기 때문에 특히 신경을 써야 합니다.

먼저 수능시험을 보고 정시에 지원을 하려는 학생은 한국의 각 지역 교육청에 수능시험 응시를 신청하여 수능을 수험해야 합니다. 일본 고등학교 졸업 학력을 인정 받고 수능시험을 치르기 위한 절차는 각 지역 교육청에 문의해 주시기 바랍니다.

다음은, 수시에 지원하는 방식입니다. 일본어 특기자 지원은 국내 학생과 동일하게 적용이 되고 있습니다. 대학에 따라서는 일본어 특기자 외에도 수시 특기자 모집에서 외국에서 유학한 경력이라든가 자신의 특기를 어필하여 지원하는 방식도 이용이 가능합니다.

◎ 해외 대학으로 진학

일본 고등학교로 유학한 학생이 다시 제3국으로 대학 유학을 시도하는 것입니다. 영어권이 대표적이며 중국, 프랑스, 독일 등 사전에 해당 국가 언어를 학습하여 준비하는 학생이라면 세계 어느 나라에도 유학이 가능합니다.

특히, 유학생을 유치하는 일본의 고등학교 중에는 영어 학습에 중점을 두는 학교가 많이 있으므로 고등학교 3년 과정에서 영어를 집중적으로 공부하고 토플, 토익 등을 준비하여 영어권으로 유학을 시도하는 학생에게는 유리하다고 할 수 있습니다.

일본어 준비가 부족한 학생에 대한 조언

일본 고등학교 유학을 위해 미리 중학교 1학년이나 그 이전부터 일본어 공부를 시작하는 학생은 많지 않습니다. 대부분의 학생은 중학교 2,3학년이 되어서 또는 중학교 3학년 2학기 성도에 고등학교 진학에 대한 현실에 부딪히면서 일본 유학을 생각하게 됩니다.

그런데, 중3 학생으로 일본어가 초보인 학생은 중3 11월의 일본 고등학교 입학시험 시기에 일본어능력시험(JLPT) 기준으로 각 고등학교가 요구하는 N3 또는 N4 레벨에 도달하지 못하는 경우에는 어떻게 하면 좋을까요?

영어, 수학에 대해서는 어느 정도 기초실력을 갖추고 있다는 전제에서, 일본어가 상기한 실력에 부족한 학생에 대한 조언을 하고자 합니다.

그것에는 두 가지 방법이 있습니다. 첫째는 중학교를 졸업하고 한국 고등학교에는 진학하지 않고 국내 외국어학원 등을 다니면서 일본어를 공부하다가 9월학기에 일본 고등학교에 '일본어 중심의 고1 준비과정'으로 입학하는 것입니다.

9월 입학에는 상기한 N3나 N4등의 레벨에 미치지 못해도 N5 또는 N4정도의 일본어 실력이 있으면 합격할 수 있습니다. 그리고 9월에 입학하여 4월 신학기까지 일본어 중심의 고1 준비과정을 공부하게 됩니다. 그리하여 4월이 되어서 비로소 정식으로 고1이 되고 이 기간을 통하여 N2 레벨이 되도록 일본어 교육을 시키는 것입니다.

한편, 이 방법을 선택하는 학생 중에는 이미 중3의 12월이 지나면 학교에 가지 않아도 되므로 1월부터 일본에 있는 일본어학교에서 어학연수를 3개월 받고 다시 4월부터 3개월 받아서 총 6개월간 어학연수를 받은 다음, 9월부터 상기한 고1준비 과정에 입학하는 학생도 있습니다.

두번째 방법은, 2월에 중학교를 졸업하고 4월부터 3개월 단위로 2~3회, 그러므로 9월말 또는 12월말까지 일본 현지의 일본어 학교에서 어학연수를 받는 방법입니다. 그리고 11월에는 4월 입학을 위한 입학시험에 임하는 것입니다. 이것은 9월의 고1 준비과정에 입학하지 않고 다음 해 4월학기로 바로 가는 방법입니다.

이러한 두가지 방법으로 고1이 되는 시점에 대부분의 학생은 N2 정도의 실력을 갖추게 되며 고1 입학 때에 일본인 학생과 같은 반에서 공부하게 된다는 것을 조언합니다. 그렇게 함으로써 준비가 늦은 만큼 1년 동안 준비를 잘하고 입학함으로써 3년 후의 대학 진학에 유리하게 일본 고등학교를 다니게 하는 것입니다.

고등학교 유학을 꿈꾸는 학생들에게

일본에서 고등학생 유학을 받는 학교는 대략 10여개교로 알려져 있습니다. 그것은 일본의 중등교육기관에서 유학생을 받기 시작한 역사가 짧다는 점과 중고등학교가 유학생을 받을 준비가 부족하다는 의미로 해석이 됩니다.

20여년 전부터 한 두 곳의 고등학교에서 유학생을 받기 시작하여 지금은 10여개교에 달하고 있다는 것인데, 그 중에는 유학생 교육에 충실을 기하여 우수한 학생을 받아서 국공립을 비롯한 사립 최고 명문 대학에 합격자를 내고 있는 고등학교도 있습니다.

학부형 입장에서는 아이를 일본으로 유학 보내면 진학이 잘 되는지, 명문 대학에 갈 수 있는지 질문을 많이 해 옵니다. 그것은 학부형으로서 당연한 관심사이기는 합니다만, 한국에서나 외국에서나 진학의 결과는 학생 스스로의 자질과 노력의 부산물이라는 점에는 동의하면서도 이러한 질문이 나오는 것은 그만큼 진학에 대한 관심이 높고, 한편으로는 정보가 부족하기 때문일 것입니다.

해외 유학을 시도함에 있어서 가장 기본적인 것은 그 나라 언어를 구사하는 능력을 제대로 갖추고 있느냐 하는 것입니다. 영어 초보자가 미국 고등학교에 들어가지 못하는 이유와 같고, 설혹 입학은 되더라도 언어 능력이 충분한 경우와 그렇지 못한 경우는 고등학교 전과정의 학습이 원만할 것이냐 겨우겨우 따라갈 것이냐로 추측이 될 것입니다.

그런 의미에서 한국에서 중학교 교육과정에서의 일본어 학습은 일부 학교를 제외하고는 정규 과목이 아니기 때문에 스스로 일본어 학습의 의지를 가지고 학원을 다니거나 개인교습을 받지 않으면 일본 고등학교 입학 시점에서 충분한 언어 능력을 갖추기는 쉬운 일이 아닙니다. 그것은 결국 고등학교 3년간의 학습과정에서 충분한 교과 이해력에 결함이 있게 되기도 한다는 의미입니다.

물론, 한국어와 일본어의 문법적인 유사성, 그리고 같은 한자 문화권이기 때문에 한국인의 일본어 학습도가 빨라서 고등학교 3학년 시점에서는 충분한 일본어 구사능력을 갖추게 되어 열심히 노력하는 학생은 우수한 진학 결과를 만든다는 실적도 강조되고 있습니다.

한 예를 들면 한국 중학교 3학년 때에 JLPT 레벨 N1에 합격하고 일본 고등학교에 유학한 학생이 평소의 한국식 공부벌레 습성을 발휘하여 노력한 결과 국립대학 오사카대학 의학부에 합격하였습니다. 일본어 능력을 충분히 갖추었고 열심히 노력하였고 공부에 대한 자질을 갖춘 학생이었기에 이루어 낸 결과라고 판단이 됩니다만, 일본인 학생도 이루어 내기 어려운 결실을 보고 저는 그가 명의로서 명성을 날리는 날이 올 것을 기원해 주었습니다.

이런 학생이 있는가 하면, 일본의 고등학교에 대한 동경을 시작으로 부모님을 졸라서 일본 고등학교에 유학을 하기는 했으나 결국 중도에 좌절하고 돌아오는 학생도 있습니다. 이들 학생의 대부분은 학교 생활에 적응을 못하거나, 아니 스스로 적응하려는 노력이 부족하여 불평, 불만을 말하게 된 결과입니다.

처음부터 유학에 대한 의지가 부족하였는지 모르지만, 이런 핑계 저런 핑계를 말하는 학생에게는 자기 중심적인 사고가 주된 원인이고 그것은 어쩌면 일본어 구사 능력이 부족함에서 오는 것인지도 모릅니다.

많은 학생은 일본어 능력이 부족하여도 학교의 일본어 보충 수업이나 입학 후 6개월간 일본어 집중 수업으로 언어 문제는 커버를 하고 있습니다만, 의지가 부족하거나 자기 중심적인 성격의 학생은 현지 적응능력이 부족하다고 평가하지 않을 수 없습니다.

앞으로 일본 고등학교 유학을 준비하는 학생은 일본어 능력의 부족에 대해 서두르지 말고 시간을 투자하여 충분한 준비를 하기 바랍니다. 그리고 굳은 의지를 가지고 실행을 하면 여러분이 꿈꾸는 일본 유학의 장점을 살릴 수 있고 장래에 일본 대학 진학, 일본 기업의 취업이 순조로울 수 있다는 점도 강조해 드립니다.

행운을 빕니다.

(2023.4.18, HED 한국유학개발원 송부영 원장)

2024-2025 일본 유학으로 성공하기

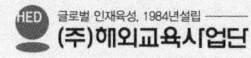

제4장 | 유학 관련 정보

1. 출입국 관련 수속	58
체류자격의 종류	58
체류자격의 수속	60
경비 지변자	60
체류카드 교부	60
재입국 허가 수속	61
자격 외 활동허가	61
체류기간 갱신	61
체류자격 변경	61
체류자격 취소	61
가족초청 수속	61
2. 유학 비용	62
학비(등록금)	62
생활비	65
통화와 물가	65
주요 상품의 가격	65
3. 장학금	66
경제적 원조의 종류	66
2가지 응모방법	66
장학생 선발 시험	66
EJU 학습장려비	66
수업료 감면 제도	66
도일 전 장학금	67
도일 후 장학금	67
4. 사설 기숙사	68
기숙사 종류	68
기숙사 선택 포인트	68
기숙사 예약 절차	69
기숙사 요금(예)	69
5. 아르바이트	70
자격 외 활동 허가	70
아르바이트 유의사항	70
아르바이트 찾기	71
문제가 발생하면	71
세금에 대하여	72
6. 일상생활	73
쓰레기 내는 법	73
공중 목욕탕	73
공동설비 사용법	73
소음에 주의	74
자진거 이용에 대하여	74
부엌 사용법	74
우편물 배달	75
이사할 때에는	75
7. 유학생 보험과 보증인	76
의료보험	76
손해보험	76
신원보증인	76

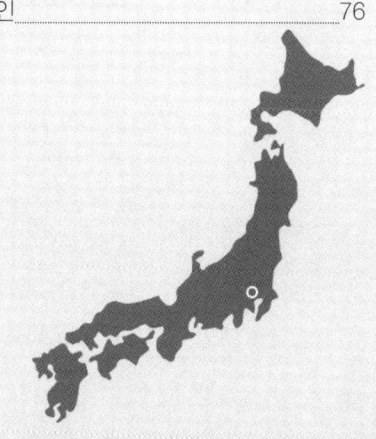

일본 유학으로 성공하기

1. 출입국관련 수속

일본에서 어학연수를 하거나 유학을 하는 경우에 관련되는 출입국 등 각종 수속에 대하여 설명합니다.
일본 입국 후 체류하는 동안에도 필요한 수속이 있으므로 잘 이해하시기 바랍니다.

≪- 체류자격의 종류

체류자격이란 외국인이 일본에서 활동이 가능한 신분과 지위 등을 기간을 정하여 27개 종류로 구분한 것입니다. 그 중에서 일본의 교육기관에서 공부하기 위한 체류자격에는 다음과 같은 것이 있습니다. 체류자격을 비자 또는 사증이라고도 합니다.

※ 유학 비자 (체류기간 1년 또는 4년으로 해당 학교 졸업 시까지 연장)

유학 비자는 대학, 단기대학, 고등전문학교, 전문학교, 고등학교, 일본어학교 학생에게 부여하는 자격입니다. 기타 자격에 대해서는 활동내용을 참고해주시기 바랍니다.

| 주요 체류자격과 활동내용

체류자격	활동내용
외교	외교활동
공용	국제기관의 공용활동
교수	일본의 대학이나 고등전문학교 등에서 연구·교육활동
예술	수입이 발생되는 예술활동
종교	종교활동
보도	외국 보도기관의 보도활동
경영·관리	사업의 경영·투자활동
법률·회계 업무	법적 자격을 지닌 자에 의한 법률·회계에 관한 활동
의료	법적 자격을 지닌 자에 의한 의료활동
연구	일본 기관과의 계약에 의거한 연구활동
교육	일본의 초·중·고등학교, 전수학교·각종학교 또는 이에 준하는 교육기관에서의 교육활동
기술·인문지식·국제업무	이공 및 자연과학, 또는 법률·경제·사회 및 인문지식이나 외국문화에 기반을 가지는 사고·감수성을 요하는 업무활동 (일종의 취업 비자)
기업 내 전근	외국의 사업소 직원이 일본으로 전근 와서 행하는 활동
흥행	연극·연예·연주·스포츠 등의 흥행·예술활동
기능	특수분야의 숙련된 기능을 요하는 업무활동
기능실습	기능 등을 습득하는 활동 혹은 해당 기능 등을 요하는 업무에 종사하는 활동
문화활동	학술·예술활동 또는 일본의 문화·기예에 대한 연구나 습득활동
단기체제	관광·휴양·가족방문·업무 연락 등을 목적으로 단기 체재하면서 하는 활동
유학	대학, 단기대학, 고등전문학교, 고등학교, 전수학교, 각종학교 또는 이에 준하는 교육기관 내에서 교육을 받는 활동
연수	일본의 공적 기관에서 실시하는 기술·기능이나 지식의 습득활동
가족체재	일본에 거주하는 외국인의 부양을 받는 배우자·자녀로서의 일상활동
특정활동	법무대신이 개별적 외국인에 대하여 특별하게 지정하는 활동
고도전문직	고도의 학술연구, 기술분야, 경영, 관리분야에 대해 행하는 활동

【 체류자격인정증명서 견본 】

別記第六号の四様式（第六条の二関係）

在 留 資 格 認 定 証 明 書
CERTIFICATE OF ELIGIBILITY

日 本 国 政 府 法 務 省
Ministry of Justice, Japanese Government

東学認P
番号 No. 17-20

氏 名 Name	Family Name　Given Name	性別 Sex　Ⓜ F	写真 photo
国籍·地域 Nationality /Region	韓国	生年月日 年　10 月 07 日 Date of Birth	

日本での職業及び勤務(通学)先等
Profession or Occupation/Organization to be employed or to study in Japan

上記の者は，次の在留資格に関して出入国管理及び難民認定法第7条第1項第2号に掲げる上陸のための条件に適合していることを証明します。
Under the following status, it is hereby certified that the above-mentioned person meets requirement for the landing provided in Article 7, Paragraph 1, Item 2 of the Immigration-Control and Refugee-Recognition Act.

在留資格 留　　学
Status　　Student　　　　　　　　　　　　　　　　（1year 3months　　　）

2018 年 02 月 22 日
Date

東 京 入 国 管 理 局 長
Director General of Tokyo Regional Immigration Bureau

(注意) Notice
1 本証明書は，上陸の許可そのものではなく，本証明書を所持していても，在外公館において査証を取得していなければ上陸を許可されません。
　This certificate is not an entry permit. Even if you have this certificate, you are not admitted into Japan unless you get an entry visa at a Japanese Embassy or Consulate abroad.
2 本証明書は，上記の年月日から3月以内に査証と共に入国審査官に提出して上陸の申請を行わないときは，効力を失います。
　This certificate should be submitted to an Immigration Inspector with an entry visa for the landing permission at the port of entry, and shall cease to be valid if the application for landing permission is not filed within 3 months from the date of issue.
3 本証明書は，上陸の許可を保証するものではなく，他の上陸のための条件に適合しない場合又は事情の変更があった場合は上陸を許可されないことがあります。
　This certificate does not guarantee the entry of the person concerned. In case that an applicant does not fulfill other requirements for landing or the relevant circumstances are found to be changed, the landing permission would be denied.

【 체류자격인정증명서 교부신청에 의한 「유학」의 체류자격 취득 】

◎ 교육기관의 직원이 대리신청할 경우

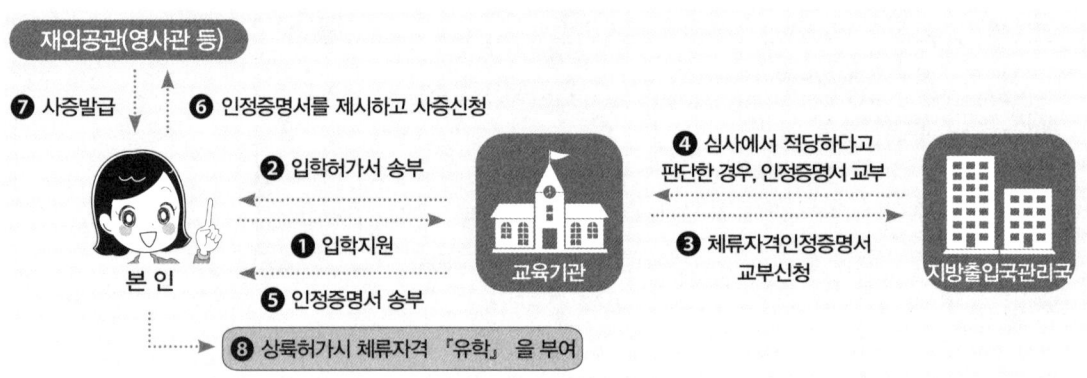

《- 체류자격의 수속

한국에 거주하는 자가 어학연수 또는 유학을 하기 위해 체류자격을 신청하는 경우, 대부분은 학생을 받아주는 교육기관의 직원이 학생이 준비한 서류를 받아서 일본 각 지방의 출입국관리국에 체류자격인정증명서를 신청하는 수속을 대행합니다.

또한, 본인이 일본 공관(영사관) 등에 신청하는 절차도 있으나 이 경우에는 교육기관의 직원을 통한 대리 신청보다 시일이 더 많이 걸리는 것으로 알려져 있습니다.

HED에서는 이 체류자격인정증명서 신청에 필요한 서류를 학생으로부터 받아서 서류작성, 번역, 체크 등을 거쳐서 학교측에 우송하여 전반적인 체류자격 수속을 대행해드립니다. 신청에 필요한 서류는 앞에서 안내하고 있으므로 참고해주십시오.(51 페이지 참조)

《- 경비 지변자

체류자격을 신청하는 데에는 경비, 학비를 지불할 부모님 등의 보증인이 필요합니다. 그 자격은 직업을 가지고 소득이 있는 자로 정해져 있으며 본인과 3등친 이내의 친족이 바람직합니다. 회사에서 또는 장학재단 등에서 학비를 지급할 경우에는 그것을 증빙하는 서류를 제출하여야 합니다. 이 경우의 경비 보증인을 일본어로는 '경비 지변자'라고 합니다.

《- 체류카드 교부

일본에 입국하여 90일 이상 체류를 예정하는 외국인은 체류자격인정증명서에 의해 장기 체류 비자를 취득하고 입국하게 되며, 입국하는 공항에서 체류카드를 발급받습니다. 나리타공항, 하네다공항, 간사이공항, 주부공항, 신지토세공항, 히로시마공항, 후쿠오카공항으로 입국하는 경우에는 체류카드를 교부받습니다. 이 외의 공항으로 입국하는 경우에는 일본 입국 후에 지방 출입국관리국으로부터 주거지로 우송합니다. 주거지 등록은 입국 후 주거지를 정한 후 14일 이내에 주거지의 지방자치체 사무소에서 주민등록으로서 합니다.

【 체류카드 】

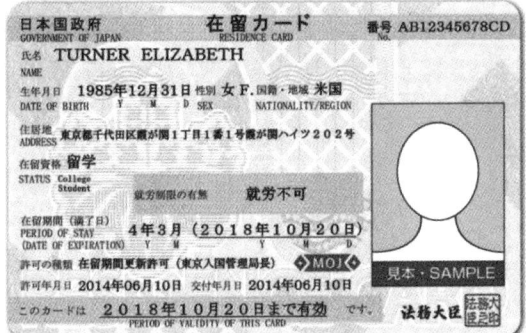

« - 재입국 허가 수속

일본에 입국하여 체류카드를 발급 받은 사람이 일시적으로 일본을 출국하여 다시 일본으로 재입국을 하려는 경우에는 반드시 재입국 허가를 받아야 합니다. 이 허가를 받지 않고 출국하면 기존의 비자는 소멸되어 유학생 비자로는 입국이 불허됩니다.

이 재입국 허가는 출국하는 공항에서 '출국신고서' 상에 '재입국 간주 신고란'에 체크를 하는 것으로 심사되어 허가됩니다. 잊지 않도록 해 주세요.

« - 자격 외 활동허가

유학 비자를 받고 일본에 입국한 학생이라도 학교에서 교육을 받는 행위가 아닌 아르바이트 등을 하고자 할 경우에는, '학생이라는 자격 외의 활동'을 하는 것이므로 그 허가를 받아야 합니다. 나리타공항, 하네다공항, 간사이공항 등을 통해 입국하는 사람은 공항에서 '체류자격외 활동신청서'를 제출하여 허가를 받습니다. 기타 공항으로 입국한 경우에는 학교에 입학 후 지방의 입국

« - 체류기간 갱신

일본으로 입국 시에 부여된 비자에 따라 체류기간도 정해지게 됩니다. 그런데 그 기간이 만료되는 시점에서 계속하여 그 자격으로 체류를 하고자 할 경우, 체류기간 갱신 신청을 해서 허가를 받아야 합니다. 갱신허가를 받지 못하면 비자는 만료되어 일본에 체류할 자격이 정지됩니다.

« - 체류자격 변경

일본으로 입국할 당시 부여된 체류자격으로 활동하다가 다른 자격으로 활동을 하고자 할 경우 그 활동에 맞는 자격으로 변경 신청을 해서 허가를 받아야 합니다. 예를 들면 일본어학교, 전문학교, 대학 등에 다니다가 졸업하고 취업을 하는 경우에는 '기술·인문지식·국제업무'(취업)라는 체류자격으로 변경해야 합니다.

« - 체류자격 취소

일본으로 입국 시 부여된 유학의 체류자격을 소지하고 있어도 신청 시에 위조서류를 제출하였거나 활동이나 경력을 속였거나 불법적인 활동(자격 외 활동 포함)을 하는 경우에는 체류자격이 취소되는 제도가 있습니다. 또한 학교를 그만두고 남아 있는 체류기간에 다른 활동을 하여도 체류자격은 취소될 수 있으므로 유의해 주시기 바랍니다.

« - 가족초청 수속

체류자격이 유학인 자가 배우자나 자녀를 '가족체재'라는 체류자격으로 일본으로 초청하여 부양자의 체류자격에 맞추어 2년 또는 1년간 체류허가를 받아 일본에 체류할 수가 있습니다. 유학생 본인이 일본 생활에 익숙해지고 경제적인 면 등에서 준비가 된 후에 가족을 초청하는 것이 바람직합니다. 단, 가족을 단기체재 자격으로 일본으로 초청하여 입국 후 가족체재로 체류자격을 변경하는 일은 어려우므로 반드시 가족이 한국에 있는 상태에서 이 수속을 하시기 바랍니다.

2. 유학 비용

《- 학비(등록금)

각 교육기관의 학비에는 입학금, 수업료, 시설비, 설비비, 제반 비용이 포함되어 있습니다. 초년도 납부금에는 입학금이 포함되어 있으나 2년차부터는 입학금이 제외됩니다. 졸업까지의 총액을 비교해 보시기 바랍니다. 국공립은 사립에 비해 저렴한 편입니다. 대학에는 장학금제도나 수업료 면제, 감면 제도가 있어서 다른 나라에 비해 비교적 잘 정비되어 있습니다.

◎ 1년차 납입금 평균 (100엔=1,000엔으로 계산)
| 대학원

대학원			초년도 합계			
			입학금 (초년도만)	수업료 등	합계	합계
			엔	엔	엔	원
국립- 석사과정			282,000	535,800	817,800	8,178,000
공립- 석사과정			374,371	536,191	910,562	9,105,620
사립-석사과정	인문·사회과학	인문과학	196,450	576,779	773,229	7,732,290
		사회과학	197,938	819,895	1,017,833	10,178,330
		교양	206,152	648,991	855,143	8,551,430
	이공·농학	이학	195,731	817,330	1,013,061	10,130,610
		공학	200,251	899,607	1,099,858	10,998,580
		농학·수의학	212,466	715,642	928,108	9,281,080
	보건	보건	229,022	757,626	986,648	9,866,480
		의학	186,326	609,523	795,849	7,958,490
		치학	–	–	–	–
		약학	195,545	787,567	983,112	9,831,120
	가정·예술	상선	–	–	–	–
		가정	225,459	625,327	850,786	8,507,860
		예술	224,531	989,416	1,213,947	12,139,470
국립- 박사과정			282,000	535,800	817,800	8,178,000
공립- 박사과정			364,371	536,191	910,562	9,105,620
사립-박사과정	인문·사회과학	인문과학	196,341	519,724	716,065	7,160,650
		사회과학	193,934	558,569	752,503	7,525,030
		교양	216,720	590,248	806,968	8,069,680
	이공·농학	이학	199,209	699,495	898,704	8,987,040
		공학	182,994	715,270	898,264	8,982,640
		농학·수의학	212,376	741,307	953,683	9,536,830
	보건	보건	238,450	704,241	942,691	9,426,910
		의학	168,127	509,457	677,584	6,775,840
		치학	232,075	665,425	897,500	8,975,000
		약학	187,239	651,652	838,891	8,388,910
	가정·예술	상선	–	–	–	–
		가정	213,434	624,843	838,277	8,382,770
		예술	247,241	901,166	1,148,407	11,484,070

※ 자료제공 : 문부과학성

| 대학학부

대학 학부		초년도 합계			
		입학금 (초년도만)	수업료 등	합계	합계
		엔	엔	엔	원
국립		282,000	535,800	817,800	8,178,000
공립		374,371	536,191	910,562	9,105,620
사립	문과계 문·교육	223,686	835,587	1,059,273	10,592,730
	문과계 신·불교	220,745	768,832	989,577	9,895,770
	문과계 사회복지	218,549	792,688	1,011,237	10,112,370
	문과계 법·상·경	224,364	823,706	1,048,070	10,480,700
	이과계 이·공	223,534	1,148,551	1,372,085	13,720,850
	이과계 약	332,681	1,433,292	1,765,973	17,659,730
	이과계 농·수의	250,752	1,033,471	1,284,223	12,842,230
	의치계 의	1,360,098	2,656,053	4,016,151	40,161,510
	의치계 치	594,849	3,218,227	3,813,076	38,130,760
	그 외 가정	240,020	833,396	1,073,416	10,734,160
	그 외 예술	239,945	1,131,010	1,370,955	13,709,550
	그 외 체육	240,072	870,889	1,110,961	11,109,610
	그 외 보건	262,142	996,528	1,258,670	12,586,700

※ 자료제공 : 문부과학성

| 단기대학

단기대학		초년도 합계			
		입학금 (초년도만)	수업료 등	합계	합계
		엔	엔	엔	원
사립	인문	229,898	724,054	953,952	9,539,520
	법·상·경·사	225,124	716,784	941,908	9,419,080
	이·농	207,714	714,714	922,428	9,224,280
	공	215,527	822,509	1,038,036	10,380,360
	교·보육	242,064	694,988	937,052	9,370,520
	가정	243,106	745,650	988,756	9,887,560
	예술	233,376	842,974	1,076,350	10,763,500
	체육	230,000	700,000	930,000	9,300,000
	그 외	227,091	765,639	992,730	9,927,300

※ 자료제공 : 문부과학성

| 고등전문학교

고등전문학교	초년도 합계			
	입학금 (초년도만)	수업료 등	합계	합계
	엔	엔	엔	원
국립	84,600	234,600	319,200	3,192,000
사립	245,176	781,365	1,026,541	10,265,410

※ 자료제공 : 도쿄도전수학교각종학교협회

일본 유학으로 성공하기

| 전문학교

전문학교		초년도 합계			
		입학금 (초년도만)	수업료 등	합계	합계
		엔	엔	엔	원
사립	위생	150,250	620,500	770,750	7,707,500
	의료	259,571	906,857	1,166,428	11,664,280
	공업	199,333	630,000	829,333	8,293,330
	농업	176,000	555,000	731,000	7,310,000
	교육·사회복지	146,000	725,750	871,750	8,717,500
	상업실무	120,000	730,330	850,330	8,503,300
	문화·교양	150,667	697,440	848,107	8,481,070
	복식·가정	203,000	632,000	835,000	8,350,000

※ 자료제공 : 문부과학성

| 고등학교 (사립)

구분	1년차납부금	2년차납부금	3년차납부금	3년간 합계	
	엔	엔	엔	엔	원
저렴한 학교	2,130,000	1,753,800	1,653,800	5,537,600	55,380,000
비싼 학교	3,005,500	2,205,500	2,205,500	7,416,500	74,160,000

※ 고등학교 학비 자료에는 기숙사비가 포함됩니다.
※ 자료제공 : HED

| 일본어교육기관

사립대학·단기대학 유학생별과	수업료 등	
	엔	원
1년 과정	500,000~800,000	5,000,000~8,000,000
1년 반과정	660,000~1,200,000	6,600,000~12,000,000
2년 과정	1,100,000~1,520,000	11,000,000~15,200,000

※ 자료제공 : HED

일본어학교·전문학교 일본어과	수업료 등	
	엔	원
1년 과정	600,000~1,000,000	6,000,000~10,000,000
1년 반과정	800,000~1,630,000	8,000,000~16,300,000
2년 과정	1,100,000~2,100,000	11,000,000~210,000,000

자료제공 : HED

생활비

일본에서 유학중인 학생들을 대상으로 조사한 지역별 평균 월 생활비는 다음과 같습니다. 도쿄지역이 지방도시에 비해 비쌉니다. (학비 제외)

지역 별 생활비 평균액			
홋카이도지역	93,000엔	도호쿠지역	92,000엔
간토지역	103,000엔	도쿄지역	108,000엔
주부지역	82,000엔	긴키지역	89,000엔
주고쿠지역	82,000엔	시코쿠지역	75,000엔
규슈지역	73,000엔	전국평균	93,000엔

※ 일본학생지원기구에서 2021년도 조사내용

조사방법에 따라 다르기는 하지만, 복수회답 설문에 의해서 조사한 결과, 유학생의 평균월액 생활비 세부항목은 다음과 같습니다. 지역 및 개인차가 있으므로 유의하시기 바랍니다.(학비 제외.)

항목별 생활비 지출 평균월액			
통학비	4,000엔	보험/의료비	3,000엔
식비	28,000엔	취미/오락	5,000엔
주거비	38,000엔	잡비	8,000엔
전기/가스/수도	7,000엔	합계	93,000엔

※ 일본학생지원기구에서 2021년도 조사내용

통화와 물가

일본의 통화는 엔입니다. 물건을 살 때에 신용카드 사용이 가능한 경우도 있지만 일본에서는 대부분 현금 지불이 일반적입니다. 수표는 일본에서는 일상적으로 지불 수단으로 사용되지 않습니다.

| 지폐 |

10,000 엔   5,000 엔   2,000 엔   1,000 엔

| 동전 |

주요 상품의 가격

쌀(5kg)	2,384엔	탄산음료(1ℓ)	254엔
식빵(1kg)	524엔	햄버거	227엔
우유(1,000ml)	255엔	휘발유(1l)	170엔
달걀(10개)	292엔	화장지(1,000m)	695엔
사과(1kg)	556엔	이발	3,658엔
양배추(1kg)	146엔	택시(4km)	1,700엔

※ 출전 : 일본 정부통계종합창구

3. 장학금

일본은 외국인 유학생을 위한 수업료 면제, 감면제도나 장학금제도 등의 자금원조 제도가 다른 나라에 비교적 잘 정비되어 있습니다. 그러나 장학금만으로 유학에 필요한 모든 경비를 충당할 수 있는 것은 적고, 그 대부분은 생활비나 수업료의 일부를 충당하기 위한 것입니다. 따라서 유학경비 총액을 세밀하고 구체적으로 산출하여, 장학금에만 의지하지 말고 자기 자금을 포함하여 확실한 자금 계획을 세울 필요가 있습니다. 장학금에는 신청시기 상 도일 전 일본 국외에서는 응모할 수 있는 것과 도일 후 일본 국내에서 응모할 수 있는 것이 있지만, 대부분은 후자입니다.

경제적 원조의 종류

① 장학금
② 수업료 감면 제도(30%, 50%, 100% 면제)
③ 물자 원조 (버스 승차권 등)

2가지 응모방법

① 도일 전 한국에서 응모(소수)
② 도일 후 학교에 입학하여 일본 국내에서 응모(대부분)

장학생 선발 시험

학교나 장학단체에 따라 선발기준이나 선발 시험이 다르지만 일반적으로는 서류심사, 일반교양, 전문 분야 지식, 어학 등의 필기시험, 구술 면접시험 등에 의해서 선발합니다.

EJU 학습장려비

일본학생지원기구가 실시하는 일본유학시험(EJU) 응시자를 대상으로 성적이 우수한 사람에게 '일본의 대학, 단기대학, 전문학교'에 진학을 하면 월 48,000엔을 지급하는 장학생을 선발합니다. 2022년도 제2회 시험을 기준으로 보면 총 수험생 중 1,307명이 선발되었고 그 중 약 400명이 한국에서 응시한 사람입니다. 상세한 내용은 82페이지를 참조해 주세요.

수업료 감면 제도

일본의 대학에서는 각 대학별로 유학생을 대상으로 수업료를 감면하는 제도를 가지고 있습니다. 국립의 경우에는 많은 대학이 수업료의 일부를 면제합니다. 사립대학에서는 50%, 30% 등 대학의 사정에 따라 면제를 하는 제도를 가진 대학이 있습니다.

《- 도일 전 장학금

종류		대상	월 지급액	문의처
일본정부 (문부과학성) 장학금	대사관 추천	연구유학생/교원연수유학생	143,000엔	가까운 재외일본공관 (일본대사관, 총영사관)
		학부유학생/전수학교유학생/ 일본어·일본어문화연수유학생	117,000엔	
		영 리더스 프로그램 유학생	242,000엔	
	대학추천	연구 유학생	143,000엔	재적학교(모교)
		일본어·일본어문화연수유학생	117,000엔	
문부과학성 사비외국인 학습장려비(예약제도)		일본유학시험(EJU) 수험자로, 전수학교(전문과정)/단기대학/대학학부 정규생으로 입학한자	48,000엔	일본학생지원기구 유학생사업부

《- 도일 후 장학금

종류		대상	월 지급액	문의처
일본정부 (문부과학성) 장학금	일본국내 채용	연구유학생	143,000엔	재적학교(일본)
		학부유학생	117,000엔	
문부과학성사비외국인 유학생학습장려비		대학원(석사, 박사, 연구생)/대학/단기대학/ 고등전문학교/전문학교/유학생별과	48,000엔	재적학교(일본)
		연구생/석사과정/박사과정	48,000엔	
		일본어교육기관	30,000엔	
지방자치제등의 장학금		지방자치제·국제교류단체	23,800엔(평균)	각자치제 단체 또는 재적학교(일본) ※1
민간단체장학금		민간단체	72,400엔(평균)	각재단 또는 재적학교 (일본) ※1
학내장학금		각 학교 재학생※2	-	재적학교(일본)
수업료감면제도		학교법인	-	재적학교(일본)

※ 1 각 단체가 지정
※ 2 대학, 대학원, 단기대학의 학내 장학금에 관해서는 각 학교 또는 일본학생지원기구 한국사무소로 문의하세요.

✓ 홈스테이 이야기

일본에서 유학이나 어학연수 하는 동안에 일본인 가정에서 홈스테이 하는 학생도 많이 있습니다. 비용 면에서는 일반 기숙사에 비해서 약간 비싼 편이기는 하지만 그 장점은 여러 가지가 있습니다.

〈홈스테이 장점〉　www.homestay-in-japan.co.kr
- 일본의 문화와 풍습 등을 가장 직접적이고 빠르게 배울 수 있다.
- 호스트 패밀리의 도움으로 안정적인 가정생활이 보장된다.
- 식사, 빨래 등 개인적으로 처리할 일들이 없이 생활이 편리하다
- 학교에서 배운 일본어를 바로 호스트 패밀리에게 사용할 수 있다
- 학교에서 배울 수 없는 일본어를 대화를 하면서 배우게 된다.
- 호스트 패밀리와 대화를 통해 일본어 어휘, 듣기 능력이 향상된다.
- 귀국 후에도 호스트 패밀리와 연락하는 또 하나의 일본인 가족을 만든다.
- 기간과 지역을 자유롭게 선택할 수 있으므로 편리하다.

4 사설 기숙사

일본으로 유학을 준비하면서 현지에서의 주거문제에 대하여 어떻게 대처할 것인지는 매우 중요합니다. 학교가 소유하는 기숙사가 충분하지 못하기 때문에 사설 기숙사를 이용하지 않을 수 없게 됩니다. 이들 사설 기숙사는 여러 형태의 많은 것들이 있으므로 여러분의 선택 여하에 따라서는 매우 만족할 수 있습니다. HED는 많은 기숙사와 제휴하여 수속생의 조건에 맞는 것을 상담, 계약해 드립니다.

기숙사 종류

학교 기숙사에 입주할 수 있으면 좋지만, 대부분의 학교는 일부 학생용 시설만 갖추고 있으므로 결국 사설 기숙사 및 인간아파트를 이용할 수 밖에 없습니다. 여기서는 기숙사 형태별 종류에 대해 소개합니다.

◎ 전문 기숙사
건물 하나가 오로지 기숙사 용도로 되어 있고 침실 방은 개인용 또는 2인용 등이지만 식사 조리를 위한 취사실, 목욕탕, 화장실, 세탁실 등은 공용으로 되어 있는 것이 이 타입입니다.

◎ 원룸형 기숙사
건물 구조가 원룸 형으로 되어 있고 방 안에는 조리 싱크대, 목욕탕, 화장실, 세탁기 등이 마련되어 있는 기숙사입니다. 방 크기 등에 따라서 1인실, 2인실 등이 있습니다. 생활 가구가 갖추어져 있어서 편리하다고 할 수 있습니다.

◎ 셰어 하우스형 기숙사
한국에서의 아파트나 단독주택처럼 한 집에 방이 여러 개 있으며 침실 방은 크기에 따라 1인실 또는 2인실 등으로 사용하고 나머지 공간은 공용으로 사용하는 기숙사입니다. 생활 가구는 갖추어져 있습니다.

◎ 식사 제공형 전문 기숙사
상기 전문 기숙사와 같은 타입이지만 식당을 가지고 조식, 석식을 제공하는 기숙사가 이것에 해당됩니다. 단기간 어학연수를 가거나 취사 행위에 익숙하지 못한 사람은 식사가 제공되는 이 타입을 선호합니다. 단, 이 타입의 기숙사는 많지 않습니다.

◎ 홈스테이
일본인 가정에서 홈스테이 하는 형태도 이용이 가능합니다. 대부분 1인실을 사용하고 조식, 석식을 제공합니다. 일본인 가정에서 가족처럼 생활한다는 이점이 있습니다. 기숙사에 비해 비용은 약간 더 들지만 가정적인 안정감 속에서 생활할 수 있으므로 여성이나 나이 어린 학생에게 선호되고 있습니다.

◎ 민간 아파트
원룸이나 투룸 타입을 빌려서 스스로 모든 생활 가구를 갖추고 생활을 하는 것이 민간 아파트입니다. 유학생도 일본 생활에 익숙해지면 학교를 중심으로 가깝고 교통이 편리한 곳의 아파트를 빌려서 많이 이용합니다. 다만, 초기 입주 비용이 다소 많이 들게 됩니다.

기숙사 선택 포인트

기숙사 선택에는 아래의 중요 포인트를 체크해서 신중하게 선택하시기 바랍니다.

① 월 사용료를 얼마까지 낼 수 있는지를 고려하여, 자신의 예산에 알맞은 곳을 선택합니다.
② 학교와 통학거리, 아르바이트 하는 곳과 통근거리 등을 고려하여 선택합니다.
③ 조석식을 제공하는 기숙사 또는 자취형 기숙사 중에서 자신에게 맞는 타입을 선택합니다.
④ 시설 형태에는 주방, 목욕탕, 화장실을 공동으로 사용하는 전문 기숙사 타입, 이러한 시설이 방안에 마련된 원룸 타입, 시설이 하나의 아파트 안에 있으면서 여러 방의 사람이 공동으로 사용하는 셰어하우스 타입 등이 있으므로 잘 구분하여 검토해 주십시오.
⑤ 기숙사에 관리인이나 사감이 있는 경우와, 전혀 제 삼자의 간섭이 없는 독립가구인 경우로 서로 다릅니다. 관리인이 있는 기숙사는 저녁 늦게 출입제한 시간이 있는 점도 체크하시기 바랍니다.
⑥ 기숙사 주변환경을 고려합니다. 조용한 주택가인지 번화가의 중심가에 있는지에 따라 평소의 생활감각이 많이 다를 것입니다.
⑦ 일본의 주거비는 비쌉니다. 그래서 1~4인실 등 한 방에 여러 명이 함께 사용함으로써 사용료의 부담을 줄이고자 하는 사람도 많습니다. 몇 인실

을 사용할 것인지를 고려하십시오.
⑧ 기숙사 내의 기본적인 시설물에 대하여 확인을 하십시오. 인터넷 회선이 깔려 있는지, 그 사용료는 있는지, 취사에 필요한 비품은 어떤 것이 있는지, 자신이 준비해야 할 것은 어떤 것인지 등에 대해서도 조사합니다.
⑨ 월 사용료(기숙사비)에는 수도, 전기, 가스 등의 요금은 포함이 되는지, 기타 관리비는 있는지도 체크 바랍니다. 또한 기숙사에 냉난방 시설이 되어 있는지도 보시기 바랍니다.

이 외에도 여러 가지 체크 포인트가 있을 것입니다만, 이상의 내용에 대해서는 분명하게 확인을 하십시오.

≪- 기숙사 예약절차

① HED에서 유학수속을 신청하는 시점에 '기숙사 예약신청서'를 받아서 작성 후 제출해 주세요.
② 기숙사는 미리 예약하여 원하는 곳과 원하는 타입을 확보하는 것이 좋습니다.
③ HED는 기숙사 운영업체에 대해 수속자가 희망하는 예약내용에 따라 미리 예약 신청을 합니다.
④ 예약이 확정되면 HED에서 수속자에게 해당 기숙사 정보를 우편 등으로 전달합니다.
⑤ 최종적으로 입주 예약금 등을 납부하면 수속자의 입주가 확정됩니다.

≪- 기숙사 요금(예)

아래에는 샘플로서 기숙사의 요금에 대해 소개합니다. 지역과 건물의 건축연도, 시설 등에 따라서 월 기숙사비는 약간의 차이가 있습니다. 아래의 것은 도쿄시내 교통이 좋은 곳의 내용입니다.

◎ 자취형 기숙사

단위: 엔(円)

계약 형태	타입	납부방법	입주비	시설료	클리닝비	월세	계약시 납부금액
1년 계약	2인실	1년분납부	30,000	50,000	20,000	58,000	796,000
	1인실	1년분납부	30,000	50,000	20,000	98,000	1,276,000
6개월 계약	2인실	6개월분납부	30,000	30,000	20,000	58,000	428,000
	1인실	6개월분납부	30,000	50,000	20,000	98,000	688,000
3개월 계약	2인실	3개월분납부	30,000	30,000	20,000	60,000	260,000
	1인실	3개월분납부	30,000	50,000	20,000	100,000	400,000

※ 지역, 방 크기, 건물 형태 등에 따라서 차이가 있습니다.

◎ 식사 제공형 기숙사

단위: 엔(円)

거실형태	비용항목	장기(90일이상 이용)					단기(90일이하 이용)
		기숙사비	입관비	클리닝비/건물규제비	전기요금/통신설비비	계약시합계	기숙사비
쉐어형	1인실	60,000	60,000	18,000	14,300	152,300	80,000
원룸형	1인실	100,000	150,000	45,000	11,600	306,600	110,000

※ 교리츠그룹기숙사 기준임. 조석식 제공.

5. 아르바이트

자격 외 활동 허가

일본에 유학하는 학생은 유학비용의 일부를 아르바이트를 통해 조달할 수 있다는 점은 널리 알려져 있습니다. 유학생이 아르바이트를 할 경우에는 유학비자로 입국 시 일본 공항에서, 또는 가까운 지방 입국관리국 등에서 자격 외 활동허가를 받아 다음의 조건 하에서 일할 수 있습니다.

① 학업에 지장이 없을 것
② 유학 중 학비 등 기타 필요한 경비를 보충하는 목적으로 할 것, 저축이나 해외송금의 목적으로 하지 않을 것
③ 풍속영업(유흥업 등)에 종사하지 않을 것.
④ 노동시간은 1주일에 28시간 이내(방학 중에는 1일 8시간 이내)일 것
⑤ 교육기관에 재적하고 있는 상태에서 할 것.

사비 유학생의 경우, 약 67%가 아르바이트를 하고 있습니다. 주 28시간을 1개월 4주간 일할 경우 한 달에 최대로 115시간 일 할 수는 있습니다. 2021년도 JASSO의 유학생 생활실태 조사에서 아르바이트 시급은 800엔 미만(1.5%), 800~1,000엔(32.6%), 1,000~1,200엔(49.0%), 1,200~1,400엔(10.6%), 1,400엔 이상(6.0%), 불명확(0.3%)으로 나타났습니다.

그러나 아르바이트로 많은 돈을 벌 수 있다는 유혹이나 감언이설에 넘어가지 않는 것이 좋습니다. 아르바이트 만으로 학비나 생활비를 전액 충당할 수 있다는 생각도 무리한 것입니다.

아르바이트에 열중한 나머지 학업을 소홀히 하여 출석률이 부족하면 체류기간을 갱신하는 때에 불허가로 인해 유학 도중 귀국해야 하는 경우도 있으므로 주의해 주시기 바랍니다.

유학생이 많이 하는 아르바이트 종류

구분	직종	비율
1	요식업	35.0%
2	영업, 판매	30.2%
3	공장에서의 조립작업	6.1%
4	교육·연구보조	5.6%
5	어학강사	3.9%
6	배달	3.5%
7	청소	3.2%
8	일반사무	2.9%
8	번역, 통역	2.9%

※ 2021년 JASSO 사비외국인유학생 생활실태 조사

아르바이트 유의사항

아르바이트를 구하는 일은 유학생 모두의 큰 관심사입니다. 아래에 아르바이트 할 때의 유의사항을 제시합니다.

① 자신이 근무할 수 있는 시간대, 시간 수 등을 정하고 근무할 곳을 찾는다.
② 학교와 주거지와의 교통관계를 고려하여 출퇴근 시간을 조사한다.
③ 교통비는 일반적으로 근무지와 주거지 사이의 비용을 채용하는 쪽에서 부담하므로 염려할 필요는 없다.
④ 일본어를 잘하지 못해도 채용이 되는 직종은 있지만, 가급적 일본어를 공부해서 일자리를 구하도록 한다.
⑤ 자신이 가지고 있는 기술이나 자격증에 관련된 일자리는 고임금을 받을 가능성이 높다.
⑥ 가능하다면 출국 전에 자신 있는 분야의 기술이나 자격증을 취득하도록 노력하자.
⑦ 식당 등에서 일할 경우, 식사가 제공되는 경우도 있으나 반드시 그런 것은 아니므로 사전에 확인을 하는 것이 좋다.
⑧ 유학생에게 가장 좋은 아르바이트는 편리한 시간대에 장기적으로 일할 수 있는 것이라 할 수 있다.
⑨ 한국어 강사, 영어 강사, 번역, 통역 등에서 실력이 우수하면 고임금을 받을 수 있다.
⑩ 임금은 근무시간이 낮 시간, 저녁 무렵, 저녁, 심야, 이른 아침 등에 따라 다소 다르다.

⑪ 평일만 근무하는 경우, 토 일요일에만 근무하는 경우, 주 2~3일만 근무하는 경우도 있다.
⑫ 미경험자, 경험자로 구분하여 경험자만 구하는 경우도 있다. 미경험자는 임금에 차등이 있는 경우도 있다.
⑬ 임금은 월급, 주급, 일급 등 회사의 방침에 따라 지급하는데, 미지급 당하지 않도록 사전 계약을 분명하게 한다.
⑭ 근무 내용에 따라서는 통일된 제복을 제공하는 경우도 있으므로, 사전에 확인 한다.
⑮ 일반적인 아르바이트는 음식점계통, 서비스계통, 배달물류계통, 판매패션계통, 사무보조계통, 디자인계통, 이벤트계통, 영업계통, 인터넷계통 등이 있다.
⑯ IT계통으로 분류되는 분야는 일손이 부족하므로 기술이 좋은 사람은 채용이 유리하다.
⑰ 워드로 작성하는 이력서는 주변의 일본인 친구나 선생님에게 체크를 받으면 그만큼 좋은 이미지를 만들 수 있다.
⑱ 단기연수 학생은 자격 외 활동의 허가를 받을 수 없으므로 아르바이트를 해서는 안 된다.
⑲ 아르바이트 임금은 은행통장으로 받으면 수입을 증명할 수 있어 좋다. 직접 수령 시에는 급여명세서를 반드시 받아둔다.
⑳ 유학생의 아르바이트 허용시간이 주당 28시간 이내라는 의미는, 1일의 제한시간은 없으나 주당 28시간을 넘을 수 없다는 의미다. 방학 중에는 1일 8시간까지 년간 11주의 아르바이트 시간이 허용된다.

≪- 아르바이트 찾기

① 학교의 학생생활과 등에서 소개
재적하고 있는 학교의 학생생활과·후생과 등의 창구에서 아르바이트를 소개하는 학교도 있습니다. 직접 학교의 창구로 문의해 주십시오.

② 아르바이트 정보지, 신문의 구인란 등을 활용
아르바이트 정보지나 일본의 주요 일간신문의 '구인안내란'에 아르바이트·파트타임의 정보를 싣고 있습니다. 이들은 서점이나 역내 매점에서 손쉽게 구입할 수 있습니다. 단, 이에 게재된 구인 정보는 외국인만을 대상으로 하지 않는 것들이 많으므로 인내심을 가지고 꾸준히 찾아보시기 바랍니다.

③ 파트 뱅크도 이용할 수 있다
공공 직업 안정소(할로 워크)에도 아르바이트·파트타임 소개코너(파트 뱅크)가 있습니다. 외국인 학생에게도 적합한 것이 있다면 소개해 줍니다. 자격 외 활동 허가증명을 지참하고 방문해 주시기 바랍니다.

④ 기타 여러 가지 방법
여러분이 일본의 학교에 들어가면 한국인 선배들이 있어서 그들로부터 아르바이트 자리를 소개받는 경우도 있습니다. 나아가서는 이력서를 들고 한국인 음식점 등의 업소를 찾아가서 부탁하기도 합니다. 요즈음은 인터넷 상으로 구인 정보가 많이 올려져 있는 카페, 블로그 등도 이용이 가능합니다. 다만, 유의할 점은 소개를 목적으로 부당하게 많은 비용을 요구하는 곳은 경계하시기 바랍니다.

≪- 문제가 발생하면

아르바이트를 하는 외국인 학생이 증가됨에 따라 아르바이트 중에 부상을 당하거나, 약속대로 임금을 받을 수 없는 등의 트러블이 조금씩 눈에 띄게 되었습니다. 직장에서 트러블이 발생했으면 우선 냉정히 책임자와 대화를 하시기 바랍니다. 대화를 해도 해결되지 않으면 상담기관에 상담합니다.

① 아르바이트 중에 사고가 났다면
아르바이트 작업 중에 발생한 사고나, 자택과 직장의 왕복 노상에서의 사고가 발생한 경우에는 '노동사 재해보상 보험법(노재법)'의 적용을 받을 수 있습니다. 외국인이라도 노재법의 적용을 일본인과 똑같이 받을 수 있습니다.

직장에서 사고가 발생하면 즉시 직장 담당자에게 알리고 치료를 받으십시오. 노상에서 교통사고를 당했을 경우에는 치료를 받음과 동시에 반드시 경찰에 신고해야 합니다. 이 때, 치료를 받은 후의 대응에 관한 이야기를 나누게 됩니다.

만약, 직장 담당자의 배려부족으로 충분한 치료를 받지 못한 경우에는 상담 기관에 문의하시기 바랍니다.

② 트러블을 위한 상담기관
피고용인과 고용인 사이에 자주적으로 해결할 수 없는 문제가 발생했을 때에 전문기관이 해결 시

까지 지원을 해 줍니다. 각 도도부현 별로 노동국이라는 부서가 있으며 그 관내에는 몇 개의 노동기준 감독부서가 설치되어 있습니다.

외국인을 위한 상담창구를 개설하고 있는 곳도 많으므로 임금 미지급 등의 트러블이 생긴 때에는 가까운 노동기준 감독부서에 부담 없이 상담해 보시기 바랍니다.

(전국의 노동기준 감독부서 소재지 일람)
http://www.mhlw.go.jp/bunya/roudoukijun/location.html

《- 세금에 대하여

아르바이트에서 임금을 받을 때 소득세를 공제하는 경우가 있습니다. 세금의 구조는 나라나 사회체제에 따라서 커다란 차이를 보입니다. 아래에 일본의 세금 구조를 간단하게 설명하겠습니다.

① 아르바이트에 관한 세금은 2종류

아르바이트 임금에서 공제되는 세금은 '소득세'로 불리는 국세입니다. 고용 회사나 가게가 본인을 대신해서 나라(세무서)에 납부합니다. 소득세 금액은 임금에 따라 다르며 번역 등의 업무는 총액의 10%(일본 체류가 1년 이상인 사람)의 원천 소득세를 공제하는 것이 일반적입니다.

일본체류가 1년 미만인 사람이거나 1회 받는 임금이 100만엔을 초과하는 사람은 총액의 20%의 원천 소득세가 부과됩니다. 지불한 소득세의 합계액은 거주하는 지역의 시·구청에 보내져 납세액을 바탕으로 '도도부현세'나 '시정촌세'의 지방세가 별도로 청구됩니다.

② 국세는 연간(1월~12월)의 총수입에 의하여 최종 확정

국가에 납부하는 소득세는 매번 임금에서 공제되지만, 1년간 받은 총수입액에 따라 최종적으로 세액을 확정합니다. 이에 매년 2월 중순에서 3월 중순에 걸쳐 1년간의 총수입액으로부터 필요 경비를 공제한 수입금액(과세대상액)에 대해 부가된 세액이 이미 지불한 세액(원천징수액)에 비해 적은지 많은지의 여부를 신고하여 최종적으로 세액을 결정하고 있습니다. 이를 소득세의 '확정신고'라고 부릅니다. 확정신고를 하면 지불한 세금이 이보다 많을 경우에는 환급처리 됩니다.

③ 매년 2월 중순에서 3월중순 사이에 거주하는 지역의 세무서에 확정신고

'확정신고'는 자신이 거주하는 시·구·정·촌을 관할하는 세무서에서 합니다. 세무서의 위치를 모르는 사람은 관공서 직원에게 문의하십시오. 신고 방법은 세무서에 가서 소득세 확정신고 용지를 받아 필요사항을 기입하고 제출하면 됩니다. 신고를 처음으로 하는 사람이나 기입방법을 모르는 사람은 세무서의 담당자가 지도해주기 때문에 '원천징수표'(급여 지불처가 발행해 줌)를 가지고 세무서에 가서 상담하시기 바랍니다.

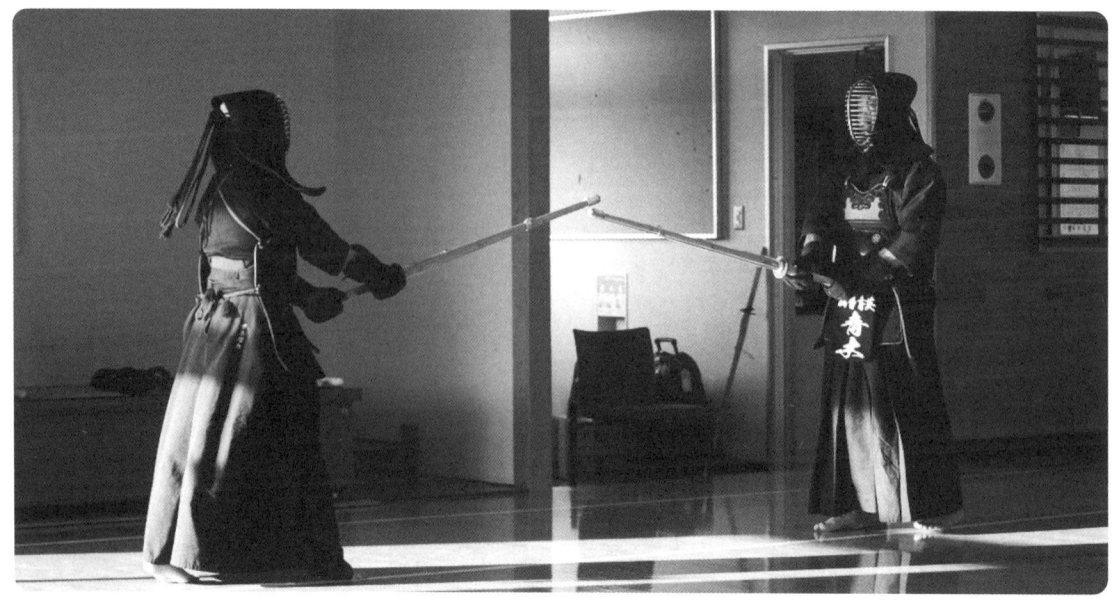

6. 일상생활

≪ 쓰레기 내는 법

"쓰레기 같은 것은 어떻게 버리든지 마찬가지"라고 생각하는 사람은 없습니까? 도쿄에서는 가정에서 나오는 모든 쓰레기를 정해진 방식으로 나누고 정해진 일시에 정해진 장소에 내놓지 않으면 쓰레기 수집차가 수거해가지 않습니다. 이 방식을 지키는 것이 도시 생활의 첫걸음입니다.

◎ 쓰레기의 분별(가연·불연·대형)

① 가연 쓰레기 : 생선, 야채 찌꺼기 등 부엌 쓰레기, 종이, 의료, 생리용품, 담배꽁초 등
도쿄도가 권장하는 반투명 폴리 봉투(탄산 칼슘 함유 됨)에 넣어 입구를 꼭 묶어서 냄새가 흘러나오지 않도록 합니다.
플라스틱 통에 넣어 내놓을 때에는 쓰레기 수거 후에 빨리 쓰레기 통을 가지고 들어갑니다.

② 불연 쓰레기 : 소각에 부적합한 쓰레기, 플라스틱류, 금속, 유리, 도자기, 고무, 가죽, 칼, 바늘, 전구나 형광등 등
위험하지 않은 물건은 내용물을 식별할 수 있는 투명도가 높은 봉투에 넣어 내 놓습니다. 바늘은 병이나 캔에 넣어 뚜껑을 덮도록 하고 전구 등은 종이에 싸서「キケン(위험)」이라고 쓰는 것이 좋습니다. 스프레이, 부탄가스 캔은 폭발위험이 있으므로 송곳이나 못으로 구멍을 뚫은 뒤 내놓도록 합니다.

③ 대형 쓰레기 : 가구, 전기제품, 자전거 등
대형 쓰레기 수거는 유료이며, 신청제입니다. 전화로 청소 사무소에 수거 신청을 해야 합니다. 귀국이나 이사로 인해 대량으로 나올 경우에는 되도록 빨리 연락하십시오.

◎ 지역에 따라서 쓰레기를 버리는 요일이 다르다.
분별된 쓰레기를 내놓는 요일, 시간과 장소는 도쿄 내라도 지역에 따라서 다릅니다. 대개 가연 쓰레기는 일주일에 세 번 정도, 불연 쓰레기는 일주일에 한 번 수거해 갑니다.

≪ 공중 목욕탕

일본에서는 '알몸으로의 (있는 그대로의 솔직한) 교제'라고 하는 말이 있을 정도로 공중 목욕탕이 생활 속에 융화되어 있습니다만, 익숙하지 않은 사람에게는 알몸을 타인의 눈앞에 드러내 보인다는 것이 고통일지도 모릅니다. 그래도 용기를 내어 될 수 있다면 이웃 친구와 함께 공중 목욕탕에서 '알몸으로의 교제'를 시작해보면 어떨까요? 익숙해지면 꽤 즐거운 일본문화의 체험이 될 것이다.

세면기, 타올, 비누, 샴푸 등은 자신이 가지고 갑니다. 남성용은 '男湯(오토코유)', 여성용은 '女湯(온나유)'로 나뉘어져 있으므로, 입구를 헷갈리지 않도록 주의합니다.

≪ 공동설비 사용법

부엌, 화장실을 공유하거나 화장실, 샤워가 공용인 기숙사나 민간 숙소가 있습니다. 공동설비 사용시에는 다음과 같은 점을 주의합니다.

◎ 정해진 '약속사항'은 지킨다.
부엌, 화장실, 샤워가 공동 이용인 경우에는 기숙사마다 일정한 규칙이 있습니다. 이러한 규칙은 법률은 아니지만 약속사항으로써 공동생활을 원활히 유지하는 데 필요불가결 할 것입니다. 예를 들면 순번제로 청소하기 등은 이러한 약속사항에 포함된다고 하겠습니다.

◎ 다른 사람도 생각해서 사용한다.
공동설비는 자기만 사용하는 설비가 아닙니다. 장기간 사용하거나 더럽힌 채로 방치하거나 하면 나중에 사용하는 사람이 곤란하게 됩니다. 깨끗이 사용하도록 유의하십시오.

◎ 화장실 사용법에 주의
수세식 화장실에 화장실 휴지 이외의 종이나 물건을 집어 넣으면 화장실이 막혀서 사용할 수 없게 되므로 절대로 삼가 주십시오. 만일 화장실이 막혔으면 바로 관리인이나 집주인에게 연락합니다. 또한 당연한 일이지만 화장실을 더럽혔을 때에는 더럽힌 사람이 청소를 해야 합니다.

◎ 물이나 샤워, 전기는 사용 후 꼭 끈다.

공동설비의 비용은 그 설비를 이용하는 사람이 균등하게 부담하는 것이 일반적입니다. 사용하지 않으면서 물이나 샤워를 틀어놓으면 수도요금이나 가스요금이 많이 나오게 되므로 다른 입주자가 불쾌감을 느끼는 등 앞으로의 공동생활이 원활하지 못하게 될 수 있습니다.

« - 소음에 주의

아파트는 벽이나 마루가 얇아서 옆방이나 위층 방에서 소리가 울려오는 건물도 있습니다. 또한 음량에 따라서는 창문 등을 통해서 울려 올 때도 있습니다. 도시 생활에서는 다소 생활음(생활 속에 부득이하게 발생하는 소리)은 서로 참아야 합니다. 그러나 소음이 크게 되면 이야기는 달라지므로 공동생활 규칙에 따라 처리합니다.

◎ 심야의 생활음에 주의하자

밤 10시를 넘으면 어느 가정이라도 가능한 한 생활음을 내지 않도록 주의하고 있습니다. 문의 개폐는 물론이며 계단을 오르내리는 소리에도 신경을 씁니다. 또한 텔레비전의 음량도 낮추며 라디오나 CD를 들을 때에는 이어폰을 사용하는 등의 배려가 필요합니다. 특히 밤늦게는 청소기, 세탁기 등 진동음이 나는 기기의 사용을 하지 않습니다.

◎ 친구가 모일 때는

외국인 학생에게 있어서 같은 나라의 친구들과 모여서 모국어로 마음껏 이야기하는 것은 정신위생상으로도 중요합니다. 그러나 이야기 꽃을 피우게 되면 자신도 모르는 사이에 큰 소리를 내게 되는 수도 있습니다. 모임이 밤 10시 이후가 되었을 때에는 주위 사람들이 수면을 취하는 시간이므로 작은 목소리로 이야기 하도록 배려합니다.

◎ 시끄럽다고 주의 받았다면

만약 '시끄럽다'라고 이웃으로부터 주의를 받았을 때, 그것이 납득이 가는 범위의 것이라면 순수하게 받아들여야 합니다. 부당한 요구라고 생각되면 일본인 친구나 학교의 생활지도 교관의 의견을 듣고 어떻게 대처할 것인가를 생각합시다. 감정적인 반발로는 결코 해결되지 않습니다.

« - 자전거 이용에 대하여

◎ 방치 자전거를 타서는 안 된다.

역 앞이나 도로 구석에 아직도 충분히 쓸 수 있는 자전거가 버려져 있는 아까운 광경을 어디에서나 볼 수 있습니다. 이러한 자전거를 '방치자전거'라고 하며 그 지역을 관리하는 관공서가 그 대책에 고민하는 문제의 하나입니다. 이런 자전거를 주워서 타면 안 됩니다. 일본에서는 자전거의 도난방지를 위하여 등록제를 실시하고 있습니다. 경찰관의 검문에 걸려 조사를 받게 될 때에 주워서 타고 있는 자전거가 밝혀지면 '자전거 도둑'으로 몰리게 됩니다.

◎ 방범등록, 등록변경을 하자.

자전거를 새롭게 구입하는 경우에는 구입한 자전거 포에서 '방범등록'을 하게 되어 있습니다. 친구로부터 중고 자전거를 받을 때에는 방범등록이 되어 있는지 확인할 필요가 있습니다. 등록이 되어 있으면 등록자로부터 '양도증명서'를 받고 등록처의 경찰서에서 외국인 체류카드와 대조하면서 '방범등록변경'을 해야 합니다. 관할 경찰서가 멀리 떨어져 있으면 가까운 경찰서에서 등록 변경을 받을 수 있는지 여부를 확인하기 바랍니다.

◎ 정해진 장소에 세워 둔다.

역 앞 등의 자전거 주차장 이외의 장소에 자전거를 세워두면 '방치 자전거'로 취급되어 철거되기도 합니다. 철거된 자전거를 반환 받기 위해서는 지정 장소에 출두하여 벌금을 내야 하므로 반드시 정해진 장소에 세워 두도록 합니다.

« - 부엌 사용법

"부엌 사용법 같은 것 어떤 나라라도 마찬가지"라고 생각하는 사람이 많을지도 모릅니다. 민간 기숙사의 집주인이 외국인 입주자를 거절하는 이유의 하나는 부엌 사용법에 있으며 실제로도 매우 중요한 것이기 때문입니다.

◎ 부엌의 기름때에 신경 쓴다.

일본의 부엌은 일본인의 식생활 문화에 맞춰서 만들어져 있습니다. 일본식 조리는 조리기, 굽기가 중심이므로, 대부분의 목조 아파트의 부엌은 '기름으로 볶는 요리'를 위한 구조로 되어 있지 않습니다. 그러나 대부분의 아시아 여러 나라에서는 기름에 볶거나 튀기는 조리법이 중심이기 때문에 기름이 부엌의 벽이나 조리대에 튀어서 부엌이 기름으로 더럽혀지기 십상입니다.

◎ 환기에 주의한다.
대부분의 일본인은 부엌의 기름때를 싫어합니다. 집주인은 이사간 사람이 썼던 부엌의 기름때를 제거하는 데에 고생합니다. 기름을 사용하는 조리를 할 때는 부엌의 천정이나 벽이 기름연기로 끈끈해지지 않도록 특히 환기에 주의합니다.

◎ 조리 후 바로 주위를 닦는다.
벽이나 조리대에 튄 기름을 방치한 채로 두면, 먼지나 쓰레기가 붙어 산화되어 심한 기름때가 됩니다. 그렇게 되면 아무리 세제로 닦아도 기름때가 지워지지 않게 됩니다. 조리할 때마다 마른 행주나 종이로 주변을 닦는 간단한 습관으로 기름때를 만들지 않도록 하시기 바랍니다

◎ 알루미늄 호일 등을 조리대나 벽에 붙인다.
"조리할 때마다 닦는 것이 귀찮다"고 생각하는 사람은 알루미늄 호일을 조리대나 벽에 붙이는 등의 궁리를 해보시기 바랍니다. 기름때를 방지하는 것은 마음먹기에 달렸습니다.

- 우편물 배달

모국으로부터의 편지나 심이 정확하게 빨리 배달되는 것은 외국인 유학생 모두가 바라는 바입니다. 또한 수험자료나 합격통지, 구(시)청이나 입국관리국으로부터 중요한 통지 등이 정확히 배달되지 않으면 커다란 불이익을 받게 됩니다.

◎ 주소에는 아파트명과 방 번호를 정확히
아파트나 맨션에 살고 있는 경우에는 반드시 아파트 이름과 방 번호를 씁니다. 월셋방(가시마)에 사는 사람·홈스테이를 하는 사람은 주소 다음에 「XX方」이라고 집주인의 성을 서야 합니다. 번지만으로는 우편물이 정확히 배달되지 않기 때문입니다.

◎ 우편함에는 반드시 이름을 붙여둔다.
이름이 우편함에 씌있지 않으면 우편배부부는 수신인이 살고 있는지 없는지 모르게 됩니다. 우편함에는 반드시 이름을 써 붙이도록 합니다. 친구와 함께 살고 있으면 쌍방의 이름을 써 둡니다.

◎ 봉투 주소 쓰는 법
일본에서는 우표를 앞면에 붙입니다. 봉투의 앞면에 상대방의 주소와 성명, 뒷면에 자기 주소·성명을 씁니다.

- 이사할 때에는

◎ 한달 이전에 '퇴거예고'를 한다.
이사하기 한 달 이전까지는 집주인에게 '이사갑니다'라고 말해야 합니다. 퇴거예고를 하지 않으면 방세 한 달치를 더 지불해야 합니다

◎ 전기, 가스, 수도의 사용정지를 연락한다.
이사가기 3일전까지는 전기, 가스회사의 수도국에 '이사갑니다'라고 전화해야 합니다. (전화번호는 요금영수증에 기입되어 있다) 이사 당일 담당 직원이 사용량의 계량기를 검침하러 오므로 요금 정산을 합니다.

◎ 전화이전
고정전화를 갖고 있는 사람은 전화국에 연락하여 '전화이전수속'을 합니다. 전화국을 모르는 사람은 국번없이 「116」에 전화해서 새로 이사 가는 집 주소를 말하면 담당영업소의 전화번호를 가르쳐 줍니다. 새로운 집으로 이전하면 설치 공사비로 2~8천엔 정도의 비용이 듭니다.

◎ 퇴실할 때
방에 불요 용품을 남겨 놓은 채로 이사를 가면 안 됩니다. 이삿짐을 운반했으면 집주인에게 파손 상태를 점검 받고 아무런 문제가 없으녀 보증금 전액이 반환됩니다. 그때 아파트의 열쇠(키)를 반환하는 것을 잊지 말 것.

◎ '전거신고'를 한다.
이사를 했으면 가까운 우체국에서 전거신고 엽서를 받아서 기입하고 우체국 창구에 제출합니다. 우편물은 신고한 다음날부터 1년간, 구주소에서 신주소로 전송됩니다.

7. 유학생 보험과 보증인

– 의료보험

일본에는 의료비 부담을 경감하기 위한 의료 보험제도가 있습니다. 일본에 3개월 이상 체류하는 외국인은 「국민건강보험」(국보)에 가입해야 합니다. 국민건강보험 가입은 거주 지역의 거주 관할 관청에 가서 신청하시기 바랍니다.

◎ 보험료
가입 후에는 매달 보험료를 납부해야 합니다. 보험료는 지역과 본인의 소득(유학생은 아르바이트 소득 등)에 따라 달라지지만, 유학생은 대부분 연간 2만엔 정도입니다.

◎ 보험내용
국민건강보험에 가입하면 보험증을 받습니다. 부상이나 질병으로 치료받을 때 보험증을 제시하면, 개인이 지불하는 의료비 부담이 30%로 줄어듭니다. 단, 보험진료 적용 외의 의료비는 전액 본인이 부담해야 합니다.

국민건강보험에 가입하고 1개월의 의료비가 고액이 되었을 대는 자기 부담 한도액을 초과한 금액이 고액 요양비로서 나중에 환불되는 제도가 있습니다. 또한 입원 등을 할 때는 사전에 한도액 적용 인정증을 신청, 취득하면 병원 창구에서 지불 한도액을 줄일 수 있습니다.

〈 국민건강보험 〉

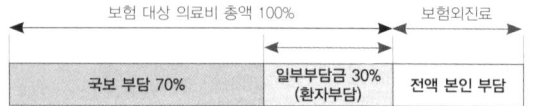

– 손해보험

국민건강보험으로는 적용이 안 되는 사고 등에 관해 보상하는 보험으로서 상해보험이나 개인배상책임보험이 있으며 유학생도 가입하여 이용하고 있습니다. 예를 들면 다음과 같은 상황에서 보상을 받을 수 있습니다.
- 튀긴 기름에 불이 붙어, 주방이 타서 벽을 고치지 않으면 안 되는 경우
- 자전거를 타다가 보행자를 치어서 상대방의 치료비를 부담해야 하는 경우
- 부재중에 집에 둔 컴퓨터와 카메라를 도둑 맞은 경우

학교로부터 각종 보험에 대한 안내가 있으므로 검토하여 가입하도록 하시기 바랍니다.

◎ 학생교육연구재해상해보험
일본의 대학 96%가 가입하고 공익재단법인 일본국제교육지원협회의 제도입니다. 또한 보상이 충실한 '인바운드 부대학종'이라는 제도도 있습니다.
- 해당 사이트 : http://www.jees.or.jp/gakkensai/

◎ 학생종합공제
대학에 다니고 있을 때에 가입할 수 있는 대학생협의 보장제도입니다.
- 해당 사이트 : http://kyosai..nunivcoop.or.jp

– 신원보증인

유학을 희망하는 학교에 출원하거나 집을 임대 계약하고 아르바이트를 구할 때 보증인이 필요할 수 있습니다. 보증인은 여러분이 학비나 집세를 지불하지 못할 경우, 대신 금액을 지불하는 경제적인 책임과 여러분이 문제를 일으켰을 때 도의적 책임을 지게 됩니다. 그러므로 보증인과 충분한 신뢰관계를 형성하고 절대로 피해를 주는 일이 없도록 세심한 주의를 기울입시다. 일반적으로 제출서류는 다음과 같으며, 경우에 따라 달라지므로 사전에 확인해 두시기 바랍니다.

<제출서류> 소정의 신원보증서, 보증인의 주민표, 서약서, 재직증명서 등

◎ 일본어 교육기관, 대학 등에 출원할 때
출원 시「신원보증인」이 필요한 이유는 「학비의 경제적 보증을 위해」, 「입학 후 체류절차에 문제가 발생하는 것을 방지하기 위해」 등 여러 가지가 있습니다.

◎ 집을 빌릴 때
집을 빌릴 때의 「연대보증인」은 외국인 뿐만 아니라 일본인이 집을 빌릴 때도 필요합니다. 여러분이 기일까지 집세를 지불하지 못하거나, 방의 설비를 파손하고 수리비를 지불하지 못했을 때 집주인은 연대보증인에게 지불을 요구합니다. 일본인 지인이 적은 유학생을 위해 학교관계자(기관·교직원) 등이 연대보증인이 되어 주는 제도가 있습니다.

2024-2025 일본 유학으로 성공하기

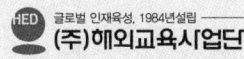

제 5 장 | 일본유학시험

1. 일본유학시험(EJU) 78
   시험개요 78
   일본유학시험의 흐름도 78
   출제과목 78
   출제언어 81
   시험일정 81
   이용 학교 현황 81
2. EJU학습장려비 82
   조건 82
   장학금 82
   장학금 지급기간 82
   응모방법 82
   전형 82
   결과통지 82
   장학금 신청 82
3. 도일전 입학허가 제도 83
   도일전 입학허가 학교 수 83
   도일전 입학허가 학교 입학 절차 .. 83
4. 도일전 입학허가 학교 리스트 84
5. 일본유학시험 이용대학 리스트 120

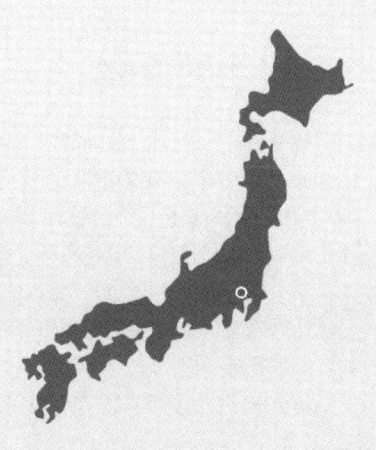

1 일본유학시험(EJU)

시험개요

일본유학시험은 일본의 대학)학부) 등에 입학을 희망하는 외국인 유학생의 일본어능력 및 기초학력 평가를 목적으로 실시하는 시험으로, 독립행정법인 일본학생지원기구(JASSO)에서 출제하고 있습니다.

외국인 유학생 입학전형에 일본유학시험을 이용하는 대학은 한국 공식홈페이지(www.ejutest.com)의 <일본유학시험 이용학교>에서 확인할 수 있습니다. 이 리스트에는 각 대학이 지정하고 있는 수험과목과 출제언어도 게재 되어 있습니다.

일본유학시험의 성적을 주요한 판단재료로 이용하여 합격여부를 결정하는 대학도 있습니다. 이것은 각 대학이 개별적으로 실시하는 입학시험을 수험하는 것이 아니라, 일본유학시험의 성적과 고등학교의 성적 등으로 입학을 허가하는 것입니다.

따라서 이 제도를 이용한다면 일본에 가지 않고 한국에 있으면서 입학을 희망하는 대학의 합격여부를 알 수 있습니다. 일본유학시험을 이용하여 도일전 입학허가를 시행하는 대학은 이 책자에 게재되어 있으므로 확인해 보시기 바랍니다.

일본유학시험에서 우수한 성적을 거두어 일본의 대학 학부, 단기대학 및 전문학교의 정규생으로 입학하는 사비외국인유학생을 대상으로 일본학생지원기구 장학금인 <사비외국인유학생 학습장려비>를 지급하고 있습니다. 다음 페이지에서 상세한 내용을 참고해 주십시오.

일본유학시험의 흐름도

① 대학 등은 외국인 유학생의 입학전형에 일본유학시험 이용을 결정한다.
② 대학 등은 일본유학시험의 이용과목, 기초학력과목의 출제언어, 일본유학시험의 이용 회차를 결정한다.
③ 대학 등은 외국인유학생의 모집요강을 발표한다.
④ 일본유학 희망자는 각 대학 등의 모집요강을 참조하여 지원할 학교를 결정한다.
⑤ 일본유학 희망자는 6월과 11월에 실시되는 일본유학시험에서 입학을 희망하는 대학 등이 지정하는 과목과 기초학력과목의 출제언어를 선택하여 수험한다.
⑥ JASSO는 일본유학시험 수험자에게 성적을 통지한다.
⑦ 일본유학 희망자는 대학 등에 원서를 접수한다. 이 때 일본유학시험의 수험표와 성적통지서 등으로 일본유학시험의 수험번호를 제시한다.
⑧ 대학 등은 JASSO로 수험자의 일본유학시험 성적조회를 의뢰한다.
⑨ JASSO는 대학 등이 조회를 의뢰한 일본유학시험 수험자의 성적을 제공한다.
⑩ 대학 등은 JASSO에서 제공받은 일본유학시험 성적, 기타 자료로 수험자의 입학심사를 실시한다.
⑪ 대학 등은 수험자에게 합격여부를 통지한다.

출제과목

과목	목적	시간	득점범위
일본어과목	일본의 대학 등에서 면학할 수 있는 일본어능력(아카데믹 재패니즈)을 측정	125분	독해, 청독해 · 청해 0~400점
			기술 0~50점
이과	일본 대학 등의 자연계 학부에서의 면학에 필요한 이과물리 · 화학 · 생물)의 기초적인 학력을 측정	80분	0~200점
종합과목	일본의 대학 등에서 면학에 필요한 인문계의 기초적인 학력, 특히 사고력, 논리적 능력을 측정	80분	0~200점
수학	일본 대학 등에서의 면학에 필요한 수학의 기초적인 학력을 측정	80분	0~200점

◎ 일본어 과목의 구성

구성	기술, 독해, 청해·청독해의 3영역으로 구분된다.
순서와 시간	기술(30분간) → 독해(40분간) → 청독해·청해(55분간)의 순서로 실시한다
득점범위	독해는 0~200점, 청독해·청해는 0~200점으로 합계 0~400점 범위다. 기술은 0~50점 범위다.

◎ 기술 채점기준

득점	기준
50점	(레벨S) 과제에 맞추어 글쓴이의 주장이 설득력이 있는 근거와 함께 명확하게 진술되고 있다. 한편 효과적인 구성과 세련된 표현이 보인다.
45점 40점	(레벨A) 과제에 맞추어 글쓴이의 주장이 타당한 근거와 함께 명확하게 진술되고 있다. 한편 효과적인 구성과 적절한 표현이 보인다.
35점 30점	(레벨B) 과제에 맞추어 글쓴이의 주장이 대체로 타당한 근거와 함께 진술되고 있다. 한편 타당한 구성을 갖추고, 표현에 정보 전달상의 지장이 보이지 않는다.
25점 20점	(레벨C) 과제에 거리가 있으나, 글쓴이의 주장이 근거와 함께 진술되고 있다. 그러나 그 근거의 타당성, 구성 표현 등에 부적절한 점이 보인다.
10점	(레벨D) 글쓴이의 주장이나 구성이 보이지 않는다. 또는 주장이나 구성이 보이더라도 과제와의 관련성이 적다. 또한 표현에 부적절한 부분이 상당히 보인다.
0점	(NA) 채점이 이루어지기 위한 조건을 충족시키지 못함.

※ 레벨 A, B, C에 대해서는 동일 수준 내에서 수험자와 하위 수험자를 구별해 득점을 표시한다.
※ 0점(NA)에 해당하는 답안은 아래와 같습니다.
- 백지로 제출한 것
- 과제와 관련 없는 기술 내용인 것
- 문제를 그대로 적어 놓은 것
- 문제와 관련된 일본어 기술 내용이 40자 미만인 것(문제를 그대로 적은 것을 제외)
- 문제지의 표지 등을 옮겨 적은 것이 있는 것
- 그 외, 위원회의 심의를 거쳐 0점이라고 할 타당한 이유가 있다고 판단되는 것

◎ 이과의 구성

이과에는 물리, 화학, 생물 3과목이 있습니다. 수험자는 입학 희망 대학의 과목지정에 근거하여 3과목 중에서 2과목을 시험일에 선택하여 답안지에 답합니다.

◎ 종합과목 구성

종합과목은 정치·경제·사회를 중심으로 지리, 역사의 각 분야에서 종합적으로 출제됩니다.

◎ 수학의 구성

수학과목은 코스1과 코스2의 두 종류가 있습니다. 코스1은 수학을 그다지 필요로 하지 않는 학부(학과)를 위한 과목이며, 코스2는 고도의 수학을 필요로 하는 학부(학과)를 위한 과목입니다. 수험자는 입학을 희망하는 대학의 학부(학과)에서 지정하는 코스에 따라서 코스1 혹은 코스2 둘 중 하나를 시험일에 선택하여 답안지에 답합니다.

《- 출제범위

각 과목은 아래에서 소개되는 범위에서만 출제됩니다. 제시된 범위에 대해서 공부하면 시험에 대응할 수 있습니다. 이 범위 외에서는 출제되지 않습니다.

◎ 일본어 출제 구성

이 시험은 이해와 관련된 능력을 묻는 영역(독해, 청해, 청독해)과 산출에 관련된 능력을 묻는 영역(기술)으로 이루어집니다.

[독해, 청해, 청독해 영역]

독해는 주로 문장에 의해 출제되지만, 문장 이외의 시각 정보(도표나 항목 등)가 제시되기도 합니다. 청해는 모두 음성에 의해 출제되며 청독해는 음성과 시각정보(도표나 문자정보)에 의해 출제됩니다.

▣ 질문하는 능력

① 직접적 이해능력 - 언어로서 명확이 표현되어 있는 것을 그대로 이해할 수 있는가를 묻습니다.
  예를 들어 다음과 같은 사항이 질문됩니다.
  - 각 글·발화 내에서 표현되고 있는 내용을 정확하게 이해할 수 있는가
  - 문장·담화 전체의 주제·주지를 정확하게 파악할 수 있는가
② 관계 이해능력 - 문장이나 담화로 표현된 정보의 관계를 이해할 수 있는지 여부를 묻는다.
  예를 들어 다음과 같은 사항이 질문됩니다.
  - 문장·담화에 포함되는 정보 중에서 중요한 부분, 그렇지 않은 부분을 분별할 수 있는가
  - 문장·담화에 포함되는 정보가 어떤 관계에 있는가를 이해할 수 있는가
  - 다른 형식·매체(음성, 문자, 도표 등)로 표현되어 있는 정보를 비교·대조할 수 있는가

③ 정보활용 능력 - 이해된 정보를 활용해서 논리적으로 타당한 해석을 유도할 수 있는지 묻습니다. 예를 들어 다음과 같은 사항이 질문됩니다.
- 문장·담화의 내용을 토대로 하여 그 결과나 귀결 등을 도출해낼 수 있는가
- 문장·담화에서 제시된 구체적 사례 일반화할 수 있는가
- 문장·담화에서 제시된 일반론을 구체적 사례에 적용할 수 있는가
- 다른 형식·매체(음성, 문자, 도표 등)로 표현된 정보끼리를 상보적으로 조합하여 타당한 해석을 유도할 수 있는가

[기술 영역]

▣ 질문하는 능력

기술 영역에서는 "주어진 과제의 지시에 따라 자기 자신의 생각을 근거를 들어 조리있게 쓰기"위한 능력이 질문됩니다. 구체적으로는 아래와 같은 것이 질문됩니다.
- 주어진 과제의 내용을 정확하게 이해하고 그 내용에 따른 주장·결론을 제시할 수 있는가
- 주장·결론을 뒷받침하기 위한 적절하고 효과적인 근거나 실례 등을 제시할 수 있는가
- 주장·결론을 도출하는데 있어서 하나의 관점으로부터 뿐만이 아니라 다각적인 관점에서 고찰을 행할 수 있는가
- 주장·결론과 그것을 지지하는 근거나 실례 등을 적절하고 효과적으로 또는 전체적으로 균형잡힌 구성을 이루도록 배열할 수 있는가
- 고등교육의 장에서 문장으로서 논술을 행할 때에 어울리는 구문·어휘·표현 등을 적절하고 효과적으로 사용할 수 있는가

▣ 출제되는 과제
- 제시된 하나 또는 복수의 생각에 대해서 자신의 의견을 논한다.
- 어떤 문제에 대해서 현상을 설명하고 장래의 예상이나 해결 방법에 대해 논하는 등

◎ 물리 출제 범위

출제 범위는 아래와 같습니다. 또한 초등학교·중학교에서 배우는 범위에 대해서는 이미 학습한 것으로 하고 출제 범위에 포함되어 있는 것으로 합니다. 출제 내용은 각 과목에서 항목별로 분류되며 각 항목은 해당 항목의 주제 또는 주요 술어에 의해 제시되고 있습니다.

[물리 실러버스]

출제 범위는 일본의 고등학교 학습지도요령의 '물리 기초' 및 '물리'의 범위로 한다.
① 역학 ② 열 ③ 파 ④ 전기와 자기 ⑤ 원자

◎ 화학 출제 범위

출제 범위는 아래와 같습니다. 또한 초등학교·중학교에서 배우는 범위에 대해서는 이미 학습한 것으로 하고 출제 범위에 포함되어 있는 것으로 합니다. 출제 내용은 각 과목에서 항목별로 분류되며 각 항목은 해당 항목의 주제 또는 주요 술어에 의해 제시되고 있습니다.

[화학 실러버스]

출제 범위는 일본의 고등학교 학습지도요령의 '화학 기초' 및 '화학'의 범위로 한다.
① 물질의 구성
② 물질의 상태와 변화
③ 무기화학
④ 유기화학

◎ 생물 출제 범위

출제 범위는 아래와 같습니다. 또한 초등학교·중학교에서 배우는 범위에 대해서는 이미 학습한 것으로 하고 출제 범위에 포함되어 있는 것으로 합니다. 출제 내용은 각 과목에서 항목별로 분류되며 각 항목은 해당 항목의 주제 또는 주요 술어에 의해 제시되고 있습니다.

[생물 실러버스]

출제 범위는 일본의 고등학교 학습지도요령의 '생물 기초' 및 '생물'의 범위로 한다.
① 생명현상과 물질
② 생식과 발생
③ 생물 체내 환경 유지
④ 생물의 환경반응
⑤ 생태와 환경
⑥ 생물의 진화 계통

◎ 종합과목 출제 범위

정치·경제·사회를 중심으로 지리, 역사의 각 분야에

서 종합적으로 출제됩니다. 출제 범위는 아래의 각 분야에서의 항목으로 이루어지며 각 항목은 관련된 주요용어로 나타나 있습니다.

[정치 · 경제 · 사회]

① 현대 사회 - 정보사회, 저출산 고령사회, 다문화 이해, 생명윤리, 사회보장과 사회복지, 지역사회의 변모, 불평등의 시정, 식량문제, 에너지문제, 환경문제, 지속 가능한 사회
② 현대 경제 - 경제체제, 시장경제, 가격 메커니즘, 소비자, 경제성장, 국민경제, 무역, 환율, 국제수지
③ 현대 정치 - 민주주의 원리, 일본헌법, 기본적 인권과 법의 지배, 국회, 내각, 법원, 의회제 민주주의, 지방자치 선거와 정치 참여, 새로운 인권
④ 현대 국제 사회 - 국제관계와 국제법, 세계화, 지역통합, 유엔과 국제기구, 남북문제, 인종·에스니시티·민족문제, 지구환경문제, 국제평화와 국제협력, 일본의 국제공헌

[지리]

① 현대 세계의 특성과 여러 과제들의 지리적 고찰 지구본과 지도, 거리와 방위, 공중 사진과 위성 화상, 표준시와 시차, 지리 정보, 기후, 지형, 식생, 세계의 생활 문화 종교, 자원과 산업, 인구, 도시촌락, 교통과 통신, 자연 환경과 재해 방재, 일본의 국토와 환경

[역사]

① 근대의 성립과 세계의 일체화 - 산업혁명, 미국독립혁명, 프랑스혁명, 국민국가의 형성, 제국주의와 식민지화, 일본의 근대화와 아시아
② 20세기의 세게와 일본 - 제1차 세계 대전과 러시아 혁명, 세계 공황, 제2차 세계 대전과 냉전, 아시아, 아프리카 제국의 독립, 일본의 전후사, 석유 위기, 냉전 체제의 붕괴

《- 출제언어

일본어 및 영어로 출제됩니다.(일본어 과목은 일본어로만 출제됨). 또한 일본어와 영어의 시험문제지는 각각 다른 용지이므로 수험자는 접수 시에 입학 희망 대학이 지정한 출제언어를 선택합니다.

《- 시험일정

시험회차	원서접수	수험표발송	결과통지
1회차 (06월시험)	2~3월	5월	7월
2회차 (11월시험)	7~8월	10월	12월

《- 이용 학교 현황

일본의 대학에서는 학부, 학과마다 일본유학시험의 수험과목을 자율적으로 지정하고 있습니다. 이용 회차도 제1회와 제2회 성적 중 어느 한 회차만을 이용하는 경우와 두 회차 모두 이용하는 경우 등 학교에 따라 차이가 있습니다.

또한 일본유학시험을 수험하지 않아도 되는 대학이나 학부, 학과도 있으므로 일본유학시험을 접수하기 전에 반드시 본인의 입학 희망 대학에 문의하시기 바랍니다. 아울러 일본유학시험 이용학교 리스트는 일본유학시험 홈페이지에서 확인이 가능합니다.

◎ 이용학교 수(2024년 3월 현재)

구분	국립	공립	사립	합계
대학	78	56	351	485
통신제대학	–	–	11	11
전문직대학	–	0	5	5
단기대학	–	8	90	98
대학원	8	14	56	78
고등전문학교	51	0	0	51
전문학교	0	2	202	204
합계	137	80	705	922

2. EJU학습장려비

일본유학시험에서 우수한 성적을 거두어 일본의 대학 학부, 단기대학 및 전문학교의 정규생으로 입학하는 사비외국인 유학생을 대상으로, 일본학생지원기구의 장학금인 '사비 외국인 유학생 학습장려비' 예약을 받습니다.

《-조건

① 독립행정법인 일본학생지원기구가 매년 6월 및 11월에 실시하는 일본유학시험을 수험하는 자로, 같은 해 10월 및 다음 해 4월 또는 10월까지 일본의 대학학부, 단기대학, 고등전문학교(3학년 이상) 및 전수학교에 정규생(연구생, 연수생, 유학별과생, 과목등이수생, 청강생 등 제외)으로 입학하는 자.

② 일본유학시험을 다음의 1)~8)중 어느 하나의 과목선택으로 수험하는 사람. 또한 수학(코스1 또는 코스2), 이과, 종합과목은 수험언어가 영어인 경우도 포함.

1) 일본어만
2) 일본어/수학(코스1 또는 코스2)
3) 일본어/수학(코스1 또는 코스2)/이과
4) 일본어/수학(코스1 또는 코스2)/종합과목
5) 일본어/이과
6) 일본어/종합과목
7) 수학(코스1 또는 코스2)/이과
8) 수학(코스1 또는 코스2)/종합과목

단, 수험자가 현저하게 적은 과목선택에서는 예약자를 선발하지 않는 경우도 있다. 대학원 입학 희망자의 경우에는 예약자로서 학습장려비를 받을 수 없다.

《-장학금

월액 48,000엔(학부 레벨)

《-장학금 지급기간

① 6월(제1회 실시분)에 실시하는 일본유학시험을 수험하는 자로, 시험을 응시한 해의 10월까지 입학하는 자 → 입학한 해의 10월부터 6개월간 지급함.

② 6월(제1회 실시분) 및 11월(제2회 실시분)에 실시하는 일본유학시험을 수험하는 자로, 시험을 응시한 해의 11월~다음해 4월까지 입학하는 자 → 입학한 해의 4월부터 1년간 지급함.

③ 11월(제2회 실시분)에 실시하는 일본유학시험을 수험하는 자로, 시험을 응시한 다음해의 5월~10월까지 입학하는 자 → 입학을 한 해의 10월부터 6개월간 지급함.

《-응모방법

시험원서를 인터넷에서 접수할 때에 <신청합니다> 부분을 ●표시로 선택하면 신청이 됩니다.

《-전형

응모자 중에서 일본유학시험 성적 상위자를 사비외국인유학생 학습장려비의 예약자로 합니다.

《-결과통지

예약자로 결정된 자에게는, 사비외국인유학생 학습장려비 지급 예약결정통지서를 통지합니다.

《-장학금 신청

예약자로 결정된 경우에는 입학 후, 재적학교를 통해 사비외국인유학생 학습장려비 지급

예약 결정통지서와 함께 소정의 학습장려비 신청서류를 제출하여 신청하는 것으로 사비외국인유학생 학습장려비 수급자로서 채용됩니다.

3. 도일전 입학허가 제도

도일전 입학허가 제도란, 수험자가 일본에 가지 않고도 일본의 대학 등의 입학자 선발시험을 수험하고 입학허가를 받을 수 있는 제도입니다. 일본유학시험의 성적을 이용하여 이 도일전 입학허가 제도를 실시하는 학교의 수는 아래 표와 같습니다.

도일전 입학허가 학교 수
(2024년 4월 현재)

구분	국립	공립	사립	합계
대학	25	3	72	100
전문직대학	0	0	2	2
단기대학	-	0	10	10
대학원	0	0	7	7
고등전문학교	0	0	0	0
전문학교	0	0	77	77
합계	27	3	168	196

도일전 입학허가 학교 입학 절차

① 입시요강이나 학교 홈페이지 등에서 입학시험에 관한 정보를 입수
인터넷 상에서 희망대학의 입시 정보를 찾습니다. 대학 중에는 해당 홈페이지를 통해 자료를 청구할 수 있는 경우가 있으므로 이용해 보시기 바랍니다.
s

② 정보입수 후에 수험자격, 시험방식, 시험일정을 확인
먼저 수험저격을 확인합니다. 수험자격이 있는 자는 해당 대학이 지정한 일본유학시험의 수험 과목, 출제언어 및 이용 회차를 확인하십시오.

③ 일본유학시험 원서접수
한국에서는 일본유학시험 공식 사이트에서 인터넷 접수를 하게 되어 있습니다. 사이트의 안내 내용을 잘 이해하고 착오 없이 접수를 하시기 바랍니다.
원서를 접수하면 수험표가 우편으로 발송됩니다. 수험표를 잘 수령하여 분실하지 마시고 시험 당일 지참하여 시험장에서 수험합니다.

④ 입학 희망 대학에 원서 접수
입학 희망 대학의 원서를 작성하여 접수합니다. 이 때에 일본유학시험 성적표 또는 수험표를 제출하게 됩니다. 또한 전형료를 지불하고 학교가 요구하는 모든 서류를 제출합니다.

⑤ 입학 수속
입학 원서가 접수되면 해당 대학에서 심사를 실시하며 합격한 경우에는 입학 수속을 하게 됩니다.

일본유학시험(EJU) 이용 도일전입학허가 대학 일람

2023년09월08일현재

- 「도일전입학허가」에 대하여~
- 「도일전입학허가」는 수험자가 자국에서 일본 대학 등의 입학자 선발에 응하여 입학허가를 받을 수 있는 제도입니다.
- 「일본유학시험」을 이용하여 「도일전입학허가」를 실시하는 일람을 게재하오니 참고하시기 바랍니다. 단, 일람은 경신될 수 있으므로 주의해 주십시오.
- 「도일전입학허가」실시에 대한 상세 내용을 각 대학으로 직접 문의해 주시기 바랍니다. https://www.jasso.go.jp/ryugaku/eju/examinee/prearrival/uni_national.html

◆ 기초학력: 일본 이외의 국적(이과, 종합과목, 수학)
◆ 수험표기: 1→코스1 / 2→코스2 / 자유→코스1 또는 코스2 중 자유선택

◆ 출원에 있어서 본 시험 성적 이외 필요한 서류에 대해서는 각 학교의 입시요강에서 확인해 주십시오.

▼ 대 학 ▼

[국립]

(홋카이도·도호쿠)

학부	학과	과목 일본어	이과 종합 수학	과목선택 특기사항	기초학력 출제언어 일본어/영어	현지시험	비고	문의처

기타미공업대학 (北見工業大学)

| 공학부 | 지구환경공학과
지구미래디자인공학과 | ○
○ | ○
○ | | 2
2 | | 자유선택 | | | 교무과입학시험계
+81-157-26-9167
nyushi02@desk.kitami-it.ac.jp
https://www.kitami-it.ac.jp |

홋카이도대학 (北海道大学)

| Integrated Science Program (ISP) 이학부 | 물리학과, 화학과, 생물과학과(생물학전수분야) | | | | 2 | | 자유선택 | 온라인면접시험 실시 | EJU 성적을 출원서류 선택지 하나로 이용할 수 있다. | 국제부 국제교무과
+81-11-706-8045
adm-isp@academic.hokudai.ac.jp
https://www.hokudai.ac.jp/admission/exam/ISP.html |

무로랑공업대학 (室蘭工業大学)

| 이공학부 | 창조공학과
시스템이화학과 | ○
○ | 타과목자유선택
2과목자유선택 | | 2
2 | | 자유선택 | | TOEFL 점수 필요 | 입시전학과
+81-143-46-5162
nyushi@mmm.muroran-it.ac.jp
https://www.muroran-it.ac.jp/entrance/isee/guidelines_is.html |

입학원등록필중명서, 등록필증, 기재사항증명서, 어권(사본) 중의 하나는 필요함

이와테대학 (岩手大学)

| 이공학부 | 화학생명리공학과
물리재료이공학과
시스템창성공학과(전기전자통신코스, 지능미디어정보
코스, 사회기반시스템코스)
시스템창성공학과(기계과학코스) | ○
○
○
○ | ○
○
○
○ | 2과목자유선택 | 2
2
2
2 | | 일본어 | | | 학무부 입시과
+81-19-621-6064
https://www.iwate-u.ac.jp/admission/undergraduate/info.html |

도호쿠대학 (東北大学)

| 이학부(첨단 물질 과학 코스)
공학부
농학부 | 기계지능·항공 공학과(국제기계공학 학사코스)
생물생산과학과(국제양생물과학 코스) | ○
○
○ | ○
○
○ | 2과목자유선택 | 2
2
2 | | 영어 | 필기·면접 | iBT: 79점 이상 이상(IELTS: 6.0점 이상) | 교육·학생지원부 유학생과 국제교육계
(FGL담당)
+81-22-795-3242
tohoku-fgl@grp.tohoku.ac.jp
https://www.insc.tohoku.ac.jp/english/degree/undergraduate-english/ |

아키타대학 (秋田大学)

| 이공학부 | 생명과학과
물질과학과
수리·전기전자정보학과
시스템디자인공학과 | ○
○
○
○ | ○
○
○
○ | 2과목자유선택 | 2
2
2
코스
자유 | ○ | 자유선택 | | TOEFL 또는 TOEIC 점수 필요 | 아키타대학 입시과
nyushi@jimu.akita-u.ac.jp |
| 국제자원학부 | 국제자원학과 자원정책코스
국제자원학과 자원지구과학코스
국제자원학과 자원개발환경코스 | | ○
○
○ | | 2
2 | | 자유선택 | 온라인 면접 | · 서류심사시 다음 중 하나의 영어검정시험을 이용
(1)TOEIC, (2) TOEFL, (3) IELTS
· 제출서류를 요구할 가능성이 있음
· 자세한 사항은 본 대학이나 국제자원학부 웹사이트에서 5월 경 공표예정인 모집요강에서 확인바랍니다. | 아키타대학 입시과
nyushi@jimu.akita-u.ac.jp
http://www.akita-u.ac.jp/ |

84 도일전 입학허가 학교 리스트

제5장 일본유학시험

학부	학과	이과 일본어/물리/화학/생물	이과 이과과목선택	과목 종합과목	수학	과목선택 특기사항	기초학력 출제언어 일본어	기초학력 영어	현지시험	비고	문의처
야마가타대학 (山形大学)											
인문사회과학부	인문사회과학과(인간문화코스)	○		○	1		일본어		면접	시험장은 용곡캠퍼스로 시내	입학·매니지먼트부 입시과 +81-23-628-4141 yu-nyujishi@jm.kj.yamagata-u.ac.jp
	이학부 이학과	○○○			2			자유선택			
	공학부(주간코스)	○○○	2과목자유선택		2					TOEFL 또는 TOEIC 점수 필요	
	농학부 식료생명환경학과	○○○			2						
(간토)											
쓰쿠바기술대학 (筑波技術大学)											
	산업정보학과	○			1	일본어과목에서는 청해 청독해의 수험을 면제한 다. 특별청강학생을 희망하는 경우에도, 수험은 필요하지 않는다.	일본어			일본유학시험을 이용한 도전입학(청각장해가)제도는 특별청강생, 3년차 편입을 희망하는 도쿄도시의 경우에는 입학이 가능하다. 이후의 종합영어는 TOEFL, 고고 3년차 편입을 희망하는 경우에는 TOEIC 또는 TOEIC 을 수험해야 한다. 단, TOEFL 에 있어서는 리스닝, 스피킹 섹션이 수험을 면제하고, TOEIC 에 있어서는 리스닝 섹션의 수험을 면제한다.	청각장해지원과(혜조정), 기획본부입시과 +81-29-858-9334 kyouikushiena@ad.tsukuba-tech.ac.jp
	종합디자인학과	○									
대학이 정한 지정교원											
군마대학 (群馬大学)											
이공학부	전자·기계류	○○○			2		일본어			대학이 정한 지정교원 (자매프로그램 실시교)	학부학생수 입과학학시험과 +81-27-220-7150 g-admission@jimu.gunma-u.ac.jp http://www.gunma-u.ac.jp/admission
오차노미즈여자대학 (お茶の水女子大学)											
	이학부 물리학과	○○	타과목자유선택		2		일본어			TOEFL 점수 필요	입시과 +81-3-5978-5152 nyushi@cc.ocha.ac.jp http://www.ao.ocha.ac.jp/application.html
출원시, 일본 내 주소소인 연락처 필요											
도쿄공업대학 (東京工業大学)											
	융합사회이공학계	○	타과목자유선택		2		자유선택				입시과 +81-3-5734-3990 nyu.qak@jim.titech.ac.jp http://admissions.titech.ac.jp
수험에는 국내 대리인에게(어느 은행 가능, 영학은 국내송금도 우송 가능, 공학대학 내 중계사설이 남부에 한한다.)											
요코하마국립대학 (横浜国立大学)											
이공부	기계·재료·해양계학과	○○			2		일본어		면접	이공학부·합계득점이 80%이상인 자기 출원 가능 인터넷전을 실시 TOEFL·TOEIC 또는 IELTS의 성적증명서(수험기업을 지정)	학무·국제전략부 입시과 +81-45-339-3121 nyushi1@ynu.ac.jp https://www.ynu.ac.jp/exam/faculty/index.html
	건축과	○○	타과목자유선택		2						
도시과	도시기반학과	○○			2						
	환경디자인학과	○○	2과목자유선택		2						
(주부)											
나가오카기술과학대학 (長岡技術科学大学)											
공학부	공학과정전학군	○○	2과목자유선택		2		일본어			TOEFL 또는 TOEIC 점수가 필요	입시과 입학시험 제1계 +81-258-47-9271 nyushigroup@jcom.nagaokaut.ac.jp
	공학과정기계창조공학부야	○○			2						
	공학과정전기전자정보공학부야	○○			2						
	공학과정정보·경영시스템공학부야	○○			2				면접	대학이 정한 지정교원(자매프로그램 실시교)	학무·전략부 국제계 +81-258-47-9238 koryu@jcom.nagaokaut.ac.jp https://www.nagaokaut.ac.jp/nyushi/

일본 유학으로 성공하기

학부	학과	물 리	화 학	생 물	지 학	이과과목선택	종 합 과 목	과 학 수	과목선택 특기사항	기초학력 출제언어 (일본어/영어)	현지시험	비고	문의처
야마나시대학 (山梨大学)													
공학부	컴퓨터이공학과	○	○	○		2과목자유선택		2		일본어		TOEFL또는TOEIC의 점수가 필요	입시과 055-220-8046 nyushi@yamanashi.ac.jp https://www.yamanashi.ac.jp/admission/291
기후대학 (岐阜大学)													
응용생물과학부	응용생명과학과정	○	○	○		타과목자유선택		코스자유					응용생명과학부 학무계 +81-58-293-2838 gjab00019@jim.gifu-u.ac.jp
	생산환경과학과정	○	○	○	○	2과목자유선택		코스자유					
공학부	기계공학과	○	○					2		일본어		TOEFL 점수 필요	공학부학무계 +81-58-293-2371 gjen00028@jim.gifu-u.ac.jp
	사회기반공학과	○	○					2				대학이 정한 지정교민(자매교프로그램실시교)	http://www.gifu-u.ac.jp/admission/f_applicant/guide.html
시즈오카대학 (静岡大学)													
인문사회과학부	사회학과	○	○	○	○			1				TOEIC L&R®. TOEFL iBT Home Edition®. TOEFL iBT®. IELTS(Academic Module)의 점수가 필요. ※이 내용은 아시아 브릿지 프로그램 대상으로 한 것이며, 사비외국인유학생선발과는 다릅니다.	국제과 abpquery@suml.cii.shizuoka.ac.jp https://www.abp.kcs.shizuoka.ac.jp
	언어문화학과	○	○	○	○			1					
	법학과	○	○	○	○			1					
	경제학과	○	○	○	○			1		자유선택	면접		
교육학부	학교교육양성과정	○	○					코스자유					
정보학부	정보사회학과	○	○	○	○			코스자유					
	행동정보학과	○	○	○	○	2과목자유선택		2					
	정보과학과	○	○	○	○			2					
이학부	수학과	○	○	○	○			2					
	물리학과	○	○	○	○	타과목자유선택		2					
	화학과	○	○	○	○			2					
	생물과학과	○	○	○	○	2과목자유선택		2					
	지구과학과	○	○	○	○			2					
공학부	기계공학과	○	○	○	○			2					
	전기전자공학과	○	○	○	○			2					
	전자물질과학과	○	○	○	○			2					
	화학바이오공학과	○	○	○	○			2					
	수리시스템공학과	○	○	○	○			2					
농학부	생명자원과학과	○	○			2과목자유선택		2					
	응용생명과학과	○	○	○	○			2					
도요하시기술과학대학 (豊橋技術科学大学)													
공학부	기계공학과정	○	○	○				2		일본어			입시과 +81-532-44 6581 nyushi@office.tut.ac.jp https://www.tut.ac.jp
대학이 정한 지정교민(자매교프로그램 실시교)													
미에대학 (三重大学)													
공학부	종합공학과 기계공학코스	○	○	○				2		일본어			공학연구과팀 학무담당 +81-59-231-9469 enq-gakumu@enq.mie-u.ac.jp https://www.mie-u.ac.jp
대학이 정한 지정교민(자매교프로그램 실시교)													

제5장 일본유학시험

(교기) 교토대학 (京都大学)

학부	학과	일본어	물리	화학	생물	이과과목선택	종합과목	수학	과목선택 특기사항	기초학력 출제언어 일본어/영어	현지시험	비고	문의처
공학부	지구공학과 국제코스		○	○				2		자유선택	구두시험	TOEFL-iBT 또는 IELTS 점수 필요	공학부 지구공학과 국제코스 +81-75-753-4700 icp_uq@t.kyoto-u.ac.jp https://www.s-ge.t.kyoto-u.ac.jp/en/admission/application/guidelines

와카야마대학 (和歌山大学)

학부	학과	일본어	물리	화학	생물	이과과목선택	종합과목	수학	과목선택 특기사항	기초학력 출제언어 일본어/영어	현지시험	비고	문의처
시스템공학부	시스템공학과	○	○	○				2		일본어	면접		국제계류부문 +81-73-457-7524 kokusai@ml.wakayama-u.ac.jp http://www.wakayama-u.ac.jp/sys/faculty/admission/exam.html
대학이 정한 지정교민(자매프로그램 실시교)													

(주고쿠·시코쿠) 시마네대학 (島根大学)

학부	학과	일본어	물리	화학	생물	이과과목선택	종합과목	수학	과목선택 특기사항	기초학력 출제언어 일본어/영어	현지시험	비고	문의처
법문학부	법경학과	○					○	코스 자유		일본어			입시과 +81-852-32-6073 epd-nnyushi@office.shimane-u.ac.jp
	사회문화학과	○					○	코스 자유		일본어			
	언어문화학과	○								자유선택			
	물리재료군학과	○	○	○		타과목자유선택		2		일본어			
	물질화학과	○		○				2		자유선택			
종합이공학부	수리과학과	○						코스 자유		일본어		TOEFL 점수 필요	
	지능정보디자인학과	○	○			2과목자유선택		2		일본어			
	기계·전기전자공학과	○	○			타과목자유선택		2		일본어			
	건축디자인학과	○	○			타과목자유선택		2		일본어			
	물리재료공학과	○	○			타과목자유선택		2					
	물질화학과	○		○		타과목자유선택		2					
	지구학과	○	○	○	○	2과목자유선택		코스 자유		자유선택		TOEFL, IELTS중 하나 필요 2개국어교육코스입시	
	수리정보학과	○	○			타과목자유선택		2					
	지능정보디자인학과	○	○			타과목자유선택		2					
	기계·전기전자공학과	○	○			타과목자유선택		2					
	건축디자인학과	○	○			타과목자유선택		2					
생물자원과학부	생명과학과	○			○			코스 자유		일본어			
	농림생산학과	○				2과목자유선택		코스 자유					
	환경공생과학과	○				2과목자유선택		코스 자유					
재료에너지학부	재료에너지학과	○	○	○				2		일본어		TOEFL 점수 필요	
인간과학부	인간과학과	○					○	자유		자유선택			https://www.shimane-u.ac.jp/

아마구치대학 (山口大学)

학부	학과	일본어	물리	화학	생물	이과과목선택	종합과목	수학	과목선택 특기사항	기초학력 출제언어 일본어/영어	현지시험	비고	문의처
경제학부	경제학과	○					○	1		자유선택		TOEIC 또는 TOEFL 점수(성적표) 필요	학생지원부 입시과 +81-83-933-5153 nyushi@yamaguchi-u.ac.jp
공학부	기계공학과	○	○					2					
	사회건설공학과	○	○					2					
	응용화학과	○		○		2과목자유선택		2					

일본 유학으로 성공하기

도쿠시마 대학 (徳島大学)

학부	학과	이과 물리/화학/생물/지학	이과선택	과목 종합과목/과목수	과목선택 특기사항	기초학력 출제언어/일본어/영어	현지시험	비고	문의처
공학부	전기전자공학과 지능정보공학과 광시스템공학과 순환공학과	○○○○ ○○○○ ○○○○ ○○○○		2 2 2 2		자유선택		TOEIC 또는 TOEFL 점수(성적표) 필요	학생지원부 입시과 +81-83-933-5153 nyushi@yamaguchi-u.ac.jp https://www.yamaguchi-u.ac.jp/nyushi
이공학부	이공학과(사회기반디자인 코스) 이공학과(기계과학 코스) 이공학과(응용화학시스템 코스) 이공학과(전기전자시스템 코스) 이공학과(정보광시스템 코스) 이공학과(수리과학 코스) 이공학과(자연과학 코스)	○○ ○○ ○○ ○○ ○○ ○○ ○○	타과목자유선택 택 ○2과목자유선택 ○2과목자유선택 타과목자유선택 택	2 2 2 2 2 2 2		자유선택	면접	※개별중점시, 출신국의 대학입학 수학능력시험의 성적 면접은 인터넷으로 실시한다. 경우에 따라서는 현지시에서 실시하는 경우도 있다.	학무부 국제과 +81-88-656-7079 ryugakkc@tokushima-u.ac.jp
생물자원산업학부	생물자원산업학과	○○	택	2					
종합과학부	사회총합과학과	○		1		일본어			

대학어 정한 지정교원

https://www.tokushima-u.ac.jp/admission/admission/senbatsuyoko.html

에히메대학 (愛媛大学)

학부	학과	물리/화학/생물/지학	이과선택	종합/과목수	특기사항	기초학력	현지시험	비고	문의처
이학부	이학과(수학・수리정보코스, 물리학코스)	○○○○	2과목자유선택	2					이학부 +81-89-927-9546 scigakum@stu.ehime-u.ac.jp
이학부	이학과(생물학코스, 지학코스)	○○○○	코스 자유			일본어	인터뷰 인터뷰 (구두시험)	인터넷으로 면접시험 실시	공학부 +81-89-927-9697 kougakum@stu.ehime-u.ac.jp
공학부	기계공학과, 전기전자공학과, 환경건설공학과, 기능재료공학과, 응용화학과, 정보공학과	○○○○	2과목자유선택	2					농학부 +81-89-946-9648 agrgakum@stu.ehime-u.ac.jp
농학부	식량생산학과, 생명기능학과, 생물환경학과	○○○○		코스 자유					

https://www.ehime-u.ac.jp/entrance/guidelines-download/

고치대학 (高知大学)

학부	학과	물리/화학/생물/지학				기초학력	현지시험	비고	문의처
인문사회과학부	인문사회과학과 국제사회코스	○				일본어		TOEFL 또는 IELTS 수험 필요	학무부 입시과 +81-88-844-8153 nys-web@kochi-u.ac.jp http://nyusi.kochi-u.jp/nyushi

일본 국내에 연락인 필요, 일본유학시 금융기관(유체저금 포함)에서 입학정보를 받음 필요

규슈대학 (九州大学)

학부	학과	물리/화학/생물/지학	이과			기초학력	현지시험	비고	문의처
공학부 (10월 입학)	전기정보공학과 (전기정보공학코스) 응용화학과 (응용화학코스)	＊＊ ○○	물리 또는 화학 중 선택	코스・종합과목, 이과 중 1 과목 선택 2 2		자유선택	면접	영어능력시험 성적(TOEFL, TOEIC, IELTS, Cambridge ESOL Examination)필요	학무부 입시과 입시계2계 +81-92-802-2005 nyu-inquiry@jimu.kyushu-u.ac.jp
공학부 (10월 입학)	토목공학과 (건설도시공학코스)	○○		2				기타 : 영어능력시험 점수(TOEFL/IELTS)	
농학부 (10월 입학)	기계공학과 (기계공학코스) 항공우주공학과 (기계항공공학코스)	○○		2 2					
농학부 (10월 입학)		○○	2과목자유선택	2					

EJU 성적을 출원시류 선택지의 하나로 이용할 수 있다.

http://www.kyushu-u.ac.jp/en/admission/faculty/foreign10/

[공립]

아이즈대학 (会津大学)

학부	학과	물리/화학/생물/지학	이과	종합/과목수		기초학력	현지시험	비고	문의처
컴퓨터이공학부	컴퓨터이공학과	○○	2과목자유선택	2		자유선택		TOEFL 등의 점수 필요	학생과 학생모집계 +81-242-37-2723 admission@u-aizu.ac.jp

https://www.u-aizu.ac.jp/files/page/others/h31ictglobal.pdf

제5장 일본유학시험

학부	학과	과목					기초학력		현지시험	비고	문의처
		종합과목	이과	문과	이과과목선택	과목선택 특기사항	출제언어 일본어	영어			

[규슈·오키나와]

후쿠오카여자대학 (福岡女子大学)

학부	학과	종합	이과	문과	이과과목선택	수	과목선택 특기사항	출제언어 일본어	영어	현지시험	비고	문의처
국제교양학부	국제교양학과	○				코스 자유					외국인유학생 일반선발과 외국인유학생 교류협정 추천형선발이 있으며, 선발방법과 선발방법과 필요서류가 상이합니다.	어드미션센터 +81-92-692-3100 nyushi-qa@fwu.ac.jp http://www.fwu.ac.jp/exam_info/
	환경과학과	○	○	○	2과목자유선택	2		자유선택	필기, 면접			
	식·건강학과	○	○	○		2						

나가사키현립대학 (長崎県立大学)

학부	학과	종합	이과	문과	이과과목선택	수	과목선택 특기사항	출제언어 일본어	영어	현지시험	비고	문의처
경영	경영	○		*		코스 자유						**[경영학부/지역창조학부]** 사세보교 학생지원과 +81-956-47-5703 **[국제사회학부/정보시스템학부/간호영양학부]** 시볼트교 학생지원과 +81-95-813-5065
	국제경영	○		*		코스 자유	· 이과(2과목 자유선택) 또는 종합과목 중 선택					
지역창조	공공정책	○		*	2과목자유선택	코스 자유						
	실천경제	○		*		코스 자유						
국제사회	국제사회	○		○		코스 자유		일본어		소논문·면접	메트로예서 현지시험 실시 면접은 인터넷으로 실시	
정보시스템	정보시스템	○	○	○	2과목자유선택	2	· 이과(2과목 자유선택) 또는 종합과목 중 선택					
	정보시큐리티	○	○	○		코스 자유						
간호영양	간호		○			코스 자유						
	영양		○			코스 자유						

[시립]
(홋카이도·도호쿠)

삿포로국제대학 (札幌国際大学)

학부	학과	종합	이과	문과	이과과목선택	수	과목선택 특기사항	출제언어 일본어	영어	현지시험	비고	문의처
인문학부	국제교양학과	○										국제과 +81-11-881-8844 siu-ec@ad.siu.ac.jp https://www.siu.ac.jp/examination/department/admissions/
	심리학과 임상심리전공	○										
	심리학과 아동심리전공	○										
관광학부	관광비즈니스학과	○										
스포츠인간학부	스포츠비즈니스학과	○										
	스포츠지도학과	○										

호쿠요대학 (北洋大学)

학부	학과	종합	이과	문과	이과과목선택	수	과목선택 특기사항	출제언어 일본어	영어	현지시험	비고	문의처
국제문화학부	캐리어창조학과	○							Skype 등으로 면접 실시	TOEFL 점수 필요		입시홍보센터 +81-144-61-3100 komamail@e.t-komazawa.ac.jp https://ku.t-komazawa.ac.jp/publics/index/18/

홋카이도분쿄대학 (北海道文教大学)

학부	학과	종합	이과	문과	이과과목선택	수	과목선택 특기사항	출제언어 일본어	영어	현지시험	비고	문의처
국제학부	국제교양학과	○										입시홍보과 +81-123-34-0160 nyushi@do-bunkyodai.ac.jp http://hbu.jp/guideline
	국제커뮤니케이션학과	○										
의료보건학부	재활학과	○								면접	인터넷으로 면접을 실시	
	이학요법전공	○										
	작업요법전공	○										

일본 유학으로 성공하기

학부	학과	문학·어학	물리학	화학	생물학	이과(이과과목선택)	종합과목	코스수	과목선택 특기사항	기초학력 출제언어 일본어/영어	현지시험	비고	문의처
아오모리대학 (青森大学)													
소프트웨어정보학부	소프트웨어정보학과	○						코스 자유		일본어	면접	인터넷으로 면접 실시(구두시험 포함)	입시과 +81-17-728-0102 nyus@aomori-u.ac.jp
종합경영학부	경영학과	○											
사회학부	사회학과	○											
약학부	약학과	○						2			면접·프레젠테이션	인터넷으로 면접 실시(구두시험 포함), 프레젠테이션	http://www.aomori-u.ac.jp/admission/application-foreign-student/
아오모리중앙학원대학 (青森中央学院大学)													
경영법학부	경영법학과	○									면접		국제교류과 +81-17-728-0131 international@omonricgu.ac.jp
지역매니지먼트연구과	지역매니지먼트연구과	○									필기, 면접		
센다이시라유리여자대학 (仙台白百合女子大学)													
인간학부	아동교육학과	○				○					면접		입시홍보과 +81-22-372-3254 nyushi@sendai-shirayuri.ac.jp
	심리복지학과	○				○							
	건강영양학과 관리영양전공	○				○							
	글로벌스터디즈학과	○				○						인터넷에 의한 면접 포함	https://sendai-shirayuri.ac.jp/admission/foreign_students.html
출원 시 보증인이 필요없지만, 합격 후 입학수속 시 보증인이 필요합니다.													
미야기가쿠인여자대학 (宮城学院女子大学)													
현대비즈니스학부	현대비즈니스학과	○									면접		입시과 +82-22-279-5837 nyushi@mgu.ac.jp
생활과학부	생활문화디자인학과	*						*	*종합과목, 이과, 수학 중 선택, 이과는 2과목 선택 자유 수학은 코스 1				
학예학부	음악학과	○											
	영문학과	○										인터넷에 의한 면접	
학예학부	인간문화학과	○											
	심리행동과학과	○											http://www.mgu.ac.jp/main/entrance/tokunyu/
(간토)													
우쓰노미야교와대학 (宇都宮共和大学)													
시티라이프학부		○									필기		국제교류센터 +81-28-650-6611 kokusai@kyowa-u.ac.jp http://www.kyowa-u.ac.jp
쥬몬지학원여자대학 (十文字学園女子大学)													
교양학문	문예문화	○							자유선택			4월입학(신입학)	국제교류센터 +81-48-477-0603 fsc@jumonji-u.ac.jp
사회정보학	사회정보디자인	○							자유선택				https://www.jumonji-u.ac.jp
쇼비학원대학 (尚美学園大学)													
예술정보학부	음악표현학과 팝코스	○									소논문·면접·실기		국제교류실 +81-49-246-3709 iec@s.shobi-u.ac.jp
	음악표현학과 클래식코스	○									(신작곡 작품제출)		
	음향응용	○									소논문·면접·실기		
	무대표현학과	○									면접(실기 포함)		
	정보표현	○									소논문·면접		
종합정책학부	종합정책	○									소논문·면접		
스포츠매니지먼트학부	스포츠매니지먼트학과	○											https://www.shobi-u.ac.jp/entrance_examination/guidelines.php

제5장 일본유학시험

학부	학과	과목						과목선택 특기사항	기초학력 출제언어 일본어 영어		현지시험	비고	문의처
		일본어	종합	이과	이과과목선택	종합과목	수학		일본어	영어			
메이카이대학 (明海大学)													
	일본어학과	○										A일정(11월)만 실시	
	외국어학부	○							일본어			A일정(11월)만 실시 시험일로부터 계산하여 2년 이내에 TOEFL(iBT)® 52점 이상 혹은 TOEIC®L&R 500점 이상 취득자	기획홍보과(입시사무실) +81-47-355-5116 nyushi-urayasu@meikai.ac.jp
	중국어학과	○										A일정(11월)만 실시	
	경제학과	○			*	*	*	종합과목 또는 수학 (※1) 중 고득점과목으로 합격여부 판정					
	부동산학과	○			*	*	*						
	호스피탈리티투어리즘학과 (비즈니스&프로페셔널·커뮤니케이션메시지·디지털·이노베이션[0]X)	○							일본어			A일정(11월)만 실시 시험일로부터 계산하여 2년 이내에 본교가 지정하는 영어검정시험에서 기준 이상의 점수를 취득할 것(자세한 내용은 아래 URL에서 확인할 것)	기획홍보과(입시사무실) +81-47-355-5116 nyushi-urayasu@meikai.ac.jp http://www.meikai.ac.jp/03applicant/applicant.html
조사이국제대학 (城西国際大学)													
	종합경영학과	○											
	국제인문학부	○											입시과 +81-475-55-8855 admis@jiu.ac.jp
	미디어학부·국제문화학과	○									면접		
	복지총합학부	○											
	관광학부	○											http://jiu.ac.jp/admissions/examination/
레이타쿠대학 (麗澤大学)													
	국제학부	○										TOEFL, TOEIC, IELTS 중 하나의 점수 필요	입시홍보그룹 +81-4-7173-3500 koho@reitaku-u.ac.jp
	글로벌비즈니스학과	○											
	경제학과	○											
	경영학과	○											http://www.reitaku-u.ac.jp
아시아대학 (亜細亜大学)													
	경영학부	○										C방식 일본어 : EJU(일본어) 또는 JLPT 중 하나의 점수 제출	입시과·홍보센터 +81-422-36-3273
	법학부	○							일본어		소논문·면접	영어 : TOEFL 또는 IELTS 중 하나의 점수 제출 서류심사	nyushi@asia-u.ac.jp
	국제관계학부	○											
	다문화커뮤니케이션학과	○											
	도시창조학부	○											https://www.asia-u.ac.jp/admissions/foreign/
오비린대학 (桜美林大学)													
	자유교양학군(1년차 4월 입학, 4월 편입)	○										현지시험장은 중국, 한국, 홍콩 중 한 곳	
	글로벌커뮤니케이션학군(1년차 4월 입학)	○										현지시험장은 중국, 한국, 홍콩 중 한 곳 TOEFL iBT 61점 이상, TOEIC L&R 600점 이상, IELTS 5.5 이상을 보유한 자는 일본어능력시험에 관한 자격 불필요	
	비즈니스매니지먼트학군(비행오퍼레이션코스 제외)(1년차 4월 입학)	○										현지시험장은 중국, 한국, 홍콩 중 한 곳	
	건강복지학군(보육전공 제외)(1년차 4월 입학)	○										현지시험장은 중국, 한국, 홍콩 중 한 곳	인포메이션센터 +81-42-797-1583 info-ctr@obirin.ac.jp
	예술문화학군(1년차 4월 입학)	○										현지시험장은 중국, 한국, 홍콩, 미국 중 한 곳	
	자유교양학군(1년차 가을학기 입학, 가을학기 편입)	○										현지시험장은 중국, 한국, 홍콩 중 한 곳	
	글로벌커뮤니케이션학군(1년차 가을학기 입학)	○										현지시험장은 중국, 한국, 홍콩 중 한 곳 TOEFL iBT 61점 이상, TOEIC L&R 600점 이상, IELTS 5.5 이상을 보유한 자는 일본어능력시험에 관한 자격 불필요	
	비즈니스매니지먼트학군(비행오퍼레이션코스 제외)(1년차 가을학기 입학, 가을학기 편입)	○										현지시험장은 중국, 한국, 홍콩, 미국 중 한 곳	

일본 유학으로 성공하기

학부	학과	과목 일본어 물리 화학 생물	이과 이과과목선택	종합과목	수학	과목선택 특기사항	기초학력 출제언어 일본어/영어	현지시험	비고	문의처
건강복지학과군(보육전공 제외)(1년차 가을학기 입학)		○		○			일본어	소논문·면접	현지시험장은 중국, 홍콩, 미국 중 한 곳	인포메이션센터 +81-42-797-1583 info-ctr@obirin.ac.jp http://admissions.obirin.ac.jp/
예술문화학군(1년차 가을학기 입학)		○		○						

가쿠슈인여자대학 (学習院女子大学)

학부	학과	일본어 물리 화학 생물	이과과목선택	종합과목	수학	과목선택 특기사항	기초학력 일본어/영어	현지시험	비고	문의처
국제문화교류학부	일본문화학과	○		○			자유선택		종합과목을 일본어로 수험하는 경우, TOEIC(L&R), TOEFL iBT, IELTS 중 하나의 성적 필요	사무영어 입시계 +81-3-3203-7784 gwc-off@gakushuin.ac.jp https://www.gwc.gakushuin.ac.jp/admission/foreigner.html
	국제커뮤니케이션학과	○		○						

게이오대학 (慶應義塾大学)

학부	학과	일본어 물리 화학 생물	이과과목선택	종합과목	수학	과목선택 특기사항	기초학력 일본어/영어	현지시험	비고	문의처
문학부	인문사회 (A방식)	○		○			일본어	면접(온라인)		입시센터 +81-3-5427-1611 admissions@info.keio.ac.jp https://www.keio.ac.jp/ja/admissions/
	인문사회 (B방식)	○						면접·일본어작문(온라인)		
경제학부	경제학과 (A방식)	○○○○			1		일본어			
	경제학과 (B방식)	○○○○			1					
법학부	법률학과 (A방식)	○○○○			2					
	정치학과 (A방식)	○○○○			2					
이공학부	학문A (A방식)	○○○○			2				TOEFL®iBT 또는 IELTS Academic Module 접수 필요	
	학문B (A방식)	○○○○			2					
	학문C (A방식)	○○○○			2					
	학문D (A방식)	○○○○			2					
	학문E (A방식)	○○○○			2					
종합정책	종합정책 (A방식)	○	*	*	*	*종합과목 또는 수학 (공시1) 또는 수학(공시2) 또는 이과 중 선택		면접(온라인)		
환경정보	환경정보 (A방식)	○	*	*	*					

국제기독교대학 (国際基督教大学)

학부	학과	일본어 물리 화학 생물	이과과목선택	종합과목	수학	과목선택 특기사항	기초학력 일본어/영어	현지시험	비고	문의처
교양학부	아트·사이언스학과	○	2과목자유선택	○	코스자유		일본어		IELTS 또는 TOEFL iBT 점수 제출 필요 일본국외에 거주하고 온라인면접을 희망하는 분에 예는 온라인으로 면접 예정	입학센터 +81-422-33-3038 admissions-center@icu.ac.jp https://www.icu.ac.jp/admissions/undergraduate/exam/eju/
EJU(일본유학시험) 이용 선발(9월입학)	아트·사이언스학과	○○○	2과목자유선택	○○○	2					

고쿠시칸대학 (国士舘大学)

학부	학과	일본어 물리 화학 생물	이과과목선택	종합과목	수학	과목선택 특기사항	기초학력 일본어/영어	현지시험	비고	문의처
21세기아시아학부	21세기아시아학과	○								입시부 입학과 +81-3-5481-3211 ad1@kokushikan.ac.jp 21세기아시아학부 사무실 +81-42-736-1050 asia21jm@kokushikan.ac.jp http://www.kokushikan.ac.jp

조치대학 (上智大学)

학부	학과	일본어 물리 화학 생물	이과과목선택	종합과목	수학	과목선택 특기사항	기초학력 일본어/영어	현지시험	비고	문의처
이공학부	물질생명이공학과	○○	2과목자유선택		2		자유선택		TOEFL, IELTS중 하나 필요	입학센터 +81-3-3238-4018 admission-u@cl.sophia.ac.jp https://www.sophia.ac.jp/jpn/admissions/gakubu_ad/fst.html
	기능조이공학과	○○	2과목자유선택		2				TOEFL, IELTS중 하나 필요	

센슈대학 (專修大学)

학부	학과	일본어 물리 화학 생물	이과과목선택	종합과목	수학	과목선택 특기사항	기초학력 일본어/영어	현지시험	비고	문의처
경제학부	현대경제학과	○		○			일본어			입학센터 +81-44-911-0425 admiss-1@acc.senshu-u.ac.jp https://www.senshu-u.ac.jp/admission/
	생활환경경제학과	○		○						
	국제경제학과	○		○						
법학부	법률학과	○		○						
네트워크정보학부	네트워크정보학과	○	*	*화학·생물 중	코스자유				TOEFL 점수가 있는 경우는 일본어, 없는 경우는 영어	

제5장 일본유학시험

학부	학과	과목					과목선택 특기사항	기초학력 출제언어 일본어/영어	현지시험	비고	문의처
		화학·물리·생물	이과 이과과목선택	종합과목	수학						

소카대학 (創価大学)

학부	학과										문의처
경제학부	경제학과				○						국제부·국제과 +81-42-691-8230 welcome@soka.ac.jp https://www.soka.ac.jp/en/admissions/application/
경영학부	경영학과				○						
법학부	법률학과				○						
문학부	인간학과										
교육학부	교육학과 아동교육학과										
	국제교양학과 정보시스템공학과										
이공학부											

대동문화대학 (大東文化大学)

문학부	중국문학과										입학센터 +81-3-5399-7800 inter_admin@jm.daito.ac.jp http://www.daito.ac.jp/file/block_32102_01.pdf
외국어학부	영미문학과										
	중국어학과										
	영어학과										
법학부	법률학과										
국제관계학부	국제관계학과										
	국제문화학과										
경영학부	경영학과										
스포츠·건강과학부	스포츠과학과										
	사회학과										

주오대학 (中央大学)

경제학부 (B방식)	경제학과	○		○	코스 자유			자유선택		「종합과목」,「수학」은 일본어로 수험한 경우에 한해, TOEFL-iBT®, TOEIC L&R, IELTS중 하나 필요	입학센터 사무부 입시과 +81-42-674-2121 admissions-grp@g.chuo-u.ac.jp https://www.chuo-u.ac.jp/connect/admission/special/
	경제정보시스템학과	○		○	코스 자유						
	국제경제학과	○		○	코스 자유						
	공공·환경경제학과	○		○	코스 자유						
상학부 (B방식)	경영학과	○		○	코스 자유						
	회계학과	○		○	코스 자유						
	국제마케팅학과	○		○	코스 자유						
	금융학과	○		○	코스 자유						

테이쿄대학 (帝京大学)

경제학부	경제학과			○				자유선택	면접	한국, 베트남에서 현지면접시험 있음	본부입시실 입시기획실 +81-42-678-3317 t.nyushi@main.teikyo-u.ac.jp https://www.teikyo-u.ac.jp
	국제경제학과			○							
	지역경제학과			○							
	경영학과			○							
	관광경영학과			○							
법학부	법률학과			○							
	정치학과			○							
문학부	일본문화학과			○							
	사학과			○							
	사회학과			○							
	심리학과			○							
외국어학부	외국어학과			○							
교육학부	교육문화학과			○							
이공학부	기계정밀시스템공학과	○			2						
	항공우주공학과	○			2						
	정보전자공학과	○			2						
	바이오사이언스학과	○			2						

일본 유학으로 성공하기

토카이대학 (東海大学)

학부	학과	일본어 능력	출신학교 성적	이과 이과목선택	과목 종합과목	수학	과목선택 특기사항	기초학력 출제언어 일본어/영어	현지시험	비고	문의처
문학부	문명학과, 역사학과일본사전공·서양사전공·고고학전공, 일본문학과, 영어문화커뮤니케이션학과	○									
문화사회학부	아시아학과, 유럽·아메리카학과, 북유럽학과, 문예창작학과, 홍보미디어학과, 심리·사회학과	○								지원자가 일정수(1기는30명)를 넘은 학과·전공에 대해서는, 제1차 전형을 실시해, 통과자만 시험을 실시합니다.	비원오피스 입시담당 +81-463-58-1211 oasis@tsc.u-tokai.ac.jp
정치경제학부	정치학과, 경제학과	○									
법학부	법률학과	○							자유선택		
교양학부	인문환경학과	○		2과목자유선택		코스 자유	어느 지정과목이라도 응시가능				
	예술학과	○									
체육학부	체육학과, 경기스포츠학과, 무도학과, 생애스포츠학과, 스포츠·레저매니지먼트학과	○		2과목자유선택		코스 자유					
건강학부	건강매니지먼트학과	○									
아동교육학부	아동교육학과	○									
이학부	수학과, 정보수리학과, 물리학과, 화학과	○		2과목자유선택		2 코스 자유					
정보이공학부	정보과학과, 컴퓨터응용공학과, 정보미디어학과	○		2과목자유선택		2 코스 자유					
공학부	응용화학과, 전기전자공학과, 기계공학과, 기계시스템공학과, 항공우주학과, 생명공학과, 의공학과	○		2과목자유선택		코스 자유					
관광학부	관광학과	○									
정보통신학부	정보통신학과	○		2과목자유선택		코스 자유					
해양학부	해양문명, 환경사회학과	○									
	해양이공학과 해양이공학전공·항해학전공, 수산학과, 해양생물학과	○		2과목자유선택		코스 자유				지원자가 일정수(1기는30명)를 넘은 학과·전공에 대해서는, 제1차 전형을 실시해, 통과자만 시험을 실시합니다.	비원오피스 입시담당 +81-463-58-1211 oasis@tsc.u-tokai.ac.jp
경영학부	경영학과	○				2 코스 자유					
국제학부	국제학과	○		2과목자유선택		코스 자유					
농학부	농학과, 동물과학과, 식생명과학과	○		2과목자유선택		코스 자유					
국제문화학부	지역창조학과, 국제커뮤니케이션학과	○		2과목자유선택		코스 자유					
생물학부	생물학과, 해양생물학과	○				코스 자유					
건축도시학부	건축학과	○		2과목자유선택		코스 자유					
	토목공학과	○		2과목자유선택		2 코스 자유					
의학부	간호학과	○		2과목자유선택		코스 자유					
인문학부	인문학과	○				코스 자유					
문리융합학부	지역사회학과	○				코스 자유					
	인간정보공학과	○		2과목자유선택		코스 자유					

토요대학 (東洋大学)

학부	학과	일본어 능력	출신학교 성적	이과 이과목선택	과목 종합과목	수학	과목선택 특기사항	기초학력 출제언어 일본어/영어	현지시험	비고	문의처
문	국제문화커뮤니케이션	○								http://www.u-tokai.ac.jp/prospective_students/admission_app/examination_about/international/	
경제	국제경제	○									
사회	국제사회, 미디어커뮤니케이션, 사회심리	○							서류전형, 면접(Web회의 시스템)	TOEFL iBT(Home Edition포함), IELTS, TOEIC L&R중 하나를 수험한 자	토요대학 입시부 +81-3-3945-7272 mlao@toyo.jp
국제관광	국제지역(국제지역)	○									
국제관계	국제관계	○									
정보연계	정보연계	○									
사회지식디자인	사회디자인	○									
건강스포츠과	건강스포츠과, 영양	○									
이공	기계공, 전기전자정보공	○		타과목자유선택		2		자유선택			
	응용화	○				2					
	도시환경디자인, 건축	○				2					

제5장 일본유학시험

학부	학과	과목						과목선택 특기사항	기초학력 출제언어		현지시험	비고	문의처
		이과				종합	수		일본어	영어			
		물리	화학	생물	이과과목선택	과목	학						

종합정보 (日本大学)

학부	학과	물리	화학	생물	이과과목선택	종합과목	수학	과목선택 특기사항	일본어	영어	현지시험	비고	문의처
종합정보	종합정보					○					서류전형, 면접(Web회의 시스템)	서류전형, 면접(Web회의 시스템)	토요대학 입시부 +81-3-3945-7272 mlao@toyo.jp
생명과	생명과, 생물자원	○	○	○									
식환경과학	생체의공 식환경과, 푸드데이터사이언스	○	○	○			2						

니혼대학 (日本大学)

학부	학과	물리	화학	생물	이과과목선택	종합과목	수학	과목선택 특기사항	일본어	영어	현지시험	비고	문의처
경제학부	경제, 산업경영, 금융공공경제학과	○				○	코스자유		일본어		구두시험(온라인)	TOEFL iBT® 또는 TOEIC® L&R 점수 필요	
상학부	상업, 경영, 회계	○											

호세이대학 (法政大学)

학부	학과	물리	화학	생물	이과과목선택	종합과목	수학	과목선택 특기사항	일본어	영어	현지시험	비고	문의처
법학부	법률학과, 정치학과, 국제정치학과	○				*2			자유선택			TOEFL® / IELTS / TOEIC®L&R의 점수 필요	입학센터 +81-3-3264-5776 kokusai@hosei.ac.jp
문학부	철학과, 일본문학과, 사학과, 지리학과, 영문학과, 심리학과	○				*1	*1					TOEFL® / IELTS / TOEIC®L&R의 점수 필요	
경영학부	경영학과, 경영전략학과, 시장경영학과	○				*2	*2	*1	자유선택			TOEFL® / IELTS / TOEIC®L&R 및 TOEIC®S&W 점수 필요	
국제문화학부	국제문화학과	○				*1	*1					TOEFL® / IELTS / TOEIC®L&R및TOEIC®S&W의 점수 필요	
경제학부	경제학과, 국제경제학과, 현대비지니스학과	○				*2	*2	*1				TOEFL® / IELTS / TOEIC®L&R의 점수 필요	
사회학부	사회정책과학과, 사회학과, 미디어사회학과	○				*1	*1	*1					
현대복지학부	복지커뮤니티학과, 임상심리학과	○				*2	*1						
인간환경학부	인간환경학과	○				*2	*2	*1	자유선택				
캐리어디자인학부	캐리어디자인학과	○					2						
정보과학부	컴퓨터과학과, 디지털미디어학과	*					2						
디자인공학부	건축학과, 도시환경디자인공학과, 시스템디자인학과	○	*				2	* 「물리」를 포함한 2과목 수험				TOEFL® / IELTS / TOEIC®L&R의 점수 필요	
이공학부	기계공학과(기계공학전공/전기전자공학과/응용정보공학과/생명과학과	○	○				2	* 이과는 2과목을 수험할 것					
생명과학부	생명기능학과, 응용식물과학과, 환경응용화학과	○	○	○			2						
스포츠건강학부	스포츠건강학과					*1	*1					TOEFL® / IELTS / TOEIC®L&R의 점수 필요	

* 「종합과목」과 「수학」 중 1, 2과목을 더 수험할 경우, 득점이 높은 1과목을 합격사정에 사용합니다.
* 「종합과목」은 전기 일정과 후기일정에 따라 다릅니다. 입학시험요강을 확인해 주세요.

무사시노대학 (武蔵野大学)

학부	학과	물리	화학	생물	이과과목선택	종합과목	수학	과목선택 특기사항	일본어	영어	현지시험	비고	문의처
글로벌학부	글로벌커뮤니케이션학과, 일본어커뮤니케이션학과					○			일본어과목에 있어서는 기술 제외		온라인으로 면접 구두시험		입시센터 +81-3-5530-7300 nyushi@musashino-u.ac.jp
문학부	일본문학문화학과					○							
법학부	법률학과					○	1						
경제학부	경제학과					○	1						
경영학부	경영학과, 회계관리학과					○	1						
기업경영신학부	기업경영학과					○	2						
데이터사이언스학부	데이터사이언스학과				2과목자유선택				일본어과목에 있어서는 기술 제외				
인간과학부	인간과학과				2과목자유선택	○	2						
공학부	지속가능성학과, 수리공학과, 건축디자인학과				2과목자유선택	○	2						https://www.musashino-u.ac.jp/admission/download/international_students.html

일본어과목에 대해서는 기술 제외

일본 유학으로 성공하기

메이지대학 (明治大学)

학부	학과	과목(문・물・화・생・지/이과과목선택/종합과목/수학/과목선택특기사항)	기초학력출제언어(일본어/영어)	현지시험	비고	문의처
상학부	상학과≪Ⅰ형≫	문○		온라인으로 구두시험 실시	TOEFL iBT 또는 TOEIC L&R 접수 부가	국제교육사무실 +81-3-3296-4144 intadmi@meiji.ac.jp
	상학과≪Ⅱ형≫	문○ 수1				
정치경제학부	정치학과, 경제학과, 지역행정학과≪Ⅰ형≫	문○	일본어	온라인으로 구두시험 실시	TOEFL iBT® 또는 TOEIC L&R® 또는 IELTS 접수 부가	
이공학부	전기전자생명학과, 기계공학과, 기계정보공학과, 건축학과, 응용화학과, 정보과학과, 수학과, 물리학과≪Ⅱ형≫	문○ 물○ 화○ 수2			TOEFL 또는 TOEIC L&R 또는 IELTS 접수 부가	
경영학부	경영학과, 회계학과, 공공경영학과≪Ⅰ형≫	문○	자유선택		TOEFL iBT 접수 부가	
국제일본학부	국제일본학과≪Ⅱ형≫	문○	일본어		TOEFL iBT 또는 TOEIC L&R 또는 IELTS 접수 부가	

https://www.meiji.ac.jp/cip/prospective/admission_exams/ug_application.html

메이지가쿠인대학 (明治学院大学)

학부	학과	과목	기초학력	현지시험	비고	문의처
국제학부	국제학과	문○	일본어			입시센터 +81-3-5421-5151 mginfo@mguad.meijigakuin.ac.jp

일본 국내에 대리인 필요

릿쿄대학 (立教大学)

학부	학과	과목	기초학력	현지시험	비고	문의처
문학부	기독교, 역사(史), 교육, 문학(영미문, 독일문, 프랑스문, 일본문, 문예사상)	문○	자유선택		문학부 사학과 세계사학전공/종교학전공은 영어학부소속조쓰비 니스학부에 대해서는 졸업 조건으로 정해놓은 기준을 만족하는 영어 자격 검정 시험의 접수가 필요. 이용할 수 있는 영어자격 검정 시험 종류 등 자세한 내용은 아래 URL에서 대학 웹사이트를 확인할 것	입시센터 +81-3-3985-3293 admissions@rikkyo.ac.jp
사회학부		문○				
커뮤니티복지학부		문○				
스포츠웰니스학부		문○				
경영학부		문○ 수1			경제학부/이학부/법학부/관광학부/현대심리학부에 대해서는 졸업 조건에서 정해놓은 영어를 영어자격 검정시험 수가 필요. 이용할 수 있는 영어자격 검정 시험의 종류 등 자세한 내용은 아래 URL에서 대학 웹사이트를 확인할 것	
법학부		문○ 수1				
경제학부		문○ 수1				
이학부	수학과	문○ 2과목자유선택 수2				
	물리학과	문○ 타과목자유선택 수2				
	화학과	문○ 수2				
	생명이학과	문○ 2과목자유선택 수2				
현대심리학부	심리학과	문○ 수1				
	영상신체학과	문○				

http://www.rikkyo.ac.jp/admissions/undergraduate/guidelines/

니가타산업대학 (新潟産業大学)

(주부)

학부	학과	과목	기초학력	현지시험	비고	문의처
경제학부	경제경영학과	문○		필기, 면접		입시과 +81-257-24-4901 nyushi@ada.nsu.ac.jp http://www.nsu.ac.jp/admissions/
	문화경제학과	문○				

니가타리하빌리테이션대학 (新潟リハビリテーション大学)

학부	학과	과목	기초학력	현지시험	비고	문의처
의료학부	리하빌리테이션학과 이학요법학전공	문○ 2과목자유선택	일본어	소논문, 면접		입시정보과: 국제교류담당 +81-254-56-8292 ryugaku@nur.ac.jp https://nur.ac.jp/international_s/
	리하빌리테이션학과 작업요법학전공	문○				
	리하빌리테이션학과 언어청각학전공	문○				

나가오카대학 (長岡大学)

학부	학과	과목	기초학력	현지시험	비고	문의처
경제경영학부	경제경영학과	문○		필기, 면접		국제교류과 +81-258-39-1600 kokusai@nagaokauniv.ac.jp

제5장 일본유학시험

학부	학과	일본어 물리 화학 생물	이과 이과과목선택	과목 종합과목	수학	과목선택 특기사항	기초학력 출제언어 일본어 영어		현지시험	비고	문의처

야마나시가쿠인대학 (山梨学院大学)

학부	학과									현지시험	비고	문의처
법학부		○								필기, 면접	필기시험, 면접은 한국에서 실시	
경영학부		○										

마츠모토치과대학 (松本歯科大学)

학부	학과	일 물 화 생	이과과목선택	종합	수학	과목선택 특기사항	일본어	영어	현지시험	비고	문의처
치학부	치학과	○ ○ ○ ○	2과목자유선택		2		자유선택			유학생입시 (C)	입시홍보실 유학생담당 +81-263-51-2161 info_ryugaku@mdu.ac.jp http://www.mdu.ac.jp/faculty/nyushi/henyu.html
	치학과	○ ○ ○ C			2					유학생입시 (D)	

아이치대학 (愛知大学)

학부	학과											
현대중국학부	현대중국학과	○					자유선택					국제교류과 +81-52-564-6116 inted@aichi-u.ac.jp http://www.aichi-u.ac.jp/exam/foreign
국제커뮤니케이션학부	국제교양학과	○					자유선택					

세이조대학 (星城大学)

| 경영학부 | | ○ | | | | | | | | 필기, 면접 | | 입시홍보과
+81-120-601-009
nyushi@seijoh-u.ac.jp
http://www.seijoh-u.ac.jp/admissions/ |

나고야상과대학 (名古屋商科大学)

학부	학과									현지시험	비고	문의처
경영학부	경영학과	○										입시홍보담당 +81-561-73-3006 intl_adm@nucba.ac.jp
	종합경영학과	○										
경제학부	경제학과	○				1				면접(Skype)		
상학부	마케팅학과	○										
	회계파이낸스학과	○										
국제학부	글로벌교양학과	○										
	영어학과	○				1						

난잔대학 (南山大学)

학부	학과											
	크리스트교	○									TOEFL iBT 또는 IELTS 점수 필요. 소논문을 출원서류 와 함께 제출	학부 입시과 +81-52-832-3119 nyushi-ka@nanzan-u.ac.jp
인문	인류문화	○									TOEFL iBT 또는 IELTS 점수 필요	
	심리인간	○										
	일본문화	○										
외국어	스페인·라틴아메리카	○							일본어		TOEFL iBT 또는 IELTS 점수 필요. 소논문을 출원서류 와 함께 제출	
	프랑스	○										
	독일	○										
	아시아	○										
경제	경제	○				1					TOEFL iBT 또는 IELTS 점수 필요	
경영	경영	○									TOEFL iBT 또는 IELTS 점수 필요. 소논문을 출원서류 와 함께 제출	
법	법률	○										
종합정책	종합정책	○				2						
이공	소프트웨어공학	○				2						
	시스템수리	○										
	전자정보공학	○										
	기계전자공학	○				2						
국제교양	국제교양	○										https://www.nanzan-u.ac.jp/admission/nyushi/shubetsu/download.html

(교토)

교토외국어대학 (京都外国語大学)

| 외국어학부 | 일본어학과 | ○ | | | | | | 일본유학시험「일본어」
(기술 제외) 또는 일본어
능력시험 N1 수험할 것 | | | 영어 이수 상황을 확인할 수 있는 고등학교 성적증명
서나 영어 검정시험(TOEIC, TOEFL, IELTS 등) 증명서 | 입시홍보과
+81-75-322-6035
global@kufs.ac.jp
http://www.kufs.ac.jp/en/faculties/index.html |
| 국제공헌학부 | 글로벌관광학과 | ○ | | | | | | 일본유학시험「일본어」
(기술 제외) 200점 이상
또는 일본어능력시험
N2 합격 | | | (점수) 필요 | |

학부	학과	과목						과목선택 특기사항	기초학력		현지시험	비고	문의처
		문리병원	문화학	이과	이과과목선택	종합과목	수학		출제언어 일본어	영어			
교토세이카대학 (京都精華大学)													
국제문화학부	인문학과		○								실기·면접		입학그룹 +81-75-702-5100 nyushi@kyoto-seika.ac.jp
	글로벌스터디즈학과		○										
미디어표현학부	미디어표현학과		○										
예술학부	조형학과		○										
디자인학부	일러스트학과		○								실기·면접		입학그룹 +81-75-702-5100 nyushi@kyoto-seika.ac.jp
	비주얼디자인학과		○										
	제품디자인학과		○										
	건축학과		○										
	인간환경디자인프로그램학과		○										
만화학부	만화학과, 애니메이션학과		○										http://www.kyoto-seika.ac.jp/
교토첨단과학대학 (京都先端科学大学)													
공학부	기계전기시스템공학과				타과목자유선택		자유×9월입학생만대상	자유선택			면접	TOEFL iBT, IELTS, PTE 또는 Duolingo English Test 점수 필요	국제오피스 +81-75-496-6221 intl@kuas.ac.jp
교토노틀담여자대학 (京都ノートルダム女子大学)													
국제언어문화학부	영어영문학과		○								면접		국제교육과 +81-75-706-3746 international@ml.notredame.ac.jp
	국제일본문화학과		○								구두시험		
현대인간학부	생활경영학과		○								면접		http://www.notredame.ac.jp/ms/ryugakuse.html
	심리학과		○										
도시샤대학 (同志社大学)													
신학부	신학과		○								구두시험		
문학부	영문학과, 철학과, 미학예술학, 문화사학, 국문학과		○		*						I기: 구두시험 II기: 서류선고만		
사회학부	사회, 사회복지, 미디어, 산업관계, 교육문화학과		○		*			* 표시중 1과목 선택			면접	TOEFL-iBT, TOEIC, IELTS(Academic Module) 중 하나 필요	국제센터 유학생과 국제입학계 +81-75-251-3257 ji-intad@mail.doshisha.ac.jp
법학부	법률, 정치학과		○		○		2				면접		
경제학부	경제학과		○		○						I기: 구두시험 II기: 면접		
상학부	상학과		○		○						I기: 연접 II기: 서류선고만		
정책학부	정책학과		○		○						구두시험		
문화정보학부	문화정보학과		*		*		2	* 표시중 1과목 선택					
이공학부	전기공학과, 전자공학과, 기계시스템공학과, 기계이공학과, 인텔리전트정보공학, 정보시스템디자인, 기능분자·생명화학, 화학시스템공학, 환경시스템학, 수리시스템학과				○	○	○	2과목자유선택	일본어		구두시험		https://intad.doshisha.ac.jp/japanese_program/guide_entrance_exam.html
생명의과학부	의공, 의정보, 의생명시스템학과				○	○	○	2					
스포츠건강과학부	스포츠건강과학과		*		*			* 종합과목·수학(코스) 또는 이과(자유선택) 중 1과목 선택					
심리학부	심리학과		○								구두시험		
글로벌커뮤니케이션학부	글로벌커뮤니케이션학과 (일본어코스)		○								구두시험·소논문		
글로벌지역문화학부	글로벌지역문화학과		○								구두시험		

제5장 일본유학시험

학부	학과	일본어	물리	화학	생물	이과 과목선택	과목 종합과목	과목 수학	과목선택 특기사항	기초학력 출제언어 일본어	기초학력 영어	현지시험	비고	문의처
리츠메이칸대학 (立命館大学)														
법학부	법학과	○					*	*						리츠메이칸대학 BKC국제교육센터 +81-77-561-3946 cger-bkc@st.ritsumei.ac.jp
산업사회학부	현대사회학과	○					*	*						
국제관계학부	국제관계학과	○					*	*						
정책과학부	정책과학과	○					*	*						
문학부	인문학과	○					*	*						
영상학부	영상학과	○						○	코스 자유					
경제학부	경제학과	○					*	*						
경영학부	경영학과, 국제경영학과	○					*	*	*종합과목 수학(코스1 또는 코스2) 중 택1			면접	영어 외부자격시험 성적 증명서	리츠메이칸대학 BKC국제교육센터 +81-77-561-3946 cger-bkc@st.ritsumei.ac.jp
스포츠건강과학부	스포츠건강과학과	○					*	*					영어 외부자격시험 성적 증명서	
종합심리학부	종합심리학과	○					*	*					영어 외부자격시험 성적 증명서	
식매니지먼트학부	식매니지먼트학과	○	○	○		2과목자유선택		2	*종합과목 수학(코스1 또는 코스2) 중 택1			면접	영어 외부자격시험 성적 증명서	
약학부	약학과	○	○	○				2		자유선택				
이공학부	수리과학과, 물리과학과, 전기전자공학과, 전자정보공학과, 기계공학과, 로보틱스학과, 건축도시디자인학과, 환경도시공학과	○	○	○				2		자유선택				
정보이공학부	정보이공학과	○	○	○	○	2과목자유선택		2						
생명과학부	응용화학과, 생물공학과, 생명정보학과, 생명의과학과	○	○	○	○	2과목자유선택		2					영어 외부자격시험 성적 증명서	http://itsnet.ritsumei.jp/
오사카관광대학 (大阪観光大学)														
관광학부	관광학과	○										면접		입시홍보과 +81-72-453-8222 nyushikoho@tourism.ac.jp http://www.tourism.ac.jp/nyusi/
국제교류학부	국제교류학과	○											편입학만 해당	
오사카경제법과대학 (大阪経済法科大学)														
경제학부	경제학과(1학년 입학)	○					*종합과목 수학 중 택1			자유선택				입시과 +81-72-943-7760 nyushi@keiho-u.ac.jp
	경제학과(3학년 입학)	○												
경영학부	경영학과(1학년 입학)	○					*종합과목 수학 중 택1			자유선택				
	경영학과(3학년 입학)	○												
법학부	법률학과(1학년 입학)	○					*종합과목 수학 중 택1			자유선택				
	법률학과(3학년 입학)	○					*종합과목 수학 중 택1			자유선택				http://www.keiho-u.ac.jp/
오사카국제대학 (大阪国際大学)														
경영경제학부	경영학과	○					○						서류심사 및 전화나 온라인으로 면접을 실시(변경정 있음)	국제교류과 +81-6-6907-4306 adkokusai@oiu.jp
	경제학과	○					○							
국제교양학부	국제커뮤니케이션학과	○					*							
	국제관광학과	○												
인간과학부	심리커뮤니케이션학과	○												
	인간건강과학과	○												
	스포츠행동학과	○												https://www.oiu.ac.jp/gaiyo/pdf/pre_arrival_admission_eju.pdf
오사카산업대학 (大阪産業大学)														
국제학부	국제학과	○												입시센터 +81-72-875-3001 nyushi@cnt.osaka-sandai.ac.jp
경영학부	경영, 상학과	○												
경제학부	경제, 국제경제학과	○												
디자인 공학부	건축, 환경 디자인학과	○					종합과목 수학이 코득 점과목	2	일본어					
	정보시스템학과, 환경이공학과	○						2						
공학부	기계공학과	○						2						
	교통기계공학과	○						2						
	도시창조공학과	○						2						
	전자정보통신공학과	○						2						https://edu.career-tasu.jp/p/digital_pamph/frame.aspx?id=7535800-2-10&FL=0

일본 유학으로 성공하기

학부	학과	이과 물리	이과 화학	이과 생물	이과 지학	이과과목선택	종합과목	수학	과목선택 특기사항	기초학력 출제언어 일본어/영어	현지시험	비고	문의처
간사이대학 (関西大学)													
법학부	법학과						○					TOEFL iBT 또는 TOEIC L&R 점수 필요	입시센터 입시·고대점숙고름 +81-6-6368-1121 rgs@ml.kandai.jp http://www.nyusi.kansai-u.ac.jp/
경제학부	경제학과						○						
정책창조학부	정책학과, 국제아시아학과					*		*	*종합과목, 수학(코스1) 또는 이과(자유선택) 중 1과목 선택				
사회안전학부	안전매니지먼트학과					*		*	*종합과목 또는 이과(자유선택) 중 1과목 선택				
시스템이공학부	수 물리이공, 기계공, 전기전자정보공학과	○	○	○				2					
환경도시시공학부	건축, 도시시스템공, 에너지환경·화학공학과	○	○	○				2					
화학생명공학부	화학물질공학과	*	○			*화학은 필수		2	*이과(물리, 생물) 중 과목 선택				
	생명·생물공학과		○	○				2					
긴키대학 (近畿大学)													
법학부	법학과						○			일본어			글로벌퀘이션센터 +81-6-4307-3081 isc@itp.kindai.ac.jp https://www.kindai.ac.jp/campus-life/international-exchange/foreign-student/exam/
경제학부	경제, 국제경제, 종합경제정책학과	○	○	○		2과목자유선택		1		일본어		TOEFL 점수 필요	
이공학부	이, 생명화, 응용화, 기계공, 전기전자통신공, 사회환경공, 에너지물질학과	○	○	○				2		일본어		TOEFL 점수 필요	
건축학부	건축학과	○	○	○				2		일본어		TOEFL 점수 필요	
문예학부	문화과(일본문학전공(창작·평론코스·언어·문학코스), 문화·역사학과·문화디자인학과, 문화과(영어영미문학전공))						○			영어		TOEFL 점수 필요	
종합사회학부	종합사회학과(사회·메스미디어계전공·심리계전공, 환경·도시성계전공)	*					*	코스자유	종합과목 또는 수학(코스1) 중 하나 선택 점수 필요	일본어	온라인, 구두시험	TOEFL, TOEIC, IELTS, 영어검정시험, 국제연합영어검 정시험 중 하나의 점수 필요	
국제학부	국제학과(글로벌전공·동아시아전공(중국어코스, 한국어코스))	○	○	○				2		일본어		TOEFL 점수 필요	
정보학부	정보학과	○	○	○		2과목자유선택		2		일본어		TOEFL, TOEIC, IELTS, 영어검정시험, 국제연합영어검 정시험 중 하나의 점수 필요	
농학부	농업생산과학, 수산, 응용생명화, 식품영양(관리영양사양성), 환경관리, 생물기능과학과	○	○	○		2과목자유선택		2		일본어			
생명이공학부	생물공, 식품안전공, 인간환경디자인공, 유전자공, 생명정보공, 의생명공학과	○	○	○		1과목자유선택		2		일본어			
공학부	화학생명공, 기계공, 로보틱스, 전자정보공, 정보, 건축학과	○	○	○				2		일본어			
산업이공학부	생명환경화학과	○	○	○				코스자유		일본어			
	전기전자공, 건축·디자인학과	○	○	○				코스자유		일본어			
	경영비즈니스학과						○		*	일본어			
고베이료미래대학 (神戸医療未来大学)													
인간사회학부	경영복지비즈니스학과						○			일본어			오사카키엔노지캠퍼스 +81-6-6776-8171 osaka@sw.kinwu.ac.jp http://www.kinwu.ac.jp/nyushi/ryugakusei.html?pid=18319
모모야마 가쿠인 대학 (桃山学院大学)													
경제학부	경제학과						○	*	종합과목 또는 수학 중 선택	일본어	면접	현지에서 온라인 면접	입시과 +81-725-54-3131 nyushi@andrew.ac.jp https://www.andrew.ac.jp/nyushi/
사회학부	사회복지학과						○	*		일본어			
	소셜디자인학과						○	*		일본어			
경영학부	경영학과						○	*		일본어			
국제교양학부	영어·국제문화학과						○	*		일본어			
법학부	법학과						○	*		일본어			

● 제5장 일본유학시험 ●

학부	학과	과목						과목선택 특기사항	기초학력 출제언어 일본어/영어	현지시험	비고	문의처
		종합 과목	이과 과목	수학								

오테마에대학 (大手前大学)

학부	학과											
국제일본학부	국제일본학과	○							일본어	필기, 면접		국제교류센터 +81-798-32-5018 kokusai@otemae.ac.jp http://www.otemae.ac.jp
건축·예술학부	건축·예술학과	○										
현대사회학부	현대사회학과	○										

간세이가쿠인대학 (関西学院大学)

법학부	법률학과	○			1				일본어	면접	TOEIC®TEST (TOEIC IP®TEST 포함), TOEFL®TEST (TOEFL ITP®TEST, TOEFLiBT®TEST), IELTS 중 시험을 수험할 것	국제교육협력센터 +81-798-51-0952 intl-admissions@kwansei.ac.jp
경제학부	경제학과	○			자유							
상학부	상학과		○									
인간복지학부	사회복지학과, 사회기업학과, 인간과학과	○							일본어		*별도영어학시험을 위한 입시 제도 있음	
국제학부	국제학과	○							일본어/영어*			
교육학부	교육학과	○							일본어			
종합정책학부	종합정책학과, 미디어정보학과, 도시정책학과, 국제정책학과	○										
이학부	수리과학과, 물리·우주학과, 화학과	○	○	○	2	2과목자유선택			일본어		TOEIC®TEST (TOEIC IP®TEST 포함), TOEFL®TEST (TOEFL ITP®TEST, TOEFLiBT®TEST), IELTS 중 시험을 수험할 것	https://www.kwansei.ac.jp/index.html
공학부		○	○	○	2							
생명환경학부	생명의과학과, 생명의료과학과, 환경응용화학과	○	○	○	2							
건축학부	건축학과	○	○	○	2							

고베국제대학 (神戸国際大学)

| 경제학부 | 경영경제, 국제문화비지니스·관광학과 | ○ | | | | | | | | 소논문, 면접 | JLPT: N2 상당의 합격자는 소논문면제 | 입시홍보센터
+81-78-845-3131
nyushi@kobe-ku.ac.jp
http://www.kobe-ku.ac.jp |

중국, 인도네시아, 베트남등에서 현지시험 있음

유통과학대학 (流通科学大学)

상학부		○	○		*	2과목자유선택					일본어과목은 필수 종합과목, 수학, 이과에서 고득점과목 1과목 채용	입시부 담당자 078-794-2231 UMDS_Nyushi1@red.umds.ac.jp
		○	*	*	*							
		○	*	*	*							
		○	*	*	*							
		○	*	*	*	수학 코스1, 2 자유선택						
		○	*	*	*							

오카야마이과대학 (岡山理科大学)

이학부	응용수학과	○	○	○	2				자유선택	Skype 면접		입시홍보부 +81-86-256-8415 nyushi@office.ous.ac.jp
	기초이학과	○	○	○	2	2과목 자유선택						
	물리학과	○	○	○	2							
	화학과	○	○	○	2							
	동물학과	○	○	○	2							
	임상생명과학과	○	○	○	2	2과목 자유선택						
공학부	기계시스템공학과	○	○	○	2	타과목자유선 택						
	전기전자시스템학과	○			2							
	정보공학과	○	○	○	2							
	응용화학과	○	○	○	2	2과목 자유선택					·시험회장 지정 있음	https://www.ous.ac.jp/
	건축학과	○	○	○	2							
	생명과학과	○	○	○	2							
정보공학부		○	○	○	2	타과목자유선 택						
생명과학부	생명의료학과	○	○		자야							
	생물과학과	○	○		자야							
교육학부	초등교육학과	○			자야							
	중등교육학과	○			자야							
경영학부	경영학과	○			자야							
수의학부	수의학과	○	○	○	2	2과목 자유선택						
	수의보건간호학과	○	○	○	1	이과 2과목, 종합과목 중 1과목 선택						
에듀브리니지코스		*	*	*	*							

일본 유학으로 성공하기

학부	학과	이과				과목			기초학력 출제언어 일본어 영어	현지시험	비고	문의처
		물리	화학	생물	이과과목선택	종합과목	수학	과목선택 특기사항				

히로시마경제대학 (広島経済大学)

학부	학과											
경제학부	경제학과					○		*종합과목 수학(코스자유) 유. 중 택1	일본어			국제교류센터 +81-82-871-1002 int-sc@hue.ac.jp http://www.hue.ac.jp/exam/ot_unter/index.html
경영학부	경영학과, 스포츠경영학과					○						
미디어비즈니스학부	비즈니스정보학과, 미디어비즈니스학과					*	*					

※학부 수속시 보증인(보호자) 및 국외 거주자 일본국내 거주자의 긴급연락처가 필요합니다.

시코쿠대학 (四国大学)

학부	학과											
문학부	일본문학과					○		※일본어 과목 일본어(기술), 영·역 중 의. 220점 이상	일본어			입시과 +81 88-665-9908 ce-nyushi@shikoku-u.ac.jp
	서예문화학과					○			자유선택	Web면접		국제과 +81 88-665-9911 kokusai@shikoku-u.ac.jp
	국제문화학과	*	*	*	*						*이 중 1과목 선택 (이과는 과목, 수학은 코스 상관없음)	
경영정보학부	경영정보학과	*	*	*	*				일본어			
	미디어정보학과	*	*	*	*							
생활과학부	인간생활과학과	*	*	*	*			※일본어 과목 일본어(기술), 영·역 중 의. 220점 이상			*이 중 1과목 선택 (이과는 과목, 수학은 코스 상관없음)	입시과 +81 88-665-9908 ce-nyushi@shikoku-u.ac.jp
	건강영양학과	*	*	*	*							국제과 +81 88-665-9911 kokusai@shikoku-u.ac.jp
	아동학과					○			일본어	Web면접		
간호학부	간호학과					○		(독해, 청해·청독해, 「기술(표제)」과제 합계가				https://www.ous.ac.jp/

토쿠시마분리대학 (德島文理大学)

학부	학과											
약학부	약학과	○	○	○	○							교무부 +81-88-602-8700 nyushi-g@tks.bunri-u.ac.jp
	심리					○						
인간생활학부	건축디자인						코스 자유					
	인간생활					○						
	미디어디자인학과					○						
	아동학과					○						
보건복지학부	간호학과	*	*	*	*		코스 자유	*이과(화학 또는 생물) 수학에서 1과목 선택	일본어			
	이학요법학과			*	* 고득점 1과목		이과 및 수학 2과목 선택					
	구강보건학과			*	*		코스 자유	*1과목 선택				
종합정책학부	종합정책학과					○		*종합과목, 수학에서 1 과목 선택	일본어			교무부 +81-88-602-8700 nyushi-g@tks.bunri-u.ac.jp
음악학부	음악학과						코스 자유	실기(YouTube에 동영 상 업로드)				
카가와약학부	약학과	○	○	○	○							
이공학부	나노물질공학과					○						
	기계전자공학과					○						
	전자정보공학과					○						
문학부	문화재학과					○						
	일본문학과					○						
	영어영미문화학과					○						
전학부	전학과										편입학 및 AO입시(모두 온라인면접 대상자) 및 DD프 로그램 및 지정교	https://www.jasso.go.jp/ryugaku/study/eju/examinee/prearrival/uni_national.html

마쓰야마대학 (松山大学)

학부	학과											
경제학부	경제학과					○			일본어	서류심사	TOEFL또는 TOEIC의 점수가 필요	국제센터 +81-89-926-7148 mu-international@matsuyama-u.ac.jp http://www.matsuyama-u.ac.jp/soshiki/116/youkou-ryugaku.html
경영학부	경영학과					○						
법학부	법학과					○						

제5장 일본유학시험

학부	학과	과목 이과과목선택	종합과목	수학	과목선택 특기사항	기초학력 출제언어 일본어/영어	필지시험	비고	문의처
규슈오기나와									
일본경제대학 (日本経済大学)									
경제학부	경제	○	○			일본어			교무부 교무과 +81-92-921-9811 admnt@fk.jue.ac.jp http://www.jue.ac.jp
경영학부	건강스포츠경영 / 경영비즈니스 / 예정표로듀스	○ ○ ○	○ ○ ○				필기·면접·서류심사		
갓스이여자대학 (活水女子大学)									
음악학부	음악학과	○				일본어		연주표현코스는 지정과제의 녹음CD	
건강생활학부	식생활건강학과 / 생활디자인학과 / 아동학과	○ ○ ○	○ ○ ○	1	2과목자유선택				국제교류유학센터사무실 +81-95-820-6024 intersec@kwassui.ac.jp
	영어학과	○						TOEFL 또는 TOEIC	
	국제문화학과	○						TOEFL(ITP 포함), TOEIC(IP 포함) IELTS 중 하나 필요	
									http://kwassui-int.ac.jp/international-servicesandspecialacademicprogramsforinternationalstudents/
나가사키국제대학 (長崎国際大学)									
인간사회학부	국제관광학과	○					필기, 면접	EJU일본어 200점이상 취득자, 또는 JLPT N2이상합격자는 필기시험 면제 (※ 평일학은 필기시험 실시)	국제교류·유학생지원센터 +81-956-20-5677 kokusai@niu.ac.jp
	사회복지학과	○							
	약학과	○		2	타 1과목자유선택	일본어		·EJU일본어 200점이상 취득자, 또는 JLPT N2이상합격 ·지정교 이외: EJU 이과, 수학의 성적 및 면접 ·지정교: 문과 독자 시험(소논문, 수학, 화학) 및 면접	국제교류·유학생지원센터 +81-956-20-5677 kokusai@niu.ac.jp
			이과 2과목과 수학의 성적이 600점 만점에 420점 이상인 자 (이과 2과목은 각각 200점 만점으로 환산)						http://www.niu.ac.jp
리츠메이칸아시아태평양대학(APU) (立命館アジア太平洋大学)									
아시아태평양학부	아시아태평양학과	○				자유선택		원격으로 면접 실시	어드미션즈·오피스(국제) +81-977-78-1119 welcome@apu.ac.jp
국제경영학부	국제경영학과	○							
지속가능성관광학부	지속가능성관광학과	○							http://admissions.apu.ac.jp/
수료학부만 선택 가능(어드미션독이과목 1과목 이상 수험)									
오키나와대학 (沖縄大学)									
경법상학부	경법상학과	○					면접·소논문		입시홍보실 +81-98-832-3270 adpr@okinawa-u.ac.jp http://okidai-pass.jp/requirements/pre-arrival/
인문학부	국제커뮤니케이션학과 / 복지문화학과	○ ○							

< 전문직대학 >

[사립]
(간토)

학부	학과								
정보경영이노베이션전문직대학 (情報経営イノベーション専門職大学)									
정보경영이노베이션학부	정보경영이노베이션학과	○							어드미션 유닛 +81-3-5655-1555 ad_unit@i-u.ac.jp https://www.i-u.ac.jp

단기 대학

[사립]

(도호쿠)

삿포로국제대학 (札幌国際大学短期大学部)

학부	학과	일본문화리학	이과	종합과목	수학	이과과목선택	과목선택 특기사항	기초학력 출제언어 일본어	기초학력 출제언어 영어	현지시험	비고	문의처
종합생활커리어학과		○										국제과 +81-11-885-8844 siu-ec@ad.siu.ac.jp https://www.siu.ac.jp/upbeat/admission/international/
유아교육보육학과		○										

동북문교대학 단기대학부 (東北文教大学短期大学部)

| 현대복지학과 | | ○ | | | | | | | | 협정교만 Skype 이용한 면접 | | 입시홍보센터 +81-23-688-2296 go@t-bunkyo.ac.jp |

(간토)

국학원대학도치기단기대학 (國學院大學栃木短期大学)

| 일본문화학과 | | ○ | | | | | | | | 문장표현(I, II), 면접 | | 국제교류담당 +81-282-22-5511 shien@kokugakuintochigi.ac.jp |

한국어 지정교원

테이쿄대학 단기대학 (帝京大学短期大学)

| 인간문화학과 | | ○ | | | | | | | | 면접 | 한국, 베트남에서 현지면접시험 있음 | 본부입시실 입시기획실 +81-42-678-3317 t-nyushi@main.teikyo-u.ac.jp https://www.teikyo-u.ac.jp |
| 현대비즈니스학과 | | ○ | | | | | | | | | | |

(주부)

(간키)

오테마에단기대학 (大手前短期大学)

| 라이프디자인종합학과 | | ○ | | | | | | | | 필기, 면접 | | 국제교류센터 +81-798-32-5018 kokusaic@otemae.ac.jp http://college.otemae.ac.jp |

(주고쿠·시코쿠)

시코쿠대학단기대학부 (四国大学短期大学部)

비즈니스커뮤니케이션과		○					※일본어과목 「일본어「기술」영역」제외) 200점 이상	일본어		Web면접		입시과 +81 88-665-9908 ce-nyushi@shikoku-u.ac.jp
인간건강과 식품영양전공		○										국제과 +81 88-665-9911 kokusai@shikoku-u.ac.jp
인간건강과 요병복지전공		○										
유아교육보육과		○										

토쿠시마문리대학단기대학부 (徳島文理大学短期大学部)

상과		○										교무과 +81-88-602-8700 nyushi-g@tokushima.bunri-u.ac.jp
언어커뮤니케이션학과		○										
생활과학과 생활과학전공		○										
생활과학과 식품전공		○										
보육과		○										
음악과		○								실기 (YouTube에 동영상 업로드)		
전학과		○								지정교 및 AO입시 온라인면접 대상자		

(규슈·오키나와)

사가여자단기대학 (佐賀女子短期大学)

| 지역미래학과 | | ○ | | | | | | | | | | 어드미션 오피스 +81-952-23-5145 nyushi@asahigakuen.ac.jp http://www.asahigakuen.ac.jp/sajotan/ |

제5장 일본유학시험

학부	학과	과목					기초학력 출제언어	현지시험	비고	문의처
		입물학생리화학	이과 종합과목 수학	이과과목선택	과목선택 특기사항		일본어 영어			
니시큐슈대학 단기대학부 (西九州大学短期大学部)										
지역생활지원학과		○								입시홍보과 +81-952-37-9616 nvusi-ic@nisikyu-u.ac.jp https://www.nisikyu-u.ac.jp/junior_college/
나가사키단기대학 (長崎短期大学)										
국제커뮤니케이션학과, 식물학과, 보육학과		○								입시모집취진센터 +81-956-47-5566 nvushi@njc.ac.jp http://www.njc.ac.jp/files/pdf/internationalstudent2016.pdf

▶ 대학원 ◀

[사립]
[홋카이도·도호쿠]

아오모리중앙학원대학 (青森中央学院大学)

| 지역매니지먼트연구과 | | ○ | | | | | | 필기, 면접 | | 국제교류과
+81-17-728-0131
international@aomoricau.ac.jp |

한국, 대만, 태국, 베트남, 말레이시아는 현지시험을 실시한다.

[간토]

게이오대학 (慶應義塾大学)

| 법학연구과 | | ○ | | | | | | | | 미타학생부 대학원입시담당
+81-3-5427-1713
grad-admission@adst.keio.ac.jp
http://gradadmissions.keio.ac.jp/ryu-hou.html |

와세다대학 (早稲田大学)

| 경제학연구과 4월 입학 (1년차) | | ○ | | | | | | | | 와세다대학원경제학연구과사무소
+81-3-3208-8560
gse-ml@list.waseda.jp |
| 경제학연구과 가을입학 (1년차) | | ○ | | | | | | | | |

[주부]

사업창조대학원대학 (事業創造大学院大学)

| 사업창조연구과 | 사업창조전공 | ○ | | | | | | 면접 서류심사, 기술 | | 입시사무실
+81-25-255-1250
info@jigyo.ac.jp
https://www.jigyo.ac.jp/admission/application/ |

니가타의료복지대학 (新潟医療福祉大学)

| 의료복지학연구과 | | ○ | | | | | | 소논문, 면접 | | 국제교류센터
+81-25-257-4500
kokusai@nuhw.ac.jp
https://www.nuhw.ac.jp/grad/ |

[간사이]

오테마에대학 (大手前大学)

| 비교문화연구과 | 비교문화전공 | | | | | | | | | 국제교류센터
+81-798-32-5018
kokusaic@otemae.ac.jp |

[주고쿠·시코쿠]

히로시마경제대학 (広島経済大学)

| 경제학연구과경영학공박사전기과정 후기과정 | | ○ | | | | | | | | 국제교류교류센터
+81-82-871-1002
int-sc@hue.ac.jp
http://www.hue.ac.jp/exam/ot_inter/index.html |

입학 수속 시 입증(재조지)자와 국외거주자 일본국외주자는 긴급연락처가 필요합니다. 박사전기과정은 학사학위기과정은, 박사후기과정은 석사학위기과정은 필수단위를 제출

(주)해외교육사업단

일본 유학으로 성공하기

전수학교 ▶

[사립]

(홋카이도·도호쿠)

학부	학과	이과 이과과목선택	과목 물리화학생물	과목수 종합과목	수학	과목선택 특기사항	기초학력 출제언어 일본어 영어	현지시험	비고	문의처
삿포로뮤직&댄스·방송전문학교 (札幌ミュージック&ダンス·放送専門学校)										
	슈퍼엔터테인먼트, 음악비즈니스과, 음악테크놀로지과	○						면접		지케이국제교류COM +81-3-5679-5644 icic@jikeicom.jp http://www.jikei.asia/com/jp/index.html
삿포로디자인&테크놀로지전문학교 (札幌デザイン&テクノロジー専門学校)										
	AI&테크놀로지과, 디지털테크놀로지과, 크리에이티브디자인과	○						면접		지케이국제교류COM +81-3-5679-5644 icic@jikeicom.jp http://www.jikei.asia/com/jp/index.html
센다이이이이건·스포츠전문학교 (仙台医健·スポーツ専門学校)										
	스포츠매니지먼트크리에이트레이너과, 이학요법과, 유도정복과, 시능훈련과	○						면접		지케이국제교류COM +81-3-5679-5644 icic@jikeicom.jp http://www.jikei.asia/com/jp/index.html
센다이ECO동물해양전문학교 (仙台ECO動物海洋専門学校)										
	에코·테크놀로지과, 에코·커뮤니케이션 (3년), 에코·커뮤니케이션 (2년)	○						필기, 면접		지케이국제교류COM +81-3-5679-5644 icic@jikeicom.jp http://www.jikei.asia/com/jp/index.html
센다이스쿨오브뮤직&댄스전문학교 (仙台スクールオブミュージック&ダンス専門学校)										
	슈퍼엔터테인먼트, 파포밍아트과, 음악엔터테인먼트과	○						필기, 면접		지케이국제교류COM +81-3-5679-5644 icic@jikeicom.jp http://www.jikei.asia/com/jp/index.html
센다이디자인&테크놀로지전문학교 (仙台デザイン&テクノロジー専門学校)										
	슈퍼크리에이터과, 크리에이티브커뮤니케이션과	○						필기, 면접		지케이국제교류COM +81-3-5679-5644 icic@jikeicom.jp http://www.jikei.asia/com/jp/index.html

(간토)

수도의교 (首都医校)

학부	학과							현지시험	비고	문의처
의료4년제학부<고도전문사>	고도임상공학학과, 고도전문사간호학과, 고도진료보건학과, 고도작업요법학과							작문·면접	ONLINE 입학시험(작문·면접) 실시	입학상담실 +81-3-3346-3000 nyugaku.tokyo@iko.ac.jp https://www.iko.ac.jp
의료3년제학부<전문사>	구급구명학과, 실천간호학과 I, 실천건강학과 II, 치과위생학과, 침구과, 유도정복학과									
의료2년제학부<전문사>	언어청각학과, 예술테라피디자인학과, 요양복지학과									
의료1년제학부	임상공학기사학과, 조선사학과, 정신보건복지사학과, 사회복지사학과, 요양복지학과									
전문학교 ESP엔터테인먼트 도쿄 (専門学校ESPエンタテインメント東京)										
	음악아티스트, 예능탤런트, 음악예능스탭, 피아노조율 관리기, 기타리페어프로 3년제, 기타크래프트 3년제	○						필기·면접		국제교류센터 +81-3-3368-9123 ryugaku@esp.ac.jp https://www.esp.ac.jp/language/entrance/
전문학교도쿄아나운스학원 (専門学校東京アナウンス学院)										
	방송성우과	○						필기·면접		유학생어 유학생입학상담실 +81-3-3378-7531 kimusan.tokyo@tohogakuen.ac.jp inter@tohogakuen.ac.jp http://www.tohogakuen.ac.jp/visitor/abroad/guidelines/flow.php
	전속크리에이터과	○						필기·면접		
	연기과	○						필기·면접 있음	한국, 대만, 중국, 그 외 온라인으로 현지 시험을 실시	
	아나운서과	○								
	슈퍼포츠과	○								

제5장 일본유학시험

학부	학과	과목 이과과목선택	과목 일본・물리・화학・생물	종합과목	수학	과목선택 특기사항	기초학력 출제언어 일본어/영어	현지시험	비고	문의처
전문학교 도쿄 쿨 재팬 (専門学校東京クールジャパン)										입학상담실 +81-3-3401-9701 info@cooljapan.ac.jp https://www.cooljapan.ac.jp/entry/overseasentry/
	게임종합		○					면접		
	애니메이션 종합		○							
전문학교 도쿄 디자이너학원 (専門学校東京デザイナー学院)										유학생센터 +81-3-3292-0661 sol@tdg.ac.jp
	그래픽디자인		○							
	영상디자인		○							
	일러스트레이션		○					면접		
	만화		○							
	제품디자인		○							
	인테리어디자인		○							
	건축디자인		○							유학생센터 +81-3-3292-0661 sol@tdg.ac.jp
	쥬얼리・메탈아트		○					면접		
	패션・메이크업		○							
	피규어디자인		○							http://www.tdg.ac.jp
전문학교 도쿄 비주얼아트 (専門学校東京ビジュアルアーツ)										유학생과 +81-3-3221-0206 international-info@tva.ac.jp
	사진학과		○							
	영상학과		○							
	음악종합학과		○						서류전형, 면접 있음	
	특수메이크업학과		○							
	매스컴출판・예능학과		○							
	파충양서류학과		○							
	댄스학과		○							http://www.tva.ac.jp
전문학교 뮤지션즈・인스티튜트 도쿄 (専門学校ミュージシャンズ・インスティテュート東京)										국제교류센터 +81-3-3368-9123 ryuaku@esp.ac.jp
	뮤지션학과							필기, 면접	웹으로 입학시험(필기)・면접 실시	
									https://www.esp.ac.jp/m/wp-content/themes/mitokyo/assets/pdf/requirements.pdf	
도쿄애니메・성우&e스포츠전문학교 (東京アニメ・声優&eスポーツ専門学校)										지케이국제교류COM +81-3-5679-5644 jcc@jikeicom.jp
	슈퍼테크놀로지과(3년), 슈퍼테크놀로지과(4년)		○					면접		http://www.jikei.asia/com/jp/index.html
도쿄애니메이션컬리지전문학교 (東京アニメーションカレッジ専門学校)										입학사무국 +81-3-5332-3056 info@tokyo-anime.jp
	종합: 애니메이션, 만화・일러스트, 성우		○					면접	온라인으로 면접전형 실시	https://www.tokyo-anime.jp/gansho/
TCA도쿄ECO동물해양전문학교 (TCA東京ECO動物海洋専門学校)										지케이국제교류COM +81-3-5679-5644 jcc@jikeicom.jp
	에코・이노베이션과		○							
	슈퍼테크놀로지과(3년)		○					필기시험・면접		
	슈퍼테크놀로지과(2년)		○							http://www.jikei.asia/com/jp/scholarship/index.html
도쿄관광전문학교 (東京観光専門学校)										국제센터 +81-3-3235-5713 info@tt.ac.jp
	브라이덜학과		○							
	호텔학과		○							
	여행학과		○					면접		
	철도서비스학과		○							
	에어라인인서비스학과		○							
	카페비즈니스학과		○							
	정체디테일학과		○							
	관광비즈니스학과		○							http://www.tt.ac.jp

학부	학과	과목 (일본학생/화학물리/이과/이과과목선택/종합과목/수학/과목선택 특기사항)	기초학력 출제언어 (일본어/영어)	현지시험	비고	문의처
도쿄커뮤니케이션아트전문학교 (東京コミュニケーションアート専門学校)						
슈퍼크리에이터과, 자동차디자인과, 크리에이티브디자인과, e엔터테인먼트과	○			필기, 면접		지케이국제교류COM +81-3-5679-5644 jcic@ikeicom.jp
도쿄스쿨오브비즈니스 (東京スクール・オブ・ビジネス)						
전학과	○			필기, 면접		입학상담실 +81-3-3370-2224 info@tsb-yyg.ac.jp http://www.tsb-yyg.ac.jp
도쿄스쿨오브뮤직&댄스전문학교 (東京スクールオブミュージック&ダンス専門学校)						
슈퍼엔터테인먼트과, 음악테크놀로지과(3년), 프로뮤지션과, 음악테크놀로지과(2년), 댄스&액터즈과	○			면접		지케이국제교류COM +81-3-5679-5644 jcic@ikeicom.jp http://www.jikei.asia/com/jp/index.html
도쿄스쿨오브뮤직전문학교시부야 (東京スクールオブミュージック専門学校渋谷)						
슈퍼엔터테인먼트과, 음악테크놀로지과(3년), 퍼포밍아트과, 음악테크놀로지과(2년)	○			면접		지케이국제교류COM +81-3-5679-5644 jcic@ikeicom.jp http://www.jikei.asia/com/jp/index.html
도쿄댄스・배우&무대예술전문학교 (東京ダンス・俳優&舞台芸術専門学校)						
미디어&테크놀로지과, 슈퍼댄스과	○			면접		지케이국제교류COM +81-3-5679-5644 jcic@ikeicom.jp http://www.jikei.asia/com/jp/index.html
도쿄디자인전문학교 (東京デザイン専門学校)						
비주얼디자인과	○			필기, 면접		입학상담부 +81-3-3497-0701 t-design@tda.ac.jp http://www.tda.ac.jp/entrance/abroad/living_abroad/
도쿄디자인테크놀로지센터전문학교 (東京デザインテクノロジーセンター専門学校)						
슈퍼IT과, IT・디자인과	○			면접		지케이국제교류COM +81-3-5679-5644 jcic@ikeicom.jp http://www.jikei.asia/com/jp/index.html
도쿄배우・영화&방송전문학교 (東京俳優・映画&放送専門学校)						
종합예술과, 영화배우과, 영화제작과	○			면접		지케이국제교류COM +81-3-5679-5644 jcic@ikeicom.jp http://www.jikei.asia/com/jp/index.html
도쿄호텔・관광&호스피탈리티전문학교 (東京ホテル・観光&ホスピタリティ専門学校)						
호스피탈리티매니지먼트과, 호텔&리조트과	○			필기시험・면접		지케이국제교류COM +81-3-5679-5644 jcic@ikeicom.jp http://www.jikei.asia/com/jp/scholarship/index.html
도쿄 MODE학원 (東京モード学園)						
패션디자인(고도전문사), 패션비지니스&태크놀로지학과(고도전문사), 패션디자인, 패션기술, 패션비지니스, 스타일리스트, 인테리어, 그래픽, 메이크업네일,헤어메이크업아티스트, 미용・파리콜로 유학코스, 종합기초	○					입학상담실 +81-3-3344-6000 nyugaku.tokyo@mode.ac.jp http://www.mode.ac.jp

제5장 일본유학시험

학부	학과	과목						기초학력 출제언어 일본어/영어	현지시험	비고	문의처
		일본어	이과		종합	수학	과목선택 특기사항				
			물리 화학 생물	이과과목선택		과목					
동방학원전문학교 (東放学園専門学校)											
방송예술과		○									유학생센터 유학생입학상담실 +81-3-3378-7531 kimusan@tohogakuen.ac.jp inter@tohogakuen.ac.jp http://www.tohogakuen.ac.jp/visitor/abroad/guidelines/flow.php
방송기술과		○							필기・면접 필기면제제도 있음	한국, 대만, 홍콩, 그 외 온라인으로 현지 시험을 실시	
조명크리에이티브과		○									
TV미술과		○									
방송음향과		○									
동방학원영화전문학교 (東放学園映画専門学校)											
영화제작과		○							필기・면접 필기면제제도 있음	한국, 대만, 홍콩, 그 외 온라인으로 현지 시험을 실시	유학생센터 유학생입학상담실 +81-3-3378-7531 kimusan@tohogakuen.ac.jp inter@tohogakuen.ac.jp http://www.tohogakuen.ac.jp/visitor/abroad/guidelines/flow.php
프로모션영상과		○									
애니메이션영상과		○									
애니메이션・CG과		○									
소설창작과		○									
동방학원음향전문학교 (東放学園音響専門学校)											
음향기술과		○							필기・면접 필기면제제도 있음	한국, 대만, 홍콩, 그 외 온라인으로 현지 시험을 실시	유학생센터 유학생입학상담실 +81-3-3378-7531 inter@tohogakuen.ac.jp
음향예술과		○									
HAL 도쿄 (HAL 東京)											
[주간부4년제]게임4년제디자인, 게임기획, CG영상, 그래픽디자인, 일러스트, 애니메이션, 음악, 카다디자인, 고도정보처리, WEB개발, AI시스템개발코스 [주간부2년제]게임, CG, 음악, 정보처리, WEB [주간부1년제]국가자격, 파리교 유학코스											입학상담실 +81-3-3344-1010 nyugaku.tokyo@hal.ac.jp http://www.hal.ac.jp/
외어비지니스전문학교 (外語ビジネス専門学校)											
일본어연구과		○							면접	한국, 대만, 태국 현지면접 실시, 그 외 국가에서는 인터넷으로 면접 실시	일본어연구과 비즈니스일본어학과 jpn@cbc.ac.jp https://www.cbcjpn.jp
비지니스일본어과		○							필기・면접	한국, 대만, 태국에서 현지시험 있음	
(주)											
나고야의건스포츠전문학교 (名古屋医健スポーツ専門学校)											
스포츠매니지먼트테크놀로지과, 스포츠과학과, 유도정복과, 침구과, 이학요법과, 작업요법과, 치과위생사		○							필기・면접		지케이국제그룹COM +81-3-5679-5644 icic@ikeicom.jp http://www.ikeicom/jp/index.html
나고야의전 (名古屋医専)											
의료4년제학부 <고도전문사>	고도임상공학과, 고도간호학과, 고도건강학과, 고도리지료학과, 스포츠과학과, 고도작업요법과	○									입학상담실 +81-52-582-3000 nyugaku.nagoya@iko.ac.jp
의료3년제학부 <전문사>	구급구명학과, 실천간호학과 I, 실천간호학과 II, 치과위생학과, 시종운전학과, 침구학과, 유도정복학과, 진로정보관리학과	○									
의료2년제학부 <전문사>	언어청각학과, 의료비서학과	○									
의료1년제학부	보건사학과, 조산사학과, 정신보건복지사학과, 사회복지사학과	○									

학부	학과	과목				과목선택 특기사항	기초학력 (일본어/영어)	현지시험	비고	문의처
		일본어 문화 역사	이과	종합과목	수학	이과과목선택				

나고야ECO동물해양전문학교 (名古屋ECO動物海洋専門学校)

학과										
에코·커뮤니케이션, 동물의료과, 에코·스페셜리스트과		○						필기, 면접		지케이국제교류COM +81-3-5679-5644 jcic@jikeicom.jp http://www.jikee.asia/com/jp/index.html

나고야스쿨오브뮤직 & 댄스전문학교 (名古屋スクールオブミュージック&ダンス専門学校)

학과										
슈퍼엔터테인먼트과, 음악엔터테인먼트과, 프로뮤지션과, 댄스&액터즈과		○						면접		지케이국제교류COM +81-3-5679-5644 jcic@jikeicom.jp http://www.jikee.asia/com/jp/index.html

나고야디자인&테크놀러지전문학교 (名古屋デザイン&テクノロジー専門学校)

학과										
슈퍼게임크리에이터과, e-sports과, 디지털크리에이터과, 종합만화과		○						필기, 면접		지케이국제교류COM +81-3-5679-5644 jcic@jikeicom.jp http://www.jikee.asia/com/jp/index.html

나고야 MODE학원 (名古屋モード学園)

학과										
패션디자인(고도전문사코스, 종합기초, 패션디자인, 패션기술, 패션비지니스, 스타일리스트, 인테리어, 그래픽, 인테이크업헤어메이크업아티스트, 미용, 파리코 유학코		○								입학상담실 +81-52-582-0001 nyugaku.nagoya@hal.ac.jp http://www.mode.ac.jp

HAL 나고야 (ＨＡＬ名古屋)

학과										
[4년제 전문사, 게임기획, 게임제작자, CG영상, 그래픽디자인, 일러스트, 음악, 애니메이션, 카디자인, 고도정보처리, WEB개발, AI시스템개발코스] [2년제 게임, CG, 음악, 정보처리, WEB] [1년제 국가자격, 파리코 유학코스]		○								입학상담실 +81-52-551-1001 nyugaku@hal.nagoya.ac.jp http://www.hal.ac.jp

(리기)

교토의건전문학교 (京都医健専門学校)

학과										
스포츠매니지먼트테크놀로지과		○						필기, 면접		지케이국제교류COM +81-3-5679-5644 jcic@jikeicom.jp
스포츠과학과		○						필기, 면접		
유도정복과		○						필기, 면접		
구명구급과		○						필기, 면접		
이학요법과		○						필기, 면접		
작업요법과		○						필기, 면접		
시능훈련과		○						필기, 면접		
토털뷰티과		○						필기, 면접		

교토컴퓨터학원 가모가외교 (京都コンピュータ学院 鴨川校)

학과										
아트 · 디자인학계 4월입학	예술정보학과, 아트 · 디자인학과, 아트 · 디자인기초과, 만화 · 애니메이션학과			○				면접		유학생입학사무실 +81-075-681-6334 admissions@kcg.ac.jp https://www.kcg.ac.jp/admission/a2023/

교토컴퓨터학원 교토에키마에교 (京都コンピュータ学院 京都駅前校)

학과										
비즈니스학계 4월입학	경영정보학과, 응용정보학과, 비즈니스기초과, 의료사무과			○				면접		유학생입학사무실 +81-075-681-6334 admissions@kcg.ac.jp https://www.kcg.ac.jp/admission/a2023/
컴퓨터사이언스학계 4월입학	정보학과, 미디어정보학과, 네트워크학과, 정보처리과			○						
디지털 게임학과 4월입학	게임학과, 게임개발학과, 게임개발기초과			○						
정보커뮤니케이션과 4월입학	뉴미디어선과과, 정보개발입학과			○						
비즈니스회계 가을입학	응용정보과			○						
컴퓨터사이언스학계 가을입학	정보처리과			○						
정보커뮤니케이션과 가을입학	정보커뮤니케이션과 가을입학			○						

제5장 일본유학시험

학부	학과	과목					과목선택 특기사항	기초학력 출제언어 일본어 영어	현지시험	비고	문의처
		물리	화학	생물	0과 이과과목선택	종합 과목	수학				

교토컴퓨터학원 다큐호쿠 (京都コンピュータ学院 洛北校)

| 엔지니어링학계 4월입학(신입학) | | | | | ○ | | | | | | 면접 | | 유학생입학사무실
+81-075-681-6334
admissions@kcg.ac.jp
https://www.kcg.ac.jp/admission/a2023/ |
| 엔지니어링학계 가을입학(신입학) | | | | | ○ | | | | | | | | |

교토디자인&테크놀로지전문학교 (京都デザイン＆テクノロジー専門学校)

| 슈퍼IA&테크놀로지 | | | | | ○ | | | | | | 필기, 면접 | | 지케이국제교류COM
+81-3-5679-5644
jcic@ikeicom.jp
https://www.jikei.asia/com/digital/2022/jcic_kyoto/book/#target/page_no=1 |
| 디지털크리에이터 | | | | | ○ | | | | | | | | |

우에다안즈쿠복식전문학교 (上田安子服飾専門学校)

패션프로듀스학과					○								학생부 입학계 +81-6-6371-1661 udminfo@uedagakuen.ac.jp
패션크리에이터학과					○								
패션크리에이터어드밴스학과					○						면접	ZOOM 등 인터넷에 의한 면접	
패션비지니스학과					○								
스타일링사진학과					○								
패션크리에포토디자인학과					○								https://www.ucf.jp/english/

오사카애니메 · 성우&e스포츠전문학교 (大阪アニメ・声優＆eスポーツ専門学校)

| 디지털디자인테크놀로지학과, 성우&게임CG과, e-sports&게임학과, 애니메이션중합테크놀로지과 | | | | | ○ | | | | | | 면접 | | 지케이국제교류COM
+81-3-5679-5644
jcic@ikeicom.jp |

오사카의전 (大阪医専)

의료4년제학부 <고도전문사>	고도임상공학학과, 고도간호학과, 고도건조보건학과				○						면접		http://www.ikeicom.com/jp
의료3년제학부 <전문사>	구급구명학과, 실천간호학과, 치과위생과, 유도정복학과, 침구학과, 에슬레틱트레이너학과, 침구학				○								입학상담실 +81-6-6452-0110 nyugaku.osaka@iko.ac.jp
의료2년제학부 <전문사>	언어청각학부, 스포츠트레이너학과				○								
의료1년제학부	정신보건복지사학과				○								https://www.iko.ac.jp/osaka

오사카ECO동물해양전문학교 (大阪ECO動物海洋専門学校)

| 에코 · 테크놀로지과, 동물크도이료과, 동물&해양과, 펫비즈니스과 | | | | | ○ | | | | | | 면접 | | 지케이국제교류COM
+81-3-5679-5644
jcic@ikeicom.jp
http://www.jikei.asia/com/jp |

오사카농업원예 · 식테크놀로지전문학교 (大阪農業園芸 · 食テクノロジー専門学校)

| 식&애니지먼트, 농예테크놀로지과 | | | | | ○ | | | | | | 면접 | | 지케이국제교류COM
+81-3-5679-5644
jcic@ikeicom.jp
http://www.jikei.asia/com/jp |

OCA오사카디자인&테크놀로지전문학교 (OCA大阪デザイン＆テクノロジー専門学校)

| 슈퍼게임과, CG크리에이터, e-sports과, 크리에이터과 | | | | | ○ | | | | | | 면접 | | 지케이국제교류COM
+81-3-5679-5644
jcic@ikeicom.jp
http://www.jikei.asia/com/jp |

오사카스쿨오브뮤직전문학교 (大阪スクールオブミュージック専門学校)

| 슈퍼엔터테인먼트, 컬리지음악과, 성임음악과 | | | | | ○ | | | | | | 면접 | | 지케이국제교류COM
+81-3-5679-5644
jcic@ikeicom.jp
http://www.jikei.asia/com/jp |

학부	학과	원서접수 현지실시 학생모집	이과 이과목선택	과목 종합과목	수학	과목선택 특기사항	기초학력 일본어	기초학력 영어	현지시험	비고	문의처
오사카댄스・배우&무대예술전문학교 (大阪ダンス・俳優&舞台芸術専門学校)											
	슈퍼댄스, 종합예술과, 댄스&액티브과	○							면접		지케이국제교류COM +81-3-5679-5644 icic@jikeicom.jp http://www.jikei.asia/com/jp
오사카 MODE학원 (大阪モード学園)											
	패션디자인(고도전문사코스, 종합기초, 패션디자인, 패션기술, 패션비지니스, 스타일리스트, 인테리어, 그래픽, 메이크네일에어일헤어/메이크업티스트, 미용, 파리교 유학코스	○									입학상담실 +81-6-6345-2222 nyugaku.osaka@mode.ac.jp http://www.mode.ac.jp
간사이외국어전문학교 (関西外語専門学校)											
	영어국제비즈니스	○							필기, 면접		입시사무실 +81-6-6623-1851 kansaigaigo@tg-group.ac.jp http://www.tg-group.ac.jp/kansaigaigo/kg/n_annai/02.html#ryugaku_b
	아시아아문비즈니스	○									
	일본어응용	○									
오사카호텔・관광&웨딩전문학교 (大阪ホテル・観光&ウェディング専門学校)											
	브라이덜매니지먼트과, 호스피탤리티매니지먼트과	○							면접		지케이국제교류COM +81-3-5679-5644 icic@jikeicom.jp http://www.jikei.asia/com/jp
슈세이건설전문학교 (修成建設専門学校)											
	건축학과	○							면접		사무국 학적교무계 +81-6-6474-1644
	건축CG디자인학과	○									
	공간디자인학과	○									
	토목공학과	○									
	가든디자인학과	○									
	주거환경리노베이션학과	○									
전문학교 ESP엔터테인먼트 (専門学校ESPエンタテインメント大阪)											
	음악아티스트과, 성우예능과, 음악예능스탭과	○							필기, 면접	별도 입학시험(필기・면접) 실시	국제교류센터 +81-6-6373-2888 ryugaku_osaka@esp.ac.jp https://www.esp.ac.jp/tokyo/common/pdf/abroad_entrance.pdf
츠지조리사전문학교 (辻調理師専門学校)											
	고도조리기술매니지먼트학과	○					일본어		면접		유학생문의안내처 +81-120-24-2418 ryugakusei@tsuji.ac.jp https://www.tsuji.ac.jp
	조리기술매니지먼트학과	○									
	조리사본과	○									
	제과위생사본과	○									
	제과클리에이티브경영학과	○									
	일본요리본과	○									
HAL 오사카 (HAL大阪)											
	[주간부4년제]게임부디자인, 게임기획, CG영상, 그래픽디자인, 애니메이션 일러스트, 음향, 카디자인, 고도정보처리, WEB개발, AI시스템개발코스 [주간부2년제]게임, CG, 음악, 정보처리, WEB [주간부1년제]국가자격, 파리교 유학코스	○									입학상담실 +81-6-6347-0001 nyugaku.osaka@hal.ac.jp http://www.hal.ac.jp
방송예술학원전문학교 (放送芸術学院専門学校)											
	영상・무대테크놀로지과, 디지털미디어과, 배우본과, 미디어크리에이터과	○							면접		지케이국제교류COM +81-3-5679-5644 icic@jikeicom.jp http://www.jikei.asia/com/jp

제5장 일본유학시험

학부	학과	과목				과목선택 특기사항	기초학력 출제언어 일본어/영어	현지시험	비고	문의처
		일본어 문학	물리화학	생물 리학	이과/이과과목선택/종합과목/수학					

고베・고요음악&댄스전문학교 (神戸・甲陽音楽&ダンス専門学校)

	학과							현지시험	비고	문의처
	음악테크놀로지과	○						필기, 면접		지케이국제교류COM +81-3-5679-5644 jck@jikeicom.jp
	음악크리에이터과	○								
	성악음악과	○								http://www.jike.asia/com/jp

(큐슈-오키나와)

아소의료복지&보육전문학교 후쿠오카교 (麻生医療福祉&保育専門学校 福岡校)

학과							현지시험	비고	문의처
의료비서사무과	○						필기·면접	온라인으로 입학선발 실시	후쿠오카캠퍼스 +81-92-415-2235 ryugaku@asojuku.ac.jp
진료정보관리사과	○								
아동보육과	○								
사회복지과	○								
복지심리학과	○								
간호복지과	○								https://asojuku.ac.jp/amfc/

아소외어관광&브라이덜전문학교 (麻生外語観光&ブライダル専門学校)

학과							현지시험	비고	문의처
에어라인과	○						필기·면접	온라인으로 입학선발 실시	후쿠오카캠퍼스 +81-92-415-2235 ryugaku@asojuku.ac.jp
호텔・리조트과	○								
브라이덜・웨딩과	○								
글로벌커뮤니케이션과	○								
에어포트과	○								https://asojuku.ac.jp/aftc/

아소건축&디자인전문학교 (麻生建築&デザイン専門学校)

학과							현지시험	비고	문의처
건축공학과	○						필기·면접	온라인으로 입학선발 실시	후쿠오카캠퍼스 +81-92-415-2235 ryugaku@asojuku.ac.jp
건축CAD과	○								
건축인테리어과	○								
인테리어디자인과	○								
크리에이티브디자인학과	○								https://asojuku.ac.jp/acl/

아소정보비즈니스전문학교 (麻生情報ビジネス専門学校)

학과							현지시험	비고	문의처
정보공학과	○						필기·면접	온라인으로 입학선발 실시	후쿠오카캠퍼스 +81-92-415-2235 ryugaku@asojuku.ac.jp
정보시스템과	○								
정보비즈니스과	○								
비즈니스문전과	○								
경리과	○								https://asojuku.ac.jp/abc/

아소정보비즈니스전문학교 기타큐슈교 (麻生情報ビジネス専門学校 北九州校)

학과							현지시험	비고	문의처
시스템엔지니어과	○						필기·면접	온라인으로 입학선발 실시	유학생입학상담실 +81-93-533-1133 info.kitakyu@asojuku.ac.jp
컴퓨터비즈니스과	○								
게임크리에이터과	○								
오피스비즈니스과	○								
CG디자인과	○								https://asojuku.ac.jp/abkc/

ASO팝컬처전문학교 (ASOポップカルチャー専門学校)

학과							현지시험	비고	문의처
게임전공과	○						필기·면접	온라인으로 입학선발 실시	후쿠오카캠퍼스 +81-92-415-2235 ryugaku@asojuku.ac.jp
CG전공과	○								
게임과	○								
CG과	○								
애니메이션과	○								
만화학과	○								
일러스트학과	○								
코미컬러스트과	○								https://apc.asojuku.ac.jp

(주)해외교육사업단 113

학부	학과	과목 이과	과목 종합과목	과목 수학	과목선택 특기사항	기초학력 출제언어 일본어 영어	현지시험	비고	문의처
아소미용전문학교 (麻生美容専門学校)									
미용과							필기・면접	온라인으로 입학선발 실시	후쿠오카캠퍼스 +81-92-415-2235 ryugaku@asojuku.ac.jp https://asojuku.ac.jp/abc/
전문학교 아소공과자동차대학교 (専門学校 麻生工科自動車大学校)									
1급자동차정비과 2급자동차정비과 자동차공학·기계설계과	○ ○ ○						필기・면접	온라인으로 입학선발 실시	국제교류센터 +81-92-415-2024 ryugaku@asojuku.ac.jp https://asojuku.ac.jp/acet/
ESP엔터테인먼트 후쿠오카 (専門学校ＥＳＰエンタテインメント福岡)									
음악아티스트과 성우예능과	보칼, 댄스, 기타, 베이스, 드럼, 성어송라이터, 사운드 크리에이터, 밴드예악 성우예능코스	○					필기・면접	해외 출원자의 수험은 인터넷으로 실시 https://www.esp.ac.jp/m/wp-content/themes/mtokyo/assets/pdf/requirements.pdf	국제교류센터 +81-3-3368-9123 ryugaku@esp.ac.jp
음악예능스태프과	PA(음향), 레코딩, 조명, 밴드, 이벤트제작, 매니저	○							
후쿠오카의건・스포츠전문학교 (福岡医健・スポーツ専門学校)									
스포츠매니지먼트크루즈학과, 스포츠과학과, 유도정복과, 침구과, 이학요법과, 작업요법, 구급구명공무원과, 약업과, 치과위생사과, 간호과		○					면접		지케이국제교류COM +81-3-5679-5644 jcic@jikeicom.jp http://www.jikei.asia/com/jp/index.html
후쿠오카ECO동물해양전문학교 (福岡ECO動物海洋専門学校)									
에코・테크놀로지과(4년), 동물간호과(4년), 동물간호과(3년), 에코커뮤니케이션과(3년) 에코커뮤니케이션과(2년)		○					면접		지케이국제교류COM +81-3-5679-5644 jcic@jikeicom.jp http://www.jikei.asia/com/jp/index.html
후쿠오카스쿨오브뮤직&댄스전문학교 (福岡スクールオブミュージック&ダンス専門学校)									
슈퍼엔터테인먼트, 음악프로듀스과, 파포밍아트							면접		지케이국제교류COM +81-3-5679-5644 jcic@jikeicom.jp http://www.jikei.asia/com/jp/index.html
후쿠오카디자인&테크놀로지전문학교 (福岡デザイン&テクノロジー専門学校)									
슈퍼크리에이터, 크리에이티브디자인과		○					면접		지케이국제교류COM +81-3-5679-5644 jcic@jikeicom.jp http://www.jikei.asia/com/jp/index.html
후쿠오카호텔・관광&웨딩전문학교 (福岡ホテル・観光&ウエディング専門学校)									
호스피탈리티과, 시웰드		○					면접		지케이국제교류COM +81-3-5679-5644 jcic@jikeicom.jp http://www.jikei.asia/com/jp/index.html
아카츠카학원미용・디자인전문학교 (赤塚学園美容・デザイン専門学校)									
글로벌비즈니스	글로벌비즈니스	○					필기, 면접		법인본부 +81-99-250-1313 hokazono@akatuka.ac.jp http://www.akatuka.ac.jp/akbd/global/

제5장 일본유학시험

일본유학시험(EJU) 이용학교 리스트 (대학학부)

2024년 3월 현재

<일본 유학 시험을 이용한 입학 실시하는 학교 일람을 게재하고 있습니다.>
대학이 개재표시는 훗카이도에서 오키나와 순서입니다.
이 일람은 일본학생지원기구(JASSO)가 작성한 것이며 갱신될 수 있음을 양지 바랍니다. (자세한 사항은 각 학교에 문의해 주시기 바랍니다.)
[리스트 보기]
◆ 수험표기: 1→코스1/2→코스2/자유→코스1 또는 코스2 중 자유선택
◆ 이과선택: 타1→다른 1과목 자유선택, 2과→3과목 중 2과목 자유선택
◆ 출제언어선택: 자유선택이란 일어, 영어로 구분
◆ 비고란은 토플 등 특기 사항을 적었습니다.

학부	학과	과목								과목선택비고	영어과목 등
		일본어	이과 (물리/화학/생물)			종합과목	수학	출제언어선택			

[국립]
[홋카이도]

아사히카와의과대학 (旭川医科大学)
| 의 | | ○ | ○ | ○ | ○ | | | 2 | 자유 | | | 대학에서 자체적으로 작성하여 실시 |
| 건 | | ○ | ○ | ○ | ○ | | 2과 | | 자유 | 영어 | | |

오타루상과대학 (小樽商科大学)
| 상 | | ○ | | | | | | 자유 | 자유 | | | |

오비히로축산대학 (帯広畜産大学)
| 축산과학 | | ○ | ○ | ○ | ○ | | 2과 | 2 | 자유 | | | |

기타미공업대학 (北見工業大学)
| 공 | | ○ | ○ | ○ | ○ | | | 2 | 자유 | | | |

홋카이도대학 (北海道大学)
문		○						자유				
교육		○						자유				
법		○						자유				
경제		○						자유				
이	수	○					타1	2				TOEFL 등 점수 필요
	물리	○	○					2				
	화학	○		○				2				
	생물과학(고분자기능)	○			○			2				
	생물과학(생물)	○			○			자유				
	지구행성과학	○	○	○	○			2				
	Integrated Science Program (ISP): 물리, 화학, 생물	○	○	○	○			2	자유		EJU수험은 임의. TOEFL-PBT, TOEFL-iBT또는 TOEIC 점수 필요 (TOEFL-PBT는 550점 이상, TOEFL-iBT는 79점 이상, TOEIC은 750점 이상일 것)
의	의	○	○	○	○			2				
	보건(간호, 이학요법, 작업요법)	○	○	○	○		2과	2				
	보건(방사선기술과학)	○	○	○			타1	2				TOEFL 등 점수 필요
	보건(검사기술과학)	○	○	○	○			2				
치		○	○	○	○			2				
공	응용이공계(응용물리학), 정보엘렉트로닉스, 기계지능공학, 환경사회공학	○	○				2과	2				
	응용이공계(응용화학), 응용머티리어리공학	○	○	○			타1	2				
농	생물자원과학	○		○	○			2				
	응용생명과학, 생물기능화학, 축산과학, 농업경제	○	○	○	○		타1	2				
	농업공학	○	○	○				2				
수		○	○	○	○			2				

(주)해외교육사업단 115

일본 유학으로 성공하기

학부	학과	과목						출제언어선택	과목선택비고	영어과목 등
		종합과목 일본어	이과 물리	이과 화학	이과 생물	이과 선택	종합과목	수학			

홋카이도교육대학(北海道教育大学)

학부	학과	일본어	물리	화학	생물	이과선택	종합	수학	출제언어	과목선택비고	영어과목
수산	해양생물과학	○	○	○		2과		자유			TOEFL 등 점수 필요
	해양자원과학	○	○	○		2과		자유			
	증식생명과학	○	○	○	○	타1		자유			
	자원기능화학	○	○	○		2과		자유			

무로란공업대학(室蘭工業大学)

학부	학과	일본어	물리	화학	생물	이과선택	종합	수학	출제언어	과목선택비고	영어과목
교육		○				*	*	자유	일본어	*종합과목 또는 이과(2과)중 하나를 선택	

(아오리현)

히로사키대학(弘前大学)

학부	학과	일본어	물리	화학	생물	이과선택	종합	수학	출제언어	과목선택비고	영어과목
인문		○						자유			TOEFL 등 점수 필요
이공		○						2			
	시스템이학	○						2			
이	보건(간호)	○	○	○	○	2과		자유	일본어		대학에서 자체적으로 작성하여 실시
	보건(검사기술과학, 작업요법)	○	○	○		2과		2			
	보건(방사선기술과학)	○	○	○		타1		자유			
	보건(이학요법)	○	○	○	○			*		*종합과목 수학(코스1 또는 코스2)또는 이과(2과),	
교육	학교교육양성과정(초등증등교육전공등 특별지원교육전공)	○					*	*	자유		수학(코스2) 선택	
	양호교사양성과정	○				*	*	*		*종합과목 또는 이과(2과)중 하나를 선택	
인문사회과학		○					○	자유	자유		면접 시에 영어의 기초에 관한 시문문제를 포함함
농학생명과학		○	○	○	○	2과		2			
이공		○	○	○		2과		2	일본어		

(이와테현)

이와테대학(岩手大学)

학부	학과	일본어	물리	화학	생물	이과선택	종합	수학	출제언어	과목선택비고	영어과목
이공	화학·생명이공, 물리·재료이공, 시스템창성공학(전기전자기통신코스, 지능·미디어정보코스, 사회기반·환경코스)	○	○	○		2과		2	일본어		
	시스템창성공기계과학코스	○	○	○		*		자유	자유	*종합과목 또는 이과(2과)중 하나를 선택	
인문사회과학		○							일본어		
인문사회과학(제3년차편입학)		○							자유		
농		○	○	○	○	2과		2	일본어		

(미야기현)

도호쿠대학(東北大学)

학부	학과	일본어	물리	화학	생물	이과선택	종합	수학	출제언어	과목선택비고	영어과목
문		○					○	1			
교육		○					○	1			
법		○					○	1			
경제		○					○	1			
이		○	○	○	○	2과		2			
의	보건(간호학전공)	○	○	○	○	2과		2			
	보건(방사선기술과학전공, 검사기술과학전공)	○	○	○	○	2과		2			기타
치		○	○	○	○	2과		2			
약		○	○	○	○	2과		2			
공		○	○	○		2과		2			
농		○	○	○	○	2과		2			

(아키타현)

아키타대학(秋田大学)

학부	학과	일본어	물리	화학	생물	이과선택	종합	수학	출제언어	과목선택비고	영어과목
국제자원	국제자원(자원정책코스)	○					○	자유	자유		TOEFL 또는 TOEIC 또는 IELTS 중 하나의 점수 필요
	국제자원(자원지구과학코스, 자원개발환경코스)	○	○	○				2			

제5장 일본유학시험

학부	학과	일본어	이과 물리	이과 화학	이과 생물	이과 선택	종합과목	수학	출제언어선택	과목선택비고	영어과목 등
교육문화	학교교육과정(교육실천코스, 특별지원교육코스)	○					○		일본어		대학에서 자체적으로 작성하여 실시
	학교교육과정(영어교육코스)	○					○				
	학교교육과정(이수교육코스)	○	○	○	○	2과		2			
	학교교육과정(어린이발달코스)	○				*	*	자유	자유		
	지역만화	○					○	2		종합과목 또는 이과(2과)중 하나를 선택	대학에서 자체적으로 작성하여 실시
이	이	○	○	○	○	2과		자유	자유		
	머신	○	○	○	○	2과		2			
이공	생명과학	○	○	○	○	2과		2			
	물질과학, 수리 · 전기전자정보, 시스템디자인공학	○	○	○	○	2과		2			

[야마가타현] 야마가타대학 (山形大学)

학부	학과	일본어	물리	화학	생물	이과선택	종합과목	수학	출제언어선택	과목선택비고	영어과목 등
인문	인간문화, 종합법률 · 지역공공정책 · 경제 · 매니지먼트	○					○	1	일본어	* 종합과목, 수학(코스1 또는 코스2)또는 이과(2과), 수학(코스2) 중 하나를 선택 * 종합과목, 수학(코스1) 또는 이과(2과), 수학코스 2)	
지역교육문화	지역교육문화(아동교육코스)	○				*	*	*			
	지역교육문화(문화창생코스)	○				*	*	*	자유		
이	이	○	○	○	○	2과		2	일본어		TOEFL 등 점수 필요
이	이	○	○	○	○			2	일본어		
공	건축	○	○	○				자유	자유		
공	교보자 · 유기재료 화학 · 바이오공, 정보 · 일렉트로닉스, 기계시스템공, 건축 · 디자인	○	○	○		2과		2			
농	식료생명환경	○	○	○	○			2			

[후쿠시마현] 후쿠시마대학 (福島大学)

학부	학과	일본어	물리	화학	생물	이과선택	종합과목	수학	출제언어선택	과목선택비고	영어과목 등
공생시스템이공학군		○	○	○	○	2과		2	자유	* 문과 3교과(일본어, 종합과목, 수학) 또는 이과 3교과(일본어, 이과(2과)) 수학 중 하나를 선택 * 종합과목 또는 수학 또는 이과(2과)중에 1과목 선택 * 종합과목 또는 이과(2과)중 하나를 선택	
경제경영학군		○				*	○	*			
행정정책학군		○				*	*	*			
인간발달문화학군	인간발달, 문화탐구, 스포츠 · 예술창조	○				*		*			

[이바라키현] 이바라키대학 (茨城大学)

학부	학과	일본어	물리	화학	생물	이과선택	종합과목	수학	출제언어선택	과목선택비고	영어과목 등
인문사회	학교교육양성과정교과교육코스(언어 · 사회교육 영어선택이수)	○					○	2	일본어		TOEIC 점수 필요
교육	양호교사양성과정	○					○	2			TOEFL 등 점수 필요
이	기계시스템공, 전기전자시스템공, 도시시스템공	○	○	○		2과		2			TOEIC 점수 필요
공	물질공학, 정보공	○	○	○	○	2과		2			TOEFL 점수 필요

[이바라키현] 쓰쿠바대학 (筑波大学)

학부	학과	일본어	물리	화학	생물	이과선택	종합과목	수학	출제언어선택	과목선택비고	영어과목 등
인문 · 문화학군	인문학류, 비교문화학류, 일본어 · 일본문화학류	○					○	1	일본어		
사회 · 국제학군	사회학류, 국제총합학류(문과계)	○					○	1			TOEFL 등 점수 필요
	국제총합학류(이과계)	○	○	○				1			TOEFL 등 점수 필요
인간학군	교육학류, 심리학류(문과계)	○				T1		2			
	교육학류, 심리학류, 장애과학류(이과계)	○	○	○	○	2과		1			
생명환경학군	생물학류	○	○	○	○			1	일본어		TOEFL 등 점수 필요, 기타
	생물자원학류(문과계)	○					○	2			
	지구학류	○	○	○	○	2과		2			TOEFL 등 점수 필요

일본 유학으로 성공하기

학부	학과	과목						출제언어선택	과목선택비고	영어과목 등
		일본어	물리	화학	생물	이과선택	종합과목	수학			

이공학군

	수학류	○	○	○	○	2과 선택		2	일본어		
	물리학류	○	○	○	○			2			
	화학류	○	○	○	○			2			
	응용이공학류·공학시스템학류	○	○	○	○	E1		2			
	사회공학류	○						2	자유		

정보학군

	정보과학류	○	○	○	○	E1		2			
	정보미디어창성학류(문과계)	○						2		TOEFL 등 점수 필요	
	정보미디어창성학류(이과계)	○	○	○	○	2과		2			
	지식정보·도서관학류(문과계)	○						1	일본어		
	지식정보·도서관학류(이과계)	○	○	○	○	2과		2			

의학군

| | 의학류·간호학류·의료과학류 | ○ | ○ | ○ | ○ | 2과 | ○ | 1 | | | |

체육전문학군

| | 문과계 | ○ | | | | | ○ | 1 | | | |
| | 이과계 | ○ | ○ | ○ | ○ | 2과 | | 1 | | | |

예술전문학군

| | 이과계 | ○ | ○ | ○ | ○ | 2과 | | 1 | | | |

쓰쿠바기술대학 (筑波技術大学)

| 산업기술학부 | 산업정보학과 | | | | | | | | | | |
| 보건과학부 | 종합디자인학과 | | | | | | | | | | |

국외 지정교원

[도치기현]

우쓰노미야대학 (宇都宮大学)

지역디자인과	커뮤니티디자인	○	○				○	자유	일본어		TOEIC 수험 필요
	건축도시디자인, 사회기반디자인	○	○			E1		2			TOEIC, TOEFL-iBT, IELTS, GTEC(CBT타입), TEAP(4기능중 한가지 수험 필요
국제	국제사회, 국제문화	○					○	1	자유		
	학교교육양성과정학교교육・특별지원교육학교육분야, 특별지원교육전공분야	○					○	자유	일본어		TOEFL 수험 필요
	교육분야	○									
교	학교교육양성과정학교교육교과마다 전공, 실기원얼마안어, 실기계영양	○					○	자유			
	학교교육양성과정학교교육문과계 사회과 전공분야	○					○	2			
	학교교육양성과정학교교육이과계 수학분야	○	○	○	○	2과		2			
	학교교육양성과정학교교육기초분야	○	○	○	○	E1		2			TOEFL 수험 필요
	학교교육양성과정학교교육실기계전공분야	○				E1		2			
공	기계시스템공학, 전기전자공학, 정보공학	○	○	○	○	2과		2	일본어		TOEFL 수험 필요
	응용화학	○	○	○		2과		자유			
	생명공학	○	○		○	2과		자유			
농	생물자원과학	○	○	○				자유			TOEFL 수험 필요
	응용생명화학	○	○	○							
	농업환경공학	○	○			E1		2			
	농업경제학	○					○	자유			
	삼림과학	○	○	○		2과		자유			TOEFL 수험 필요

118 일본유학시험 이용학교 리스트

제5장 일본유학시험

학부	학과	과목 이과 물리	화학	생물	이과 선택	종합 과목	수학	출제언어 선택	과목선택비고	영어과목 등
군마대학(群馬大学)										
의	의									기타
교육	보건	○	○	○	2과		2	영어		대학에서 자체적으로 작성하여 실시
교육	학교교육원양성과정(영, 수, 이, 기술 제외)	○	○	○		○	2			대학에서 자체적으로 작성하여 실시
교육	학교교육원양성과정(영어)					○	1			대학에서 자체적으로 작성하여 실시
교육	학교교육원양성과정(수, 이, 기술)	○	○	○	2과		2	일본어		TOEFL 등 점수 필요
이공	물리·환경류, 전자·기계류	○	○	○	*	*	자유		* 종합과목 또는 이과(2과)중 하나를 선택	기타
정보										
사이타마대학 (埼玉大学)										
교양		○	○	○		○	자유	일본어		기타
교양	연구생	○					1	자유		대학에서 자체적으로 실시
경제										
경제	연구생, 제3년차편입학	○	○	○	*	*	자유	일본어	* 종합과목 또는 이과(2과)중 하나를 선택	
공	응용화학, 기능재료공학, 기계공학, 전기전자시스템공학, 정보시스템공학, 건설공학		○	○	E1		2	일본어		
이	기초화학	○	○		2과		2	일본어		대학에서 자체적으로 작성하여 실시
이	수학				E1		2	일본어		대학에서 자체적으로 작성하여 실시
이	물리	○					2	일본어		대학에서 자체적으로 작성하여 실시
이	생체제어			○	2과		2	일본어		대학에서 자체적으로 작성하여 실시
이	분자생물			○			2	일본어		
지바대학 (千葉大学)										
문학	인문	○	○	○	*	○	자유	자유	* 종합과목 또는 이과(2과)중 하나를 선택	면접 시 대학 교육에 필요한 기초학력(영어 포함)에 관한 구두시험 실시
법정경	법정경	○	○	○	*	*	자유	자유	* 종합과목 또는 이과(화학·생물)중 하나를 선택	
교육	초등학교교원양성과정	○			*	○	2	자유		
교육	중등학교교원양성과정(이과교육, 기술교육, 수학교육, 각 분야)	○	○	○	2과		2	자유		
교육	중등학교교원양성과정(가정과교육)	○		○	*	○	자유	자유		
교육	중등학교교원양성과정(국어교육, 사회과교육, 음악과교육, 미술과교육, 보건체육과교육)	○				○	자유	자유		
교육	중등학교교원양성과정(영어교육 분야)					○	자유	일본어		TOEFL 필요
교육	특별지원학교교원양성과정, 유치원교원양성과정	○				○	자유	자유		
교육	양호교사양성과정		○	○	2과		2	자유		
이학	수학·정보수리, 지구과				E1		2	자유		
이학	물리	○					2	자유		
이학	화학		○				2	자유		
이학	생물			○			2	자유		
공	응용생명화학						자유	자유		
원예	응용생명화학, 식물자원경제	○	○	○	2과		2	일본어		TOEFL 등 점수 필요
의	의							자유		
약	약과(6년제)	○	○	○	2과		2	일본어		
간호		○	○	○			2	일본어		

일본 유학으로 성공하기

[도쿄도]

학부	학과	이과(물리/화학/생물)	종합과목	수학	출제언어선택	영어과목 등
오차노미즈여자대학 (お茶ノ水女子大学)						
문교육			○	자유		대학에서 자체적으로 작성하여 실시
이학	수학, 정보과			2		TOEFL 점수 필요
	물리	○ 2과		2		대학에서 자체적으로 작성하여 실시
	화학	○ 타1		2	일본어	
	생물	○		2		대학에서 자체적으로 작성하여 실시
생활과학	식물영양	○		2		대학에서 자체적으로 작성하여 실시, TOEFL 점수 필요
	인간·환경과	○ ○ ○		2		대학에서 자체적으로 작성하여 실시
	인간생활·심리		○	자유		
전기통신대학 (電気通信大学)						
전기통신				2	자유	TOEFL 등 점수 필요
도쿄대학 (東京大学)						
	문과1류		○	1		
	문과2류		○	1	자유	TOEFL 등 점수 필요
	문과3류		○	1		
	이과1류	○ 2과		2		
	이과2류	○ ○		2		
	이과3류	○ ○		2		
도쿄의과치과대학 (東京医科歯科大学)						
의, 보건위생(검사기술)		○ 2과		2	일본어	대학에서 자체적으로 작성하여 실시
	보건위생(간호)	○		1		
치		○		2	자유	
	구강보건	○		1	일본어	
도쿄외국어대학 (東京外国語大学)						
	언어문화	○		2		
	국제사회	○		2	일본어	TOEFL 등 점수 필요
	국제일본	○		2		
도쿄해양대학 (東京海洋大学)						
	해양생명과	○ ○ 2과		2		대학에서 자체적으로 작성하여 실시
	해양공	○ ○		2	일본어	
	해양자원환경	○ ○ 2과		2		
도쿄학예대학 (東京学芸大学)						
교육			*	자유	자유	미정(검토중)
도쿄예술대학 (東京芸術大学)						
음악			○	*	*종합과목 또는 이과(2과)중 하나를 선택	
미술			*	자유	*종합과목 또는 이과(2과)중 하나를 선택	
도쿄공업대학 (東京工業大学)						
	이	○ ○ ○		2		
	물질이공	○ ○ ○		2		
	정보공	○ ○		2	자유	미정(검토중)
	생명이공	○ ○		2		
	환경·사회공	○ ○		2		
도쿄농공대학 (東京農工大学)						
	응용분자화, 유기재료화, 화학시스템공	○		2	자유	
	응용분자화*도일전입학허가용·도일전입학허가용·유기재료화·화학시스템공·도일전입 학허가용	○		2	일본어	TOEFL 등 점수 필요

제5장 일본유학시험

학부	학과	과목 일본어	물리	화학	생물	이과선택	종합과목	수학	출제언어선택	과목선택비고	영어과목 등
공	기계시스템공, 물리시스템공, 전기전자공, 정보공	○				타1		2	자유		
	기계시스템공*도일진입학하기용, 물리시스템공*도일진입학하기용, 전기전자공*도일진	○	○					2	자유		TOEFL 등 점수 필요
	의화학공, 정보공*도일진입학하기용	○						2	일본어		
	생명공	○	○	○	○	2과		2	자유		
농	생명공*도일진입학하기용	○	○	○	○			2	일본어		
	환경자원과, 지역생태시스템	○	○	○	○			2	일본어		
	생물생산, 응용생물화, 수의	○						2	일본어		
히토쓰바시대학 (一橋大学)											
상		○					○	1	자유		
사회		○					○	1	자유		TOEFL 등 점수 필요
경제		○					○	1	자유		
법		○					○	1	자유		
(가나가와현)											
요코하마국립대학 (横浜国立大学)											
경영		○						1	자유		
	화학·생명계	○				*	*	자유	자유	*종합과목 또는 이과(2과)중 하나를 선택	TOEFL 등 점수 필요
이공	수물·전자정보계	○	○			타1		2	일본어		
	기계·재료·해양계	○	○					2	일본어		
도시과	도시사회공생	○						자유	자유		
	건축도시기반	○	○			타1		2	일본어		
	환경리스크공	○	○			2과		2	일본어		
(니가타현)											
나가오카기술과학대학 (長岡技術科学大学)											
공		○	○	○	○	2과		2	일본어		TOEFL 등 점수 필요
니가타대학 (新潟大学)											
의	보건(간호학전공)	○				*	*	자유	자유	*종합과목 또는 이과(2과)중 하나를 선택	기타
	보건(생사·선기공술학전공, 검사기술과학전공)	○	○	○	○	2과		자유	자유		
교육		○				*	*	자유	자유	*종합과목 또는 이과(2과)중 하나를 선택	
경제		○					*	2	자유		TOEFL 등 점수 필요
공	화학시스템공학, 기계시스템공학, 전기전자공학, 정보공학, 건설학, 기능재료공학	○	○			타1		2	일본어		
	복지인간공학	○	○			타1		2	일본어		기타
치		○	○	○	○	2과		2	일본어		TOEFL 등 점수 필요
인문		○					○	1	일본어		
농		○	○	○	○	2과		2	일본어		TOEFL 등 점수 필요
이		○	○	○	○	2과		2	일본어		
(도야마현)											
도야마대학 (富山大学)											
인문		○				*	*	1	일본어	*종합과목 또는 이과(2과)중 하나를 선택	대학에서 자체적으로 작성하여 실시
경제		○				*	○	1	일본어		
이		○	○	○	○	2과		2	자유		TOEFL 점수 필요
공		○	○	○	○	2과		2	일본어		대학에서 자체적으로 작성하여 실시

일본 유학으로 성공하기

학부	학과	종합 물리 화학 생물 지학	이과 2과선택	종합과목	수학	출제언어선택	과목선택비고	영어과목 등
	국	○			2	자유		고등학교 또는 고등학교에 상당하는 학교에서 영어를 이수하고 있거나 TOEFL에 응시했을 것
예술문화	예술학 모집구분a	○		○				
	예술학 모집구분b	○		○	1	일본어		TOEFL 점수 필요
도시디자인	지구시스템과, 도시교통디자인	○ ○ ○ ○ ○	2과		2	자유		
	재료디자인	○ ○ ○ ○ ○	2과		2	자유		

(이시카와현) 가나자와대학 (金沢大学)

학부	학과	종합 물리 화학 생물 지학	이과 2과선택	종합과목	수학	출제언어선택	과목선택비고	영어과목 등
융합학역	선도학류 패턴A	○		○	자유	일본어		
	선도학류 패턴B	○		○		영어		
	선도학류 패턴C	○		○	2	일본어		
	선도학류 패턴D	○		○		영어		TOEFL iBT
인간사회학역	인문학류	○		○		일본어		
	법학류	○		○		일본어		
	경제학류	○		○		일본어		
	학교교육학류 패턴A	○		○	자유	자유		
	학교교육학류 패턴B	○		○		일본어		
	지역창조학류	○		○		일본어		
	국제학류 패턴A	○		○		자유		케임브리지 영어 검정등기 스킬 포함) IELTS, TOEFL
	국제학류 패턴B	○		○		영어		
이공학역	수물과학류	○ ○ ○	2과			자유		
	물질화학류	○ ○ ○	2과			자유		
	지구3학류	○ ○ ○ ○	2과			자유		
	지구사회기반학류	○ ○ ○ ○	2과		2	자유		TOEFL iBT
	생명이공학류	○ ○ ○	2과			자유		
이의보건학역	의학류	○ ○ ○	2과			자유		
	약학류	○ ○ ○	2과			일본어		
	의약과학류	○ ○ ○	2과			일본어		
	보건학류	○ ○ ○ ○	2과			일본어		

(후쿠이현) 후쿠이대학 (福井大学)

학부	학과	종합 물리 화학 생물 지학	이과 2과선택	종합과목	수학	출제언어선택	과목선택비고	영어과목 등
교육지역과학	학교교육과정(예술·보건체육교육코스, 임상교육코스, 장애아교육코스)	○						
	학교교육과정(언어교육코스, 사회계교육코스, 교육실천교육코스, 지역사회과정(행정사회)코스)	○		*	1	일본어	*종합과목 또는 이과(2과)중 하나를 선택	TOEFL 점수 필요
	학교교육과정(이수교육코스)	○		*	자유	자유		
	학교교육과정(생활과학교육코스)	○		*				
	학교교육과정(지역환경코스)	○		2과	*	2	일본어	*종합과목 또는 이과(생물 타1)중 하나를 선택
	지역문화과정(인문교육코스)	○		*				
	지역사회과정(생예학습코스)	○			2과	*	2	일본어	*종합과목 또는 이과(2과)중 하나를 선택
	국	○		○	2과		2	일본어	

(야마나시현) 야마나시대학 (山梨大学)

학부	학과	종합 물리 화학 생물 지학	이과 2과선택	종합과목	수학	출제언어선택	과목선택비고	영어과목 등
교육	학교교육과정(유소발달교육코스, 장애아교육코스, 언어교육코스, 예술신체교육코스)	○		*	1	일본어	*종합과목 또는 수학(근수<1), 이과(2과)에서 2과목 선택	TOEFL 등 점수 필요
	학교교육과정(생활과학교육코스)	○		*	2	일본어		
	국	○		○	2과		2	일본어		TOEFL 또는 TOEIC 점수 필요
공	공학과(지역사회시스템코스, 응용화학코스, 기계공학코스)	○ ○ ○	2과		2	일본어		
	공학과(예대카드토닉스코스, 전기전자공학코스)	○ ○	타1		2	일본어		
	공학과(토목환경공학코스, 컴퓨터이공학코스)	○ ○ ○	2과		2	일본어		

제5장 일본유학시험

학부	학과	일본어	종합	이과선택(물/화/생/지리)	이과선택	종합과목	수학	출제언어선택	과목선택비고	영어과목 등
	생명공	○					2	일본어		TOEFL 등 점수 필요
	지역시물환경	○			2과		2			
	지역사회시스템	○	○			○	1			
(니가타현) 신수대학 (信州大学)										
이		○			2과		2	일본어		TOEIC 70점 이상, TOEFL PBT540점 이상, TOEFL iBT 72점 이상
교육	보건	○			*	○	자유		*종합과목 또는 이과(2과)중 하나 선택	
경제		○					자유	자유		
인문		○					자유			
섬유		○		○○○○	2과		2	일본어		TOEFL 등 점수 필요
농		○		○○○○			자유	자유		
공		○		○○○○	2과		2			출원 요건에 부과
(기후현) 기후대학 (岐阜大学)										
교육	문과계	○				○	자유	자유	강좌별로 지정	TOEFL 점수 필요
	이과계	○			2과		2			
지역과학	문과계	○				○	자유	자유		
	이과계	○			2과		2			
의		○		○○○○			자유	일본어		TOEFL 점수 필요
응용생물과학	응용생명과학	○		○○○○	2과		2			출원 요건에 부과
	생산환경과학	○		○○○○	2과		2			
(시즈오카현) 시즈오카대학 (静岡大学)										
인문	사회, 법, 경제	○	○				자유	일본어		개별학력검사로 소논문(영문 독해 포함)실시
	언어문화	○	○				자유			개별학력검사로 소논문(영문 독해 미포함)실시
교육	학교교육임상과정	○			*		자유		*특별지원교육전공 및 국어교육전공에서는 <종합과목>을, 이과교육전공에서는 <이과>(2과)를 지정 그 외 전공·전수에서는 <종합과목> 또는 <이과>(2과)를 선택 가능.	
정보	정보과·행동정보	○		○○○○	2과		2	일본어		TOEFL-iBT, TOEIC L&R, IELTS(Academic Module) 중에 하나
	정보사회	○	○		타1		자유			
이	수·생물과·지구과	○		○○○○	2과		2			
	물리	○		○○○○	타1		2			TOEFL-iBT, TOEIC L&R
	화	○		○○○○	2과		2			TOEFL-iBT, TOEIC L&R
농		○		○○○○	2과		2			IELTS(Academic Module)중에 하나
하마마쓰의과대학 (浜松医科大学)		○		○○○○	2과		2			대학에서 자체적으로 작성하여 실시
(아이치현)										
아이치교육대학 (愛知教育大学)	교	○			*		자유	자유	*종합과목 또는 이과(2과)중 하나를 선택	영어를 출제어로는 선수전공코스는, 대학 자체적으로 작성한 제 실시
도요하시기술과학대학 (豊橋技術科学大学)	공	○		○○○○	2과		2	자유		TOEFL 등 점수 필요

일본 유학으로 성공하기

학부	학과	종합	이과선택(물리/화학/생물)	종합과목	수학	출제언어선택	과목선택비고	영어과목 등
나고야대학 (名古屋大学)								
정보문화학부	자연정보	○	○ ○ ○		2			
	이	○	○ ○ ○		2			
	이(2과)	○	○ ○ ○		2			
	의	○	○ ○ ○		2			
	약	○	○ ○ ○	○	1	일본어		TOEFL 등 점수 필요
	교육	○		○	1			
	경제	○		○	1			
	정보문화	○	○ ○ ○	○	2			
	사회시스템정보	○		○	2			
나고야공업대학 (名古屋工業大学)								
생명·응용화학	물리공·전기·기계공·정보공·사회공(건축·사회공간)·디자인분야, 환경도시분(환경시스템분야)	○	○ ○		2	자유		TOEFL 등 점수 필요
미에현								
미에대학 (三重大学)	실기계	○	○ ○		자유		*종합과목 또는 이과(2과)중 하나를 선택	
	문과계	○		*	1			
교육	이과계	○	○ ○		2	자유		사비 외국인 유학생 특별 입시 (하노이공과대학 트위닝 프로그램)
	종합공학코스 이외	○	○ ○		2			
공	기계공학코스	○	○ ○		2			
인문		○		○	2	일본어		
생물자원		○	○ ○		2	자유		
시가현								
시가대학 (滋賀大学)	학교교육교원양성과정(예술표현교육·체육·건강교육과·환경교육과정)	○	○ ○		1	자유	*종합과목 또는 이과(2과)중 하나를 선택	TOEFL 등 점수 필요
교육	학교교육교원양성과정(학교교육리,이수교육과,생활·기술교육코스),정보교육과정	○	○ ○		1			
	학교교육교원양성과정(학교교육과정,언어교육코스, 사회과교육코스)	○		*	1			
경제부		○		○	1	일본어		대학에서 자체적으로 작성하여 실시
(교토부)								
교토대학 (京都大学)		○	○ ○		자유	자유		TOEFL 등 점수 필요
공	지구공학과제코스	○	○ ○		2	일본어		TOEFL 또는 IELTS 점수 필요
공	이	○	○ ○		2	일본어		TOEFL.iBT 점수 필요
교토공예섬유대학 (京都工藝繊維大学)								
	응용생물학과정	○	○ ○		2	자유	자세한 내용은 대학에 문의해 주세요.	TOEFL 등 점수 필요
공예과	전자시스템공학과정,정보공학과정,기계공학과정	○	○ ○		2			
	디자인·건축학과정	○	○ ○	E1	2			
(오사카부)								
오사카대학 (大阪大学)	의	○	○ ○		2	일본어		TOEFL 점수 필요
	보건	○	○ ○		2			대학에서 자체적으로 작성하여 실시
	경제	○		○	2	자유		TOEFL 점수 필요
	치	○	○ ○		1	일본어		대학에서 자체적으로 작성하여 실시
	인간과학	○	○ ○	E1	2	자유		
	문	○		○	1	일본어		TOEFL 점수 필요

제5장 일본유학시험

학부	학과	과목 (문과/이과 선택: 물리/화학/생물/지학, 종합과목)	수학	출제언어 선택	과목선택비고	영어과목 등
오사카교육대학(大阪教育大学)						
	초등교육교원양성과정(유아), 학교교육교원양성과정(특별지원, 국어, 사회과 교육협동학 과정문별교육)	○	1	일본어		TOEFL 점수 필요
이	수, 학, 생물과(생물과학)	○ ○ ○ 2과	2			
	물리	○ ○	2			
	생물과(생명이학)	○ ○ 타1	2			
외국어		○ ○	자유			대학에서 자체적으로 작성하여 실시
교육	초등교육교원양성과정(초등교육주간)	○	1			
	과정문별교육					
	중등교육교원양성과정(초등교육주간)	○	*		* 종합과목, 수학(코스1)이나 이과(2과), 수학(코스2)를 선택	TOEFL 등 점수가 필요한 경우가 있음/전공에 따라 다름
	중등교육교원양성과정(학교교육, 가정, 음악, 미술·서도, 영어, 교육협동학과)		*			
	초등신리학과, 건강안전교육학, 보건체육, 예술표현, 스포츠과학	○ ○ 2과	2	일본어		
	(이학, 교육협동성과정 건강안전교육학, 가정, 기술)	○ ○ ○				
	양호교사양성과정 교육협동학과(이수정보)	○ ○ ○	2			선택
고베현						
고베대학(神戸大学)						
이	이	○ ○ ○ 2과	2	일본어		대학에서 자체적으로 작성하여 실시
	보건	○ ○ ○	1			TOEFL 등 점수 필요
해사과학		○ ○ ○ *	*	자유	* 종합과목 또는 이과(2과)중 하나를 선택	기타
경영		○ ○ ○	자유	일본어		대학에서 자체적으로 작성하여 실시
경제		○ ○ ○ 2과	1	자유		
국제문화		○ ○ ○ *	2	일본어		대학에서 자체적으로 작성하여 실시
농		○ ○ ○ 2과	2	자유		
발달과학	인간형성학(문과계), 인간형성학, 인간형성	○ ○ ○	1	일본어		대학에서 자체적으로 작성하여 실시
	인간환경학(이과계)	○ ○ ○	1			
문		○ ○ ○ 2과	2			
법		○ ○ ○ 타1	2			TOEFL 등 점수 필요
이	화학	○ ○ 2과	2			
	수학 지구행성과학	○ ○ ○	2			
	생명	○ ○ ○	2			
	물리	○ ○ ○ *	*	자유	* 종합과목 또는 이과(2과)중 하나를 선택	기타
효고교육대학(兵庫教育大学)						
학교교육		○ ○ ○ *	*		기타 과목의 경우는	
나라현						
나라교육대학(奈良教育大学)						
교육		○ ○ ○ 2과	2	자유	* [일본어, 수학(코스2), 이과(2과)] 또는 [일본어, 종합과목, 수학(코스1)]	
나라여자대학(奈良女子大学)						
생활환경	식물영양, 정보의류(의생활경학코스, 생활정보통신과학코스), 주거환경	○ ○ ○	2			
	심신건강	○	*	일본어		TOEFL 등 점수 필요
	생활문화	○ ○	1			
문		○ ○ ○	1	자유		
이	수물과학 화학생명환경과학(화학코스, 생물과학코스, 환경과학코스)	○ ○ 2과	2			
와카야마현						
와카야마대학(和歌山大学)						
경제		○ ○ ○ 2과	1	자유		TOEFL 등 점수 필요
시스템공학		○ ○ ○ *	*	자유	* 종합과목 또는 이과(2과)중 하나를 선택	
관광		○ ○ ○	자유			

일본 유학으로 성공하기

학부	학과	과목									출제언어 선택	과목선택비고	영어과목 등
		일본어	이과					종합과목	수학			
			물리	화학	생물	이과선택						

(돗토리현)
돗토리대학(鳥取大学)

학부	학과	일본어	물리	화학	생물	이과선택	종합과목	수학	출제언어	과목선택비고	영어과목 등
지역	지역창생코스	○					○	자유	일본어		
	지역 인간행성코스, 지역 국제지역문화코스	○							자유		대학에서 자체적으로 작성하여 실시
이		○	○	○	○	2과		2	일본어		
	이, 생명과학	○	○	○	○						
농	보건	○	○	○	○						

(시마네현)
시마네대학(島根大学)

학부	학과	일본어	물리	화학	생물	이과선택	종합과목	수학	출제언어	과목선택비고	영어과목 등
법문	법경, 사회문화	○					○	자유	일본어		
	언어문화	○							자유		
종합이공	물질화	○	○	○		타1		2	일본어		
	지구과	○	○	○	○	2과		2	일본어		
	수리과, 지능정보디자인	○	○			타1		2	일본어		TOEFL 점수 필요
	기계・전기전자공	○	○	○		2과		2	일본어		
	건축디자인	○	○	○		타1		2	일본어		
종합이공	물질화	○	○	○		2과		2	자유		TOEFL 또는 IELTS 점수 필요
	지구과, 지능정보디자인	○	○	○	○	2과		자유	자유		바이링구얼코스 입시
	수리과, 지능정보디자인	○	○			타1		2	자유		
	기계・전기전자공	○	○	○		2과		2	자유		
	건축디자인	○	○	○		2과		2	자유		
생물자원과	생명과	○	○	○	○	2과		자유	자유		TOEFL 점수 필요
재료에너지	농림생산, 환경공생과	○	○	○	○	2과		2	일본어		
인간과	재료에너지	○						자유	자유		
	인간과	○						자유	자유		

(오카야마현)
오카야마대학(岡山大学)

학부	학과	일본어	물리	화학	생물	이과선택	종합과목	수학	출제언어	과목선택비고	영어과목 등
이		○	○	○		타1		2			대학에서 자체적으로 작성하여 실시
	보	○				2과		1			
경제	야간주코스 제외	○					○	자유			
	환경・사회기반・정보・전기・수리데이터사이언스, 화학・생명	○	○	○		2과		2			TOEFL 등 점수 필요
공	기계시스템	○	○	○		2과		2	자유		
치		○	○	○	○	2과		2			대학에서 자체적으로 작성하여 실시
농		○	○	○	○	2과		2			기타
법		○						자유	일본어		
약	야간주코스 제외	○				타1		1			
이	화	○	○	○		2과		2	자유		대학에서 자체적으로 작성하여 실시
	수, 지구과	○	○	○	○	2과		2			
	생물	○	○	○	○	2과		2			
	물리	○	○	○		2과		2			대학에서 자체적으로 작성하여 실시

(히로시마현)
히로시마대학(広島大学)

학부	학과	일본어	물리	화학	생물	이과선택	종합과목	수학	출제언어	과목선택비고	영어과목 등
종합과	종합과정 B형 2월 실시(문과계)	○				타1		1	자유		본교가 지정하는 영어능력검정시험 Cambridge English 실용영어기능검정(영검) GTEC(CBT타입에 한함) IELTS™(Academic Module) TEAP(4기능) TEAP CBT(4기능) TOEFL iBT TOEIC L&R
	종합과정 B형 2월 실시(이과계)	○	○	○		2과		2	자유		
	종합과정 C형 3월 실시	○				*	*	자유	자유	* 종합과목 또는 이과(2과) 중 하나를 선택	

126 일본유학시험 이용학교 리스트

제5장 일본유학시험

학부	학과	해당 일본어	과목 이과 물리 화학 생물 이과 선택	종합 과목	수학	출제 언어 선택	과목선택비고	영어과목 등
종합과	국제공창 A일정 7월 실시(국외 선발형)						과목출제 언어의 지정은 하지 않지만, 수험 한 적이 있는 경우는 성적 증명서의 원본 증명이 이루어진 사본(복사)을 제출해 주세요.	본교가 지정하는 영어 외부 검정시험 Cambridge English 실용영어 기능 검정(영) GTEC(CBT타입에 한함) IELTS™(AcademicModule) TEAP(4기능) TEAP CBT(4기등) TOEFL iBT TOEIC L&R 및 TOEIC S&W
	국제공창 IGS국내 선발형							
	국제공창 IGS국내 선발형							
	국제공창 B일정 2월 실시(IGS국내 선발형)							
문	인문	○				일본어		
	제1류	○		○	자유	일본어		
	제2류(자연계코스, 사회계코스)	○		*	자유	자유	*종합과목 또는 이과(2과)중 하나를 선택	
	제2류(수리계코스)	○		*	2	자유		
교육	제2류(기술・정보계코스)	○	○		1	일본어		
	제3류(국어국문학계코스, 일본어교육계코스)	○	2과		자유	자유	*종합과목 또는 이과(2과)중 하나를 선택	
	제3류(영어영문학계코스)	○		○	자유	일본어		
	제4류(건강스포츠계코스)	○	*	*	1	자유	*종합과목 또는 이과(2과)중 하나를 선택	
	제4류(인간생활예술계코스)	○		○	1	자유		
	제5류(조형예술계코스)	○		*	자유	자유	*종합과목 또는 이과(2과)중 하나를 선택	본교가 지정하는 영어 외부 검정시험 Cambridge English 실용영어 기능 검정(영)
	제5류(심리학계코스)	○		*	자유	자유	*종합과목 또는 이과(2과)중 하나를 선택	GTEC(CBT타입에 한함) IELTS™(AcademicModule) TEAP(4기등)
	법(주간코스)	○		*	자유	일본어	*종합과목 또는 이과(2과)중 하나를 선택	TEAP CBT(4기등) TOEFL iBT TOEIC L&R
경제	경제(주간코스)	○		*	자유	자유	*종합과목 또는 이과(2과)중 하나를 선택	
이	이	○	2과		2	일본어		
	보	○	2과		2	자유		
	이	○		*	1	일본어	*종합과목 또는 이과(2과)중 하나를 선택	
치	치	○	타1		2	일본어		
약	제1류, 제3류, 제4류	○	2과		2	자유		
	제2류	○	2과		2	일본어		
생물생산	생물생산	○	2과		2	자유		
정보과	정보과	○	2과		2	자유		

(야마구치현)
수산대학교 (水産大学校)

학부	학과	일본어	이과 물리 화학 생물 이과 선택	종합 과목	수학	출제 언어 선택	과목선택비고	영어과목 등
	수산유통경영 해양생산관리, 해양기계공, 식품과학, 생물생산	○	2과		2	일본어		

야마구치대학 (山口大学)

학부	학과	일본어	이과 물리 화학 생물 이과 선택	종합 과목	수학	출제 언어 선택	과목선택비고	영어과목 등
인문	초등학교교육코스(교육학, 심리학, 국제이해교육선택이수, 유아교육선택이수, 특별지원교육코스, 교과교육코스(국어교육, 사회과교육선택이수, 교과교육코스(영어교육, 다슬교육, 정보교육코스, 기술・목, 가정교육, 음악교육, 미술교육, 보건체육코스, 교과교육코스(이과교육선택이수, 교과교육코스(수학교육선택이수	○		○		일본어		
교육		○		○	1	일본어		
		○	2과		2	자유		
경제		○			1	일본어		
이	수리・정보・물리・화학	○	2과		2	자유		
	지구권시스템	○	2과		2	자유		
이	보건(간호학전공)	○		○	1	일본어		
	보건(검사기술과학전공)	○	2과		2	자유		TOEIC 또는 TOEFL 성적증명서 필요
공	기계공, 사회건설공, 전기전자정보, 지능정보공, 감성디자인공 영응화, 순환환경공	○	2과		2	자유		
농	농	○	2과		2	일본어		
공동수의	공동수의	○	2과		2	일본어		

일본 유학으로 성공하기

학부	학과	일본어	이과(물/화/생/지)	종합과목	수학	출제언어선택	과목선택비고	영어과목 등
〔도쿄시마현〕									
도쿠시마대학(德島大学)							
종합과학	종합	○		○	1			TOEFL 등 점수 필요
의	의	○	○		2			TOEFL 점수 필요
	보건(간호)	○	○ 타1		1	일본어		
	보건(방사선기술과학)	○	○ 1과		2			
	보건(검사기술과학)	○	○ 2과		2			
치	치	○	○ 2과		2			TOEFL 점수 필요
이공	이공(사회기반디자인코스, 기계과학코스, 전기전자시스템코스, 지능정보코스, 광시스템코스)	○	○ 타1		2	자유		
	이공(응용화학시스템코스)	○	○ 2과		2			
	이공(수리과학코스, 자연과학코스)	○	○ 2과		2	일본어		
생물자원산업		○	○ 2과		2			
〔가가와현〕							
가가와대학(香川大学)							
경제	경제	○		○ 2과	자유	일본어		TOEFL 점수 필요
창조공		○		○ 타1	2	자유		TOEFL 등 점수 필요
농		○	○ 2과		자유	일본어		TOEFL 점수 필요
〔에히메현〕							
에히메대학(愛媛大学)							
의	의	○	○		2			TOEFL 점수 필요
	간호	○	○		1	일본어		
교육	학교교육교원양성과정 교육발달전공코스(유아교육, 특별지원교육, 초등교육), 초중등교 과코스(언어사회교육, 과학교육)	○	*	*	자유	자유	*종합과목 또는 이과(2과)중 하나를 선택	영어과목을 선택
	학교교육교원양성과정 초등등교과코스(생활환경·예술교육)	○	*	*	자유	자유		
공	공	○	○		2	자유		
농	식량생산, 생명기능, 생물환경	○	○ 2과		2	일본어		
법문	인문사회(주간주코스)	○		○	1	자유		
이	이(수학·수리정보코스, 물리학코스, 화학코스)	○	○		자유			
	이(생물학코스, 지학코스)	○	○ 2과		자유			
사회공창	산업매니지먼트, 산업이노베이션, 환경디자인, 지역자원매니지먼트, 문화자원매니지먼트, 수포건강매니지먼트 (농산어촌매니지먼트코스, 문화자원매니지먼트코스, 수포건강매니지먼트코스)	○	*	*	1	일본어	*종합과목 또는 이과(2과)중 하나를 선택	
〔고치현〕							
고치대학(高知大学)							
인문사회과	인문사회과학과, 인문과학)	○		○	1	일본어		TOEFL 등 점수 필요
	인문사회과(국제사회)	○		○	1	자유		
교육	학교교육교원양성(유아교육, 교육과학, 특별지원교육, (음악교육, 미술교육, 보건체육교육)	○		○	2	일본어		
이		○	○		2	자유		
농림해양과	농림자원과(산지농학, 자연환경학), 산림환경학, 성신환경관리학), 농예화학, 해양자원과학 생물생산학, 해저자원환경학, 예양생명과학	○	○ 2과		2			
〔후쿠오카현〕							
규슈대학(九州大学)							
공학	공	○	○ 2과		1	자유		TOEFL 등 점수 필요
교		○		○	2			
		○		○	1			

제5장 일본유학시험

규슈공업대학(九州工業大学)

후쿠오카교육대학(福岡教育大学)

사가대학(佐賀大学)

학부	학과	일본어	이과(물리/화학/생물 이과선택)	종합과목	수학	출제언어선택	과목선택비고	영어과목 등
법		○		○	1			
경제	경제·경영	○		○	2			
	경제공	○			2			
이	물리	○	○		2			
	화학 지구혹성 수학 생물	○	○ 2과		2			
	의, 생명 보건(방사선기술과학전공, 검사기술과학전공)	○	○ 2과		자유			
의	보건(간호학전공)	○	○ E1		2	자유		
치	치학과, 임상약	○	○		2			
약	창약과, 임상약	○	○		2			
공	전기전자공, 재료공, 응용화, 화학공, 융합기초공(물질재료코스, 기계기기코스, 기계응용코스), 지구자원시스템공, 토목공, 건축공주, 항공우주, 양자물리다공, 선박해양공, 미래구상디자인코스, 미디어디자인코스, 음향설계코스	○	* E1		2		* 이과 중 2과목 선택	
예술공	예술공(미래구상디자인코스)	○	* 2과	*	자유		* 종합과목, 이과에서 1과목 선택	
농	예술공(미래구상디자인코스)	○	○ E1		2		* 물리나 화학을 포함한 2과목 선택	
공(10월입학)	전기전자공(전기전자공학코스) 응용화(응용화학코스) 토목공(건설도시공학코스) 기계공(기계공학코스) 항공우주공(기계공학코스)	○	○		자유			TOEFL 등 점수 필요
농(10월입학)		○	○ E1		2	자유		
(공장·공·농(10월입학))EJU 성적을 출원서류 선택지의 하나로 이용할 수 있다.								

학부	학과	일본어	이과	종합과목	수학	출제언어선택	과목선택비고	영어과목 등
정보공		○	○ 2과	○	2	자유		TOEFL 등 점수 필요

학부	학과	일본어	이과	종합과목	수학	출제언어선택	과목선택비고	영어과목 등
교육	초등교육원양성과정 초등교육원양성과정(유아교육선택이수), 특별지원교육원양성과정(초등교육부중등) 중등교육원양성과정(국어전공, 사회전공) 중등교육원양성과정(수학전공, 이과전공) 중등교육원양성과정(영어전공, 기술전공) 중등교육원양성과정(음악전공, 미술전공) 중등교육원양성과정(기술전공) 중등교육원양성과정(보건체육전공)	○ ○ ○ ○ ○ ○ ○ ○	* * *	○ ○ * ○ * ○ * ○	2과 * 2과 * 2과 * 2과 *	1 1 2 2	일본어	* 종합과목 또는 이과(2과)중 하나를 선택 * 종합과목, 수학(코스1), 이과(2과)중 1과목 선택 * 종합과목 또는 이과(물리, 생물) 중 하나 선택	

(사가현)

학부	학과	일본어	이과	종합과목	수학	출제언어선택	과목선택비고	영어과목 등
경제		○		○	2	일본어		TOEFL 등 점수 필요
농		○	○ 2과		1	자유		
문화교육	학교교육과정(음악선택이수) 국제문화과정, 인간환경과정(인간환경과정·스포츠선택이수) 학교교육과정(유아교육선택이수), 교육심리학선택이수, 장애아교육선택이수 학교교육과정(생활·환경·기술선택이수) 학교교육과정(수학선택이수) 학교교육과정(이수), 인간환경과정(생활·환경·기술선택이수) 미술·공예과정 학교교육과정(이과선택이수)	○ ○ ○ ○ ○ ○ ○	* ○ *	* ○ * ○ * ○ *	2과 2과 * 2과 * 2과 * 2과	2 1 2 자유 자유 2 자유 자유 2	일본어 자유 일본어 일본어 자유	* 종합과목 또는 이과(2과)중 하나를 선택 * 종합과목, 이과(2과)중(중에) 1과목 선택 * 종합과목 또는 이과(2과)중 하나를 선택	TOEFL 등 점수 필요
이공		○						

(주)해외교육사업단 129

일본 유학으로 성공하기

학부	학과	과목 일본어	이과 화학	이과 생물	이과 물리	이과 선택	종합과목	수학	출제언어선택	과목선택비고	영어과목 등
나가사키현											
나가사키대학 (長崎大学)											
	의	○	○	○	○			2	영어		대학에서 자체적으로 작성하여 실시
환경과학	문과계	○					○	자유			기타
	이과계	○	○	○	○	2과		자유			
교육	학교교육양성과정(초등교육, 장애인교육, 중등교육문과계, 실기)	○						1	일본어		중학교영어전공의 대학 자체적으로 작성, 그 외는 해당 없음
	학교교육양성과정(중등교육이과계)	○	○	○	○	2과		2			
경제		○					○	2			TOEFL 또는 TOEIC 점수 필요
공		○	○	○	○	2과		2			기타
치		○	○	○	○	2과		2	일본어		대학에서 자체적으로 작성하여 실시(선택)
수산		○	○	○	○	2과		자유	일본어		기타
다문화사회		○				타1		1	자유		대학에서 자체적으로 작성하여 실시
											TOEFL 등 점수 필요
구마모토현											
구마모토대학 (熊本大学)											
	의, 보건(방사선, 검사)	○	○	○	○	2과		2	일본어		
	보건(간호)	○						1			
교육	학교교육양성과정 초·중등교육코스 (초등학교, 국어, 사회, 영어, 실기계전공)	○						1			대학에서 자체적으로 작성하여 실시
	학교교육양성과정 초·중등 기술, 가정, 특별지원교육코스	○						1			
	학교교육양성과정 초·중등교육코스 (수학, 이과전공), 양호교육코스	○	○	○	○	2과		2			
공		○	○	○	○	2과		1	일본어		수험자의 고등학교 재학시 영어 성적 등에 의해 판단
이		○	○	○	○	2과		2			대학에서 자체적으로 작성하여 실시
오이타현											
오이타대학 (大分大学)											
경제		○					○	1	자유		기타
이공		○	○	○	○	2과		2			TOEIC L&R 및 S&W 또는 TOEFL iBT 점수 필요
미야자키현											
미야자키대학 (宮崎大学)											
의		○	○	○	○	2과		2	일본어		대학에서 자체적으로 작성하여 실시
교육문화	문과계	○						자유	일본어		
	이과계	○	○	○	○	2과		2	일본어		
공		○	○	○	○	2과		자유	자유		TOEFL 점수 필요
농	식료생산, 지역농업시스템, 응용생물과학	○	○	○	○	2과		자유	자유		
가고시마현											
가고시마대학 (鹿児島大学)											
의, 보건		○	○	○	○	2과		2	자유	*종합과목 또는 이과(2과)중 하나를 선택	
교육	학교교육양성과정(음악·보건체육·가정·교육학·심리학전수)·특별지원교육전양성	○					*	자유			
	학교교육양성중등교육과정(건강교육코스)	○					○	자유			
	학교교육양성과정(국어·사회·미술·영어전수), 생애학습교육(지역영예교육코스)	○						자유			
	학교교육양성과정(수학·이과·기술전수)	○	○	○	○	2과		2			TOEFL 등 점수 필요
국		○						2	일본어		
치		○	○	○	○			2	자유		
수산		○	○	○	○			2	자유		
농		○	○	○	○			2	자유		

제5장 일본유학시험

학부	학과	과목							출제언어선택	과목선택비고	영어과목 등
		일본어	이과(화학·생물·물리 중 선택)			종합과목	수학				
법문	경제정보, 인문	○				○	자유	자유		
	법정책	○				○	자유	자유		
이	수리정보, 지구환경	○	○	○	○		2	일본어	2과		TOEFL 등 점수 필요
	생명환경	○	○	○			2		타1		
	물리과	○	○	○	○		2				

가노야체육대학 (鹿屋体育大学)

학부	학과	일본어	이과			종합과목	수학	출제언어	과목선택비고	영어과목
체육	무과계					○	자유	자유		
	이과계						자유	자유	2과		

오키나와현

류큐대학 (琉球大学)

학부	학과	일본어	이과			종합과목	수학	출제언어	과목선택비고	영어과목
인문학	국제법정, 인간사회, 류큐아시아문화	○				○	자유	일본어		
국제지역창조	국제지역창조(주간코스)	○				*	자유	자유	면접을 일부 영어로 실시	
교육	학교교육교원양성과정 중학교교육코스 교과교육전공(음악교육전수)	○	○	○	○	*	자유	일본어		
	학교교육교원양성과정 중학교교육코스 교과교육전공(미술교육전수)	○	○	○	○	*	자유	자유		
	학교교육교원양성과정 중학교교육코스 교과교육전공(기술교육전수)	○	○	○			자유	자유		
이	수리과, 물질지구과학(물리계)	○	○	○	○		2	일본어	2과	
	물질지구과학(지학계), 해양자연(화학계), 해양자연(생물계)	○	○	○	○		자유	자유		
공	기계공학코스, 에너지환경공학코스, 전기시스템공학코스, 전자정보통신코스, 사토기반디	○	○	○	○		자유	일본어		*종합과목 또는 이과(2과)중 하나를 선택
	자인코스, 건축학코스, 지능정보코스	○	○	○	○		자유	자유		
농	아열대지역농학, 아열대농림환경, 지역농업공학, 아열대생물자원과학(건강영양과학코스 제외)	○	○	○	○		2	자유	2과	

[공립]
[홋카이도]

삿포로의과대학 (札幌医科大学)

학부	학과	일본어	이과			종합과목	수학	출제언어	과목선택비고	영어과목
이	간호, 작업요법	○	○	○	○		2	자유	2과		TOEFL 등 점수 필요
보건의료	이학요법	○				*	1	자유	*종합과목 또는 이과(2과)중 하나를 선택	기타

삿포로시립대학 (札幌市立大学)

학부	학과	일본어	이과			종합과목	수학	출제언어	과목선택비고	영어과목
디자인		○					1	자유		

[이와테현]
이와테현립대학 (岩手県立大学)

학부	학과	일본어	이과			종합과목	수학	출제언어	과목선택비고	영어과목
간호		○				*	1	일본어		TOEFL 등 점수 필요

[아오모리현]
아오모리공립대학 (青森公立大学)

학부	학과	일본어	이과			종합과목	수학	출제언어	과목선택비고	영어과목
경영경제		○				○	자유	일본어		

[미야기현]
미야기대학 (宮城大学)

학부	학과	일본어	이과			종합과목	수학	출제언어	과목선택비고	영어과목
간호		○					자유	일본어		
사업플래닝, 지역창생		○					자유	일본어		
사회복지	가치창조디자인	○				타1	자유	자유		
종합정책	식자원개발, 푸드매니지먼트	○				2과	자유	자유		

[아키타현]
아키타현립대학 (秋田県立大学)

학부	학과	일본어	이과			종합과목	수학	출제언어	과목선택비고	영어과목
시스템과학기술	기계공	○	○	○	○		2	일본어		TOEFL 등 점수 필요
	지능메카트로닉스	○	○	○	○		2	일본어		
	정보공	○	○	○	○		2	일본어		
	건축환경시스템	○	○	○	○		2	일본어		

일본 유학으로 성공하기

학부	학과	과목						출제언어 선택	과목선택비고	영어과목 등
		일본어	이과 물리	이과 화학	이과 생물	이과 선택	종합과목	수학			

후쿠시마현

아이즈대학(会津大学)
시스템과학기술	경영시스템공	○	○	○	○			2	일본어		
	응용생물과	○	○	○	○			1			
생물자원과	생물환경과	○	○	○	○			1			TOEIC 점수 필요
	애그리비즈니스	○						1			

후쿠시마현립의과대학(福島県立医科大学)
| 컴퓨터이공학 | 컴퓨터이공학 | ○ | ○ | ○ | | 2과 | | 2 | 자유 | | TOEFL 등 점수 필요 |
| 간호 | 간호 | ○ | | | | 2과 | | 1 | 일본어 | | 대학에서 자체적으로 작성하여 실시 |

군마현

군마현립여자대학(群馬県立女子大学)
| 문 | 영미문화학, 국문, 미학미술사, 문화정보 | ○ | | | | | ○ | | 자유 | | 대학에서 자체적으로 작성하여 실시 |
| 국제커뮤니케이션 | | ○ | | | | | ○ | | | | |

다카사키경제대학(高崎経済大学)
| 경제 | | ○ | | | | | ○ | | 일본어 | | |
| 지역정책 | | ○ | | | | | | | 일본어 | | |

마에바시공과대학(前橋工科大学)
| 공 | | ○ | ○ | ○ | ○ | 2과 | | 2 | 일본어 | | |

도쿄도

도쿄도립대학(東京都立大学)
시스템디자인	시스템디자인(휴먼메카트로닉스시스템코스, 정보통신시스템코스, 항공우주시스템코스)	○				타1		2	일본어		
	시스템디자인(경영시스템디자인코스, 인더스트리얼아트코스)	○				2과		2			
도시환경	도시환경(지리환경코스)	○	○	○	○			2			
	도시환경(도시기반환경코스, 건축도시코스, 분자응용화학코스)	○	○	○	○			2			TOEFL 점수 필요
	도시교양(인문·사회계, 법학계, 경영계)	○					○	자유			
도시교양	도시교양(이공학계(화학코스))	○	○	○	○			2			
	도시교양(이공학계(수리과학코스, 생명과학코스))	○	○	○	○	타1		2			
	도시교양(이공학계(전기전자공학코스, 기계공학코스))	○	○	○	○	2과		2			
	도시교양(이공학계(물리학코스))	○	○	○	○	타1		2			

가나가와현

요코하마시립대학(横浜市立大学)
국제교양		○					○	1	자유		
국제상		○					○	2			TOEFL 등 점수 필요
이		○	○	○	○	2과		2		*종합과목+수학코스1, 또는 '이과(2과)+수학 코스2, 선택	
데이터 사이언스		○				*	*	*			

니가타현

나가오카조형대학(長岡造形大学)
| 조형 | 디자인, 미술·공예, 건축·환경디자인 | ○ | | | | | | | 일본어 | | |

니가타현립대학(新潟県立大学)
국제지역		○					○		자유		
인간생활	어린이	○					*	*	일본어	*종합과목 또는 수학(2과) 중 하나를 선택	
	건강영양	○						자유	자유		
국제경제		○					○	자유			

도야마현

도야마현립대학(富山県立大学)
| 공 | | ○ | ○ | ○ | ○ | 2과 | | 2 | 자유 | | 기타 |

제5장 일본유학시험

학부	학과	일본어	이과 (물리/화학/생물 선택)	종합과목	수학	출제언어 선택	과목선택 비고	영어과목 등
[이시카와현]								
이시카와현립대학 (石川県立大学)								
	생물자원환경 / 생산과학, 식품	○	○ ○ ○ 2과		2	자유		기타
[후쿠이현]								
후쿠이현립대학 (福井県立大学)								
	간호	○	2과		2	일본어		TOEIC으로 대응
[야마나시현]								
쓰루문과대학 (都留文科大学)								
	간호복지	○		○	자유	일본어	*종합과목 또는 이과(2과)중 하나를 선택	대학에서 자체적으로 작성하여 실시
	경제	○	*	*	자유	일본어		
	생물자원	○	2과		자유	일본어		
[야마나시현]								
쓰루문과대학 (都留文科大学)								
	영문 비교문화	○		○	1	일본어		TOEFL 점수 필요
	국문, 사회	○		○	자유	일본어		
	초등교육	○						
야마나시현립대학 (山梨県立大学)								
	국제정책	○		○	1	일본어		
	인간복지	○		○	1	일본어		기타
[나가노현]								
공립스와도쿄이과대학 (公立諏訪東京理科大学)								
	정보응용공, 기계전기공	○	○ ○ ○ 2과		2	일본어		민간시험으로 대응
나가노대학 (長野大学)								
	사회복지	○		○	자유	일본어		대학에서 자체적으로 작성하여 실시
	환경투어리즘	○		○	자유	일본어		
	기업정보	○		○	자유	일본어		
나가노현립대학 (長野県立大学)								
	글로벌매니지먼트	○	*	*	*	자유	*종합과목 또는 수학(문,이과)자유 선택	영어 자격증의 공식적인 성적 증명서 제출 필요
	건강발달	○	1과		자유	자유		
	어린이	○						
[시즈오카현]								
시즈오카현립대학 (静岡県立大学)								
	경영정보	○		○	자유	일본어		TOEFL 등 점수 필요
	국제관계	○		○	자유	자유		대학에서 자체적으로 작성하여 실시
	식품영양과학	○	○ ○ ○ 2과		2	일본어		TOEFL 등 점수 필요
	약	○	○ ○ ○ 2과		2	일본어		
시즈오카문화예술대학 (静岡文化芸術大学)								
	문화정책	○		○	자유	일본어		
	디자인	○		○ 타1	자유	일본어		
[아이치현]								
아이치현립대학 (愛知県立大学)								
	외국어	○		○	1	일본어		대학에서 자체적으로 작성하여 실시
	일본문화	○		○	1	일본어		
	교육복지	○		○	1	일본어		대학에서 자체적으로 작성하여 실시
	간호	○	○	○	자유	일본어		
	정보과학	○	○ ○ ○		2	일본어		TOEIC L&R, TOEFL iBT, IELTS 중 하나의 점수 필요
아이치현립예술대학 (愛知県立芸術大学)								
	음악	○		○	1	일본어		
	미술	○		○				
나고야시립대학 (名古屋市立大学)								
	경제	○		○	자유	일본어		TOEFL 점수 필요

학부	학과	과목							출제언어선택	과목선택비고	영어과목 등
		일본어	이과 물리	이과 화학	이과 생물	이과 선택	종합과목	수학			

시가현립대학 (滋賀県立大学)

학부	학과	일본어	물리	화학	생물	이과선택	종합	수학	출제언어	과목선택비고	영어
	예술공	○					○	2	일본어		TOEIC 점수 필요
인문사회		○					○	2	일본어		
환경과학	환경건축디자인	○	○	○	○	2과		2	일본어	*종합과목 또는 이과(2과)중 하나를 선택	대학에서 자체적으로 작성하여 실시
	환경정책·계획	○				*	*	자유	일본어		
	환경생태	○	○	○	○	2과		자유	일본어	*종합과목 또는 이과(2과)중 하나를 선택	
	생물자원관리	○	○	○	○	*	*	자유	일본어		
공	재료과학, 기계시스템공, 전자시스템공	○	○	○	○			2	일본어		
인간문화	생활영양	○	○	○	○				일본어		
	인간관계	○					○	자유	일본어		
	생활디자인	○					○	자유	일본어		
	인간문화	○					○	자유	일본어		

교토부립대학 (京都府立大学)

학부	학과	일본어	물리	화학	생물	이과선택	종합	수학	출제언어	과목선택비고	영어
문	일본·중국문학, 구미언어문화, 역사	○						자유	일본어		
공공정책	공공정책, 복지사회	○						자유	일본어		
생명환경	생명분자화학	○	○	○	○			자유	일본어		
	농학생명과학	○	○	○	○			자유	일본어		
	식보건	○	○	○	○			2	일본어		TOEFL 등 점수 필요
	환경·정보과학	○	○	○	○			자유	일본어		
	환경디자인	○	○	○	○			자유	일본어		
	삼림과학	○	○	○	○	2과		자유	일본어		

후쿠치야마공립대학 (福知山公立大学)

학부	학과	일본어						수학	출제언어		
지역경영	지역경영	○					○	자유	일본어		

오사카공립대학 (大阪公立大学)

학부	학과	일본어	물리	화학	생물	이과선택	종합	수학	출제언어	과목선택비고	영어
현대시스템과학역	지식정보시스템학류	○	*	*	*	2과	○	2	일본어	이과와 종합과목 중 하나를 수험	TOEFL 점수 필요
	환경사회시스템학류, 교육복지지학류, 심리학류	○					○	자유	일본어		
문		○					○	1	일본어		
법		○					○	자유	일본어		
경제		○					○	자유	일본어		
상		○				*	*	2	일본어	이과와 종합과목 중 하나를 수험	
이	수학, 화학, 생물학, 지구학과, 생물화학과	○				2과		2	일본어	*물리 필수 혹, 생물에서 1과목 선택	대학에서 자체적으로 작성하여 실시
	물리학과	○	*			2과		자유	일본어	*물리 필수 혹, 생물에서 1과목 선택	
공	항공우주공학과, 해양시스템공학과, 기계공학과, 건축학과, 도시학과, 전자물리공학과, 정보공학과, 전기전자시스템공학과, 응용과학과, 과학공학과, 머티리얼공학과, 과학바이오	○	*			2과		2	일본어	*물리, 화학 2과	
수의		○				2과		2	일본어	화학, 생물 2과목	
간호		○				*	*	자유	일본어		TOEFL 점수 필요
생활과		○				2과		자유	일본어	이과와 종합과목 중 하나를 수험	
	식영양학과	○				*		1	일본어		
	거주환경학과, 인간복지학과	○					○	자유	일본어		대학에서 자체적으로 작성하여 실시

효고현

고베시간호대학 (神戸市看護大学)

학부	학과	일본어				이과선택	종합	수학	출제언어	과목선택비고	영어
간호		○					○	자유	일본어	*종합과목 또는 이과(2과)중 하나를 선택	TOEFL 등 점수 필요

효고현립대학 (兵庫県立大学)

학부	학과	일본어						수학	출제언어	과목선택비고	영어
경제		○				*	*	자유	자유	생물 + 타 1은 자유선택	대학에서 자체적으로 작성하여 실시
경영		○				*	*	자유	자유		

제5장 일본유학시험

학부	학과	과목								출제언어선택	과목선택비고	영어과목 등
		일본어	이과				종합과목	수학				
			물리	화학	생물	이과선택					
(돗토리현)												
공립돗토리환경대학 (公立鳥取環境大学)	환경	○	○	○	○	2과		2	일본어		대학에서 자체적으로 작성하여 실시
	이	○	○	○	○	2과		2	일본어		
	환경인간	○				자유	*	자유	일본어	* 종합과목 또는 이과(2과)중 하나를 선택	
	간호	○				자유	*	자유	일본어		
(시마네현)												
시마네현립대학 (島根県立大学)	환경	○					○		일본어		
	경영	○					○		일본어		
	종합정책	○					○		일본어		
(오카야마현)												
오카야마현립대학 (岡山県立大学)	보건복지	○					○	1	일본어		
	정보공학	○	○	○	○	2과		1	자유		TOEFL iBT 점수 필요
	디자인	○	○	○	○	E1		2	일본어		
	조형디자인	○				2과		1	자유		
(히로시마현)												
오노미치시립대학 (尾道市立大学)	경제정보	○					○	자유	일본어		
	예술문화	○					○		일본어		
현립히로시마대학 (県立広島大学)	경영정보	○		○				1	일본어		
	경영	○					○		자유		
	인간문화	○					○		일본어		
	생명환경	○	○	○	○	2과		2	자유		
	보건복지	○				*	*	1	일본어	* 종합과목 또는 이과(2과)중 하나를 선택	
히로시마시립대학 (広島市立大学)	국제	○					○	자유	일본어		TOEIC 점수 필요
	예술	○					○	자유	일본어		
	정보과학	○					○	2	일본어		
(야마구치현)												
후쿠야마시립대학 (福山市立大学)	교육	○					○		일본어		TOEFL 등 점수 필요
	아동교육	○					○		일본어		
	도시경영	○					○		일본어		
산요오노다시립야마구치도쿄이과대학 (山陽小野田市立山口東京理科大学)	공	○	○	○		E1			일본어		
	기계공・전기공・응용화학										
시모노세키시립대학 (下関市立大学)	경제	○							일본어		
(야마구치현)												
야마구치현립대학 (山口県立大学)	국제문화	○					○		일본어		
	사회복지	○					○		일본어		
	간호영양	○							일본어		
(에히메현)												
에히메현립의료기술대학 (愛媛県立医療技術大学)	보건과학	○					○	1	일본어		영말 출제를 포함한 소논문 실시
	간호・임상검사										

일본 유학으로 성공하기

[고치현]

고치현립대학(高知県立大学)

학부	학과	과목					출제언어선택	과목선택비고	영어과목 등
		일본어	이과(물리화학생물)	종합과목	수학				
	간호	○			*			*수학(코스)자유 또는 이과(2과)중 하나를 선택	
	사회복지	○		○					
	문화	○		○			일본어		
	건강영양	○			*			*수학(코스)자유 또는 이과(2과)중 하나를 선택	

[후쿠오카현]

기타큐슈시립대학(北九州市立大学)

학부	학과	일본어	이과	종합과목	수학	출제언어	과목선택비고	영어과목 등
	외국어	○		○	자유			
	경제	○		○	2			
	국제환경공학	○	○		자유	일본어		
	문 인간관계	○		○	1			
	비교문화	○		○				

규슈치과대학(九州歯科大学)

| | 치 | ○ | 타1 | | 2 | 자유 | | 대학에서 자체적으로 작성하여 실시 |

후쿠오카현립대학(福岡県立大学)

| | 인간사회 | ○ | | ○ | | 일본어 | | |

후쿠오카여자대학(福岡女子大学)

| | 국제교양 | ○ | 2과 | ○ | 자유 | | | ①실용영어기능검정 ②TOEFL iBT ③TOEIC Listening & Reading Test 및 TOEIC Speaking & Writing Tests ④GTEC(4기능) ⑤IELTS ⑥TEAP ⑦TEAP CBT ⑧케임브리지영어검정 |
| | 환경과학·건강 | ○ | ○ | | 2 | 일본어 | | |

[나가사키현]

나가사키현립대학(長崎県立大学)

	경영·국제경영	○	*	*	자유		*이과(2과)또는 종합과목 중 하나를 선택	
	지역창조	○	2과	*	자유			
	공공정책,실전경제	○	2과	*	자유	일본어		
	국제사회	○	*	○	자유		*이과(2과)또는 종합과목 중 하나를 선택	
	정보시스템	○	*		2			
	정보시큐리티	○	2과		자유			
	간호	○	○					
	영양건강	○	○					

[구마모토현]

구마모토현립대학(熊本県立大学)

	환경공생	○	2과		자유	일본어		
	총합관리	○	*	*	자유	일본어	*종합과목 또는 이과(2과)중 하나를 선택	대학에서 자체적으로 작성하여 실시
	영어영미문학	○			자유	자유		
	문 일본어일본문학	○		○		일본어		

[오이타현]

오이타현립간호과학대학(大分県立看護科学大学)

| | 간호 | ○ | ○ | | 1 | 일본어 | | TOEFL 등 점수 필요. 기타 |

[미야자키현]

미야자키공립대학(宮崎公立大学)

| | 인문 | ○ | | ○ | 2과 | 일본어 | | |
| | 국제문화 | ○ | | ○ | | 일본어 | | |

[오키나와현]

오키나와현립예술대학(沖縄県立芸術大学)

| | 미술공예 | ○ | | | 자유 | 일본어 | | |
| | 음악 | ○ | | | | 일본어 | | |

메이오대학(名桜大学)

| | 국제 | ○ | | | | | | |
| | 인간건강 | ○ | | ○ | | | | |

제5장 일본유학시험

[사립] (홋카이도)

학부	학과	일본어(종합과목)	이과(물리화학생물)	종합과목	수학	출제언어선택	과목선택비고	영어과목 등
아쿠에이칸대학 (青英館大学)	정보미디어	○						
삿포로대학 (札幌大学)	(학군으로 출원)	○						
	경제학전공	○						
	경영학전공	○						
	법학전공	○						
지역공창학군	영어전공	○				일본어		
	러시아어전공	○						
	역사문화전공	○						
	일본어·일본문화전공	○						
	스포츠문화전공	○						
	리버럴아츠전공	○						
삿포로가쿠인대학 (札幌学院大学)	상	○						
	경영	○						
	경제	○						
	인간, 영어영미문, 어린이발달	○						
	사회정보	○						
삿포로국제대학 (札幌国際大学)	인문	○						
	관광	○						
	스포츠인간	○						
세이사도토대학 (星槎道都大学)	사회복지	○						
	미술	○						
	경영	○						
니혼의료대학 (日本医療大学)	간호	○	○		2	일본어		
보건의료	리허빌리테이션	○	○		2			
	진료방사선	○	○		2			
호쿠요대학 (北洋大学)	국제문화	○					미정(검토중)	
홋카이가쿠엔대학 (北海學園大学)	경제	○		○	타1	일본어		
	경영	○		○				
	법	○		○				
	인문	○		○				
홋카이도과학대학 (北海道科学大学)	기계공학, 정보공학, 전기전자공, 건축, 도시환경	○	○		2			
공	사회환경공(사회환경코스), 전자정보	○	○					
	사회환경공(환경정보코스), 건축	○	○					
	약	○			자유			
보건의료	이학요법, 의지장구, 임상공, 진료방사선	○			자유			
	인간	○						
미래디자인	미디어디자인, 인간사회	○						

일본유학시험 이용학교 리스트

학부	학과	일본어	이과 물리	이과 화학	이과 생물	이과선택	종합과목	수학	출제언어선택	과목선택비고	영어과목 등
홋카이도정보대학 (北海道情報大学)											
	경영정보/의료정보	○									
	정보미디어	○									
	경영정보	○									
홋카이도문교대학 (北海道文教大学)											
	국제	○							검토중		미정(검토중)
	인간	○									
낙농학원대학 (酪農学園大学)											
	농식환경학군	○									
	수의학군 수의학류	○	*	*	*			2		*어느 한 과목 성적 제출	
	수의학군 수의보건간호학류	○			○						TOEFL 점수 필요
(아오모리현)											
아오모리대학 (青森大学)											
	소프트웨어정보	○						1			
	종합경영	○							일본어		
	사회	○			○						
	약	○						2			
아오모리주오가쿠인대학 (青森中央学院大学)											
	경영법	○									
하치노헤가쿠인대학 (八戸学院大学)											
	지역경영	○									
	건강간호	○									
(이와테현)											
모리오카대학 (盛岡大学)											
	문									이용과목 검토중	대학에서 자체적으로 작성하여 실시
(미야기현)											
이시노마키센슈대학 (石巻専修大学)											
	이공	○									
	경영	○									
	인간	○									
쇼케이가쿠인대학 (尚絅学院大学)											
	인문사회학류	○					○		일본어		
	심리·교육학군 심리학류	○					○				
	심리·교육학군 학교교육학류	○					○				
	건강영양학류	○		○	○						
센다이시라유리여자대학 (仙台白百合女子大学)											
	인간(어린이교육, 심리복지, 글로벌·스터디즈)	○					○				
	건강영양·관리영양전공	○		○	○						
도호쿠가쿠인대학 (東北学院大学)											
	교양	○	*	*	*	2과	*	*	일본어	*종합과목·수학(코스1), 이과 중 1과목 선택	대학에서 자체적으로 작성하여 실시
	문	○	○	○	○			2			
	경제	○					*	*		*종합과목 또는 수학(코스1) 선택	
	경영	○					*	*			
	법	○					*	*			
도호쿠공업대학 (東北工業大学)											
	공	○						*			
	라이프디자인										

제5장 일본유학시험

학부	학과	해답언어	이과 물리	이과 화학	이과 생물	이과 선택	종합과목	수학	출제언어선택	과목선택비고	영어과목 등
도호쿠복지대학 (東北福祉大学)											
	종합복지	○									
	복지심리	○										
	복지경영	○										
	신입복지매니지먼트	○										
	정보복지매니지먼트	○										
	건강과학	○										
	의료경영관리	○										
미야기가쿠인여자대학 (宮城学院女子大学)												
	현대비즈니스	○							일본어		
	식품영양	○	*	*	*	2과				*종합과목, 수학(코스1), 이과 중 1과목 선택	
	생활환경디자인	○									
	학예	○					○				
	일본문, 영문, 인간문화, 심리행동, 음악과										
(야마가타현)											
도호쿠예술공과대학 (東北芸術工科大学)											
	예술	○							일본어		
	디자인공	○									
도호쿠공익문과대학 (東北公益文科大学)											
	공익	○					○				
도호쿠분카대학 (東北文化学大学)											
	인간과학	○							일본어		
	어린이교육	○									
	인간건강	○									
(종합자격ㆍ독해, 청해ㆍ청독해ㆍ독해 200점 이상 ※출원자격으로서 요구하는 일본어능력을 증명하는 것 중 하나로 수험을 의무화하는 것은 아님)											
(후쿠시마현)											
이료창생대학 (医療創生大学)											
	교양	○					○				
	지역교양	○									
고리야마여자대학 (郡山女子大学)											
	가정	○							일본어		
(이바라키현)											
도키와대학 (常磐大学)											
	인간과학	○					○				
	국제	○									(검토중)
	커뮤니티진흥	○									
일본국제가쿠엔대학 (日本国際学園大学) 구: 쓰쿠바가쿠인대학 (筑波学院大学)											
	국제	○									
유통경제대학 (流通経済大学)											
	경제	○					○				
	사회	○									
	유통정보	○									
	법	○									
(도치기현)											
아시카가대학 (足利大学)											
우쓰노미야교와대학 (宇都宮共和大学)											
	시티라이프	○								수험 과목이 정해는 모두 참고함	
국제의료복지대학 (国際医療福祉大学)											
	보건의료학부	○									
	간호, 이학요법, 작업요법, 언어청각, 시기능요법, 방사선ㆍ정보과											
	의료복지ㆍ매니지먼트	○									※ 소재지: 도치기현/오타하라캠퍼스
	약	○									
	나리타보건의료학부	○									※ 소재지: 치바현/나리타 캠퍼스
	이학요법, 작업요법, 언어청각, 의학검사, 방사선ㆍ정보과											

일본 유학으로 성공하기

학부	학과	과목							출제언어선택	과목선택비고	영어과목 등
		일본어	이과			종합과목	수학				
			물리	화학	생물						
나라대학부											
	이학부	○	※ 2024년 4월 개설							수험 과목의 결과는 모두 참고함	※ 소재지 : 지바현/나리타 캠퍼스
아카사카긴이료복지대											※ 소재지 : 지바현/나리타 캠퍼스
	나지먼트학부	○					2과				※ 소재지 : 도쿄도/도쿄 아카사카 캠퍼스
	심리, 의료매니지먼트	○	○	○							※ 소재지 : 가나가와현/오다와라 캠퍼스
오다와라보건의료학부	간호, 이학요법, 작업요법	○								수험 과목의 결과는 모두 참고함	※ 소재지 : 후쿠오카현/오카와 캠퍼스
후쿠오카보건의료학부	간호, 이학요법, 작업요법, 의료검사	○									
※의학부/나리타 캠퍼스는 지바현에 별도 게재	학										
사쿠신가쿠인대학(作新学院大学)											
	경영	○				○		일본어			
	지역발전	○				○					
하쿠오대학(白鴎大学)											
	경영	○									
	법	○									
분세이예술대학(文星芸術大学)											
	미술	○									
(군마현)											
교아이가쿠엔마에바시국제대학(共愛学園前橋国際大学)											
	국제사회	○				○				기타	
조부대학(上武大学)											
	비즈니스정보	○									
다카사키건강복지대학(高崎健康福祉大学)											
	의료정보, 사회복지	○									
	건강복지	○	○	○	○						
	약	○	○	○							
	보건의료	○	○	○	○	2과					
	간호, 이학요법	○	○	○							
	생물생산	○	○	○	○	2과					
다카사키상과대학(高崎商科大学)											
	상	○				○		일본어			
(사이타마현)											
교아이대학(共栄大学)											
	국제경영	○				○				기타	
사이타마공업대학(埼玉工業大学)											
	공	○	○	○			2	자유			
	인간사회	○				○					
주몬지가쿠엔여자대학(十文字学園女子大学)											
	기계공, 전자공, 정보공	○				타		일본어			
	교육인문(유학생특별선발)	○					자유				
	(1년차 입학)										
	문예문화	○				○					
	사회정보디자인(유학생특별선발)(1년차 입학)	○				○		자유			
조사이대학(城西大学)											
	경제	○				○					
	현대정책	○				○					
	경영	○				○		일본어			
	이	○				타	2				
	약	○		○			2				
쇼비가쿠엔대학(尚美学園大学)											
	예술정보	○									
	음악표현, 음악응용, 무대표현, 정보표현										
	종합정책	○									

학부	학과	과목					출제언어 선택	과목선택비고	영어과목 등
		일본어	이과(물리화학생물) 선택	종합과목	수학			
스포츠메니지먼트	스포츠메니지먼트	○							
여자영양대학 (女子栄養大学)									
영양	실천영양, 보건영양	○	○		1	일본어	*종합과목이나 이과(화학, 생물) 중 하나 선택	
	식문화영양	○	*		1	일본어		
스루가다이대학 (駿河台大学)									
	법	○		○		일본어		
	경제경영	○		○				
	미디어정보	○		○				
	심리	○		○				
세이가쿠인대학 (聖学院大学)									
인문	구미문화, 일본문화	○						
인간복지	아동, 어린이심리, 인간복지	○						
정치경제	커뮤니티정책, 정치경제	○						
세이부분리대학 (西武文理大学)									
	서비스경영	○						
도쿄대학 (櫻協大学)									
	독일어	○						출원조건에 영어 또는 독일어 자격 있음 일본어 면접
외국어	프랑스어	○						출원조건에 영어 또는 프랑스어 자격 있음 일본어 면접
	영어, 교류문화	○						영어일본어 면접
국제교양	언어문화	○						일본어 면접
	경제[A방식], 경영[A방식]	○						출원조건에 영어자격 있음
경제	국제환경경제[A방식]	○						일본어 면접
	경제[B방식], 경영[B방식]	○						일본어 면접
	국제환경경제[B방식]	○						출원조건에 영어자격 있음
법률	법률, 국제관계법, 종합정책	○						일본어 면접
니혼보건의료대학 (日本保健医療大学)									
	보건의료	○						
니혼공업대학 (日本工業大学)									
	건축, 이학요함	○			타1	일본어		
헤이세이국제대학 (平成国際大学)									
	법	○	○		*	2	자유	*물리 또는 화학 선택	
모노쓰쿠리대학 (ものつくり大学)									
	기능공예	○						
(지바현)									
아이코쿠가쿠엔대학 (愛国学園大学)									
	인문문화	○						
카이지국제대학 (開智国際大学)									
	리베럴아트	○						
칸다외국어대학 (神田外語大学)									
	외국어, 국제커뮤니케이션	○						
게이아이대학 (敬愛大学)									
	경제	○						
	국제	○						
국제무도대학 (国際武道大学)									
	체육	○						기타
슈메이대학 (秀明大学)									
	종합경영	○						
	영어정보메니지먼트	○						
	관광비즈니스	○						

일본 유학으로 성공하기

학부	학과	과목 일본어(독해)	과목 이과(물리/화학/생물 이과 선택)	과목 종합과목	과목 수학	출제언어 선택	과목선택비고	영어과목 등
슈쿠토쿠대학(淑徳大学)								
	종합복지	○		○				
	커뮤니티정책	○		○		확인		
	간호영양	○		○		필요		
	교육	○		○				
	경영	○		○				
	인문	○		○				
조사이국제대학(城西国際大学)								
	경영정보	○		○				
	국제인문	○		○		일본어		
	미디어	○		○				
	복지종합	○		○				
	관광	○		○				
	환경사회	○		○				
세이토쿠대학(聖徳大学)								
	아동	○						
	인간영양	○	○			일본어		
	심리·복지(사회복지, 심리)	○						
	인문(생애교육문화, 영미문화, 일본문화)	○						
	음악	○						
세이와대학(清和大学)								
	법률	○		*	*	확인 필요	* 종합과목 또는 수학(코스1) 중 하나 선택	
지바공업대학(千葉工業大学)								
	공	○	○		자유			미정(검토 중)
	정보과	○	○		자유			
	사회시스템과	○	○		자유			
지바상과대학(千葉商科大学)								
	상경	○						
	정책정보	○						
	서비스창조	○						
주오가쿠인대학(中央学院大学)								
	상	○						
	법	○						
도쿄기독교대학(東京基督教大学)								
	종합신	○					졸업자격으로「독해, 청해·청독해」에서 280점 이상이며「기술」에서 35점 이상일 것	
도쿄정보대학(東京情報大学) ※외국적자가 일본어 이외 방법 중 하나이며 입학시험은 별도로 실시								
	종합정보	○		○				
메이카이대학(明海大学)								
	외국어	○				일본어, 중국어	일본어「기술」도 종합 판정 자료로서 이용	
	경제	○		○		일본어		
	부동산	○		○		일본어		
	외국어	○		○		영미어		면접에서 영어 면문 낭독 실시
	호스피탈리티·투어리즘	○		○		중국어		
	호스피탈리티·투어리즘 메이저							
레이타쿠대학(麗澤大学)								
	외국어	○				영어, 독일어, 중국어		TOEFL 등 점수 필요
	일본어	○				일본어		

학부	학과	일본어	이과(물화생 선택)	종합과목	수학	출제언어선택	과목선택비고	영어과목 등
외요여자대학 (和洋女子大学)								
인문학	일본문학문화, 심리학, 어린이발달학	○						대학에서 자체적으로 작성하여 실시
가정학	복식조형학, 건강영양학, 가정복지학	○						
[도쿄도]								
아오야마가쿠인대학 (青山学院大学)								
문		○		○				
교육인간과	교육인간	○		○				
경제		○		○				
법		○		○				
국제정치경제		○		○				
종합문화		○		○				
사회정보		○		○				
이공		○		○				
아시아대학 (亜細亜大学)								
경영	경영	○		○				
경제	경제	○		○				
법	법	○		○			기타	
국제관계	국제관계, 다문화커뮤니케이션	○		○				
도시창조	도시창조	○		○				
오비린대학 (桜美林大学)								
리버럴아츠	A방식 제1회	○		○				
비즈니스매니지먼트	A방식 제1회	○		○				
건강복지	A방식 제1회	○		○				
예술문화	A방식 제1회	○		○				
리버럴아츠	A방식 제2회	○		○				
비즈니스매니지먼트	A방식 제2회	○		○				
건강복지	A방식 제2회	○		○				
예술문화	A방식 제2회	○		○				
오츠마여자대학 (大妻女子大学)								
가정	식물학과식물학전공, 식물학과관리영양사전공, 아동학과아동학전공, 아동학과아동교육전공, 라이프디자인	○						
문	일본문, 영어영문, 커뮤니케이션문화	○						
사회정보	사회정보학과사회생활정보학전공, 사회정보학과환경정보학전공, 사회정보학과사회정보처리학전공	○						
인간관계	인간관계	○						
비교문화	비교문화	○						
가에츠대학 (嘉悦大学)								
경영경제	경영경제	○						
가쿠슈인대학 (学習院大学)								
경제	경제, 경영	○		○		일본어		
가쿠슈인여자대학 (学習院女子大学)								
국제문화교류	일본문화, 국제커뮤니케이션	○		○		일본어		[도·일전 입학허가의 경우] TOEIC L&R, TOEFL IBT, IELTS 중 하나의 점수 필요
국제문화교류	일본문화, 국제커뮤니케이션	○		○		영어		
교리츠여자대학 (共立女子大学)								
국제		○		○		일본어		

학부	학과	일본어	이과(물·화·생)	종합과목	수학	출제언어선택	과목선택비고	영어과목 등
교린대학 (杏林大学)								
외국어	영어, 중국어, 관광교류문화	○				일본어		
종합정책	종합정책, 기업경영	○		○				
구니타치음악대학 (国立音楽大学)								
음악	음악	○						
게이오기주쿠대학 (慶應義塾大学)								
문	인문사회(A방식)	○				일본어		
문	인문사회(B방식)	○						
경제	경제(A방식)	○		○	1			
법	법(A방식)	○		○	1			
상	상지(A방식)	○		○	1	자유		
상	상(A방식)	○		○		자유		
이공	학문A(A방식)	○	*		2			
이공	학문B(A방식)	○	*		2			
이공	학문C(A방식)	○	*		2			
이공	학문D(A방식)	○	*		2			
이공	학문E(A방식)	○	*		2			
종합정책	종합정책(A방식)	○	*	*	*	일본어	*종합과목 또는 수학(코스1 또는 2) 또는 이과 선택	
환경정보	환경정보(A방식)	○	*	*	1			
간호의료	간호의료	○	2과		2			
의	의	○	2과		2			TOEFL iBT 또는 IELTS Academic Module 점수 필요
공학원대학 (工学院大学)								
선진공	생명화, 응용화, 환경화, 응용물리, 기계이공	○			2	일본어		
공	기계, 기계시스템공	○			2	일본어		
공	전기시스템공	○			2	자유		
건축	건축학부 종합	○			2	일본어		
정보	정보통신공, 컴퓨터과, 정보디자인, 시스템수리	○			2			
고쿠사이기독교대학 (国際基督教大学)								
교양	아츠·사이언스	○		○	자유	일본어		IELTS 또는 TOEFL iBT 제출 필요
교양	아츠·사이언스 EJL(일본어유학시험(응시험)이용선발(4월·9월입학))	○		2과	2			
고쿠시칸대학 (国士舘大学)								
정경	정치행정, 경제	○						대학에서 자체적으로 작성하여 실시
체육	체육, 무도, 어린이스포츠교육	○						
이공	이공	○			2			
법	법률, 현대비즈니스법	○						
문	교육, 사학지리	○		○		일본어		
21세기아시아	21세기아시아	○		○				
경영	경영	○		○				
고마자와대학 (駒澤大学)								
의료건강과	진료방사선기술	○			2			대학에서 자체적으로 작성하여 실시
경영	경영, 시장전략	○		○				
경제	경제, 상, 현대응용경제	○		○				
문	영미문	○						대학에서 자체적으로 작성하여 실시
문	국문, 역사, 사회, 심리	○		*	*		*종합과목 또는 수학(코스자) 선택	
문	불교, 정치	○			자유			

학부	학과	과목						출제언어선택	과목선택비고	영어과목 등
		영어	문계	이과 물리	이과 화학	이과 생물	종합과목	수학			

학부	학과	영어	문계	물리	화학	생물	종합과목	수학	출제언어선택	과목선택비고	영어과목 등
글로벌·미디어·스터디	글로벌·미디어학과	○									대학에서 자체적으로 작성하여 실시
산업능률대학(産業能率大学)											
경영			○								
짓센여자대학(実践女子大学)											
생활과	생활과(식물과학전공)	○		○	*	○	*	*	일본어	*종합과목, 수학(코스자유, 이과(2과)중 어느 1과 독선택)	
	생활환경	○	○								
	생활문화	○	○								
문	국문	○	○								
시바우라공업대학(芝浦工業大学)											
	시스템공	○		○	○	○		2	자유	환경시스템학과는 물리, 화학 중 어느 쪽 수험도 가능, 생물과학과는 생물·물리·화학이 중 하나	TOEFL iBT, IELTS, TOEIC(L&R) 시험 중 어느 하나 필요
	디자인공	○		○	○			2	자유		
	건축	○		○	○			2	자유		TOEFL iBT 48점 이상 또는 IELTS 4.0점 이상 또는 TOEIC(L&R) 470점 이상 중 하나 필요
준텐도대학(順天堂大学)											
의	의학교	○		○	○	○	2과	2	자유		출원조건으로 영어자격 있음 영작문 시험 있음
국제교양	국제교양학부, 어구의 모집 외국인유학시험(D방식/영어)에서 이용, 국제교양학부 외국인 특별 일반시험에서 이용										
조치대학(上智大学)											
신	신	○					○	자유			대학에서 자체적으로 작성하여 실시
문	철, 사, 국문, 독일문, 신문	○					○	자유			외국어검정시험 제출 필수
	영, 프랑스문	○					○	자유			대학에서 자체적으로 작성하여 실시
	교육, 사회복지	○					○	자유			외국어검정시험 제출 필수
종합인간과학	심리, 사회	○					○	자유			
	간호	○					○	자유			
법	법률·국제관계법·지구환경법	○					○	자유			대학에서 자체적으로 작성하여 실시
경제	경영	○					○	자유			외국어검정시험 제출 필수
	경제	○					○	자유			
외국어	영어	○					○	자유			외국어검정시험 제출 필수
	독어, 프랑스어, 에스파냐어, 러시아어 포르투갈어	○					○	자유			
종합글로벌	종합글로벌	○					○	자유			
이공	물질생명이공, 기능창조이공	○		○	○		2과	2	자유		외국어검정시험 제출 필수
	정보이공	○		○	○			2	자유		
국제교양학부	물질생명이공(영어코스), 기능창조이공(영어코스)										
쇼와여자대학(昭和女子大学)											
인간사회	현대교양	○	○				*	*	일본어	*종합과목 또는 수학(코스1)중 코스1선택	대학에서 자체적으로 작성하여 실시
	심리	○	○								
	복지사회	○	○								
	초등교육	○	○								
인간문화	일본어일본문학, 역사문화	○	○						일본어		대학에서 자체적으로 작성하여 실시
	국제, 영어커뮤니케이션	○	○								대학에서 자체적으로 작성하여 실시
생활과학	환경디자인	○	○								
	건강디자인	○	○								
글로벌비즈니스	비즈니스디자인	○	○						일본어		

학부	학과	과목					출제언어선택	과목선택비고	영어과목 등
		일본어	이과(물리·화학·생물 선택)	종합과목	수학			
여자미술대학 (女子美術大学)									
	예술	○							선발 방식에 따라 다르므로 학생 모집 요강을 확인할 것
시라우메가쿠엔대학 (白梅学園大学)									
	어린이, 발달임상, 가족·지역지원	○		○		일본어			
스기노복식대학 (杉野服飾大学)									
	복식	○		○		일본어	시험 성적은 참고일 뿐이며 수험을 반드시 의무화하는 것은 아님		
세이케이대학 (成蹊大学)									
	문	○					일본문, 국제문화, 현대사회		대학에서 자체적으로 작성하여 실시
세이신여자대학 (聖心女子大学)									
	문	○							대학에서 자체적으로 작성하여 실시
센슈대학 (専修大学)									
	경제	○		○		일본어	현대경제, 생활환경경제, 국제경제		
	법	○	*	*		※	법률, 정치	*화학·생물 중 하나 ※TOEFL 점수가 있으면 일본어, 없으면 영어	
	네트워크정보	○			자유				
소카대학 (創価大学)									
	경제	○		○	자유	자유			
	경영	○		○	자유				
	법	○		○	자유	일본어			
	문	○		○	자유				
	교육	○		○	자유				
다이소대학 (大正大学)									
	불교	○		○					
	인간	○		○		자유			
	문	○		○					
	표현	○		○					
다이토분카대학 (大東文化大学)									
	문	○							영어학과 이외에는 영어 과목을 부과하지 않음
	경제	○							사회경제학과방식)는 대학 자체적으로 영어 시험 실시
	외국어	○							영어학과 이외에는 영어 과목을 부과하지 않음
	국제관계	○							
	사회	○							
	스포츠건강과	○		○					
다카치호대학 (高千穂大学)									
	경영	○							
	인간과학	○		○					
다카라즈카대학 (宝塚大学)									
	도쿄미디어예술	○							
	미디어예술연구	○							
다쿠쇼쿠대학 (拓殖大学)									
	상	○				자유			대학에서 자체적으로 영어 시험 문제를 작성하여 실시
	정경	○		○					
	외국어	○				자유			
	국제	○		○					

제5장 일본유학시험

학부	학과	과목 일본어	과목 이과 물리	과목 이과 화학	과목 이과 생물	과목 이과 선택	종합과목	수학	출제언어선택	과목선택비고	영어과목 등
공	기계시스템공, 전자시스템공, 정보공	○	○	○					자유		
	디자인공	○					○				
타마미술대학(多摩美術大学)											
미술	회화, 조각, 공예, 그래픽디자인, 생산디자인, 환경디자인, 정보디자인, 예술 통합디자인	○									
	연극무용디자인										
※ 패일하인 경우, 일본 국적을 가진 자를 제외한 영주 허가를 얻은 자 또는 특별 영주자 포함)는 해당되지 않음											
주오대학(中央大学)											
법	법률, 정치, 국제기업관계법	○									TOEFL-iBT, TOEIC L&R, IELTS 중 하나 필요
경제	A학사 경제, 경제정보시스템, 국제경제, 공공·환경경제	○					○	자유	자유		종합과목, 「수학」은 일본어로 응시한 경우에만 TOEFL-iBT, TOEIC L&R, IELTS 중 하나 필요
	B학사 경제, 경제정보시스템, 국제경제, 공공·환경경제	○					○				우리인 영어 시험 있음
상	A학사 경영, 회계, 국제마케팅응용학과	○					○	자유	자유		「수학」은 일본어로 응시한 경우에만 TOEFL-iBT, TOEIC L&R, IELTS 중 하나 필요
	B학사 경영, 회계, 국제마케팅응용학과	○					○				
이공	수학, 물리, 도시환경, 정밀기계공, 전기전자정보통신공, 응용화학, 비즈니스데이터사이언, 정보공, 생명과학, 인간총합이공	○	○	○		2과		2	일본어		
문학	인문사회(주전공전공: 국어문학전공, 영어문학전공, 독일어문학전공, 프랑스어문학전공, 중국언어문화전공, 일본사학전공, 동양사학전공, 서양사학전공, 철학전공, 사회정보학전공, 교육학전공, 심리학전공, 학습지원전공, 동아시아언어문화프로그램)	○					○	자유	자유		TOEFL-iBT, TOEIC L&R, IELTS 중 하나 필요
종합정책	정책학, 국제정책	○					○		자유		TOEFL-iBT, TOEIC L&R 및 S&W, IELTS중 하나 필요, 대면 영어 시험 있음
국제경영	A학사 국제경영	○					○		자유 일본어		
쓰다주쿠대학(津田塾大学)											
학예	영어영문	○					○		자유		출원 시 TOEFL, TOEIC, IELTS, GTEC, TEAP(4기능) TEAP CBT, 실용영어기능검정(영검) 중 어느 하나 이상 필요
	국제관계	○					○		일본어		
	다문화·국제협력	○						2	자유		
	수학	○						2	자유		
	정보과학	○							일본어		
종합정책	종합정책	○					○				
테이쿄대학(帝京大学)											
경제	경제, 국제경제, 지역경제, 경영, 관광경영	○					○		자유	일본어(합계 및 기술), 종합과목에서 각각 평균점 이상	
법	법률, 정치	○					○				
문	일본문화, 사, 사회, 심리	○					○				
외국어	외국어, 국제일본	○					○				
	교육문화	○					○				
의료기술	바이오사이언스	○	*	*	*	타1		2		일본어(합계 및 기술), 수학 및 이과 2과목의 합계 독점이 각자 평균점 이상	
이공	기계·정밀시스템공, 항공우주공, 정보전자공	○						2			
테이쿄과학대학(帝京科学大学)											
생명환경	애니멀사이언스, 생명과, 자연환경	○	*	*	*	2과		*	자유	*일본어 필수, 수학(코스자유) 또는 이과 중 하나 선택	
테이쿄헤이세이대학(帝京平成大学)											
인문사회	인간문화	○					○		자유		
	복지코스, 미디어문화코스, 글로벌커뮤니케이션코스	○					○				
	경영	○					○				
	경영코스, 트레이너, 스포츠 경영코스, 경영정보코스	○					○				
	관광경영	○					○				
도카이대학(東海大学)											
문	문명, 역사일본사전공·서양사전공·고고학전공, 일본문학, 영어문화커뮤니케이션	○					○		자유		
문화사회	아시아, 유럽·아메리카, 북유럽, 문예창작, 종보미디어, 심리·사회	○					○				
정치경제	정치, 경제	○					○				

(주)해외교육사업단

일본 유학으로 성공하기

대학	학과	전공	과목							출제언어선택	과목선택비고	영어과목 등
			일본어	이과(물리/화학/생물)	2과선택	종합과목	수학					
교육	법률											
	인간환경		○				○					
	교육		○				○				어느 지정 과목이든 출형 가능	
	예술		○				○					
체육	체육, 경기스포츠 무도, 생애스포츠, 스포츠·레저매니지먼트		○	○		○						
	건강	건강매니지먼트	○	○		○						
	아동교육	아동교육	○			○						
이공	수	정보수학, 물리, 화학	○	○	2과		2		자유		
	정보이공	정보과, 컴퓨터응용, 정보미디어	○	○	2과		자유				
	관광	응용화학, 전기전자공, 기계공, 기계시스템공, 항공우주, 생물응, 의공	○	○	2과		2				
	관광		○			○		자유			
	정보통신	정보통신, 환경시회	○	○	2과		자유				
	해양	해양문명, 환경사회	○	○	2과		자유				
		해양이공학해양공, 항해학전공·수산, 해양생물	○	○	2과	○	자유				
	경영		○			○		자유			
	국제		○			○		자유			
	농	농동물과, 식생명과학	○	○	2과		자유				
	국제문화	지역창조, 국제커뮤니케이션	○			○		자유			
	생물	생물, 해양생물과	○	○	2과		2				
	건축도시	건축, 토목	○	○	2과		자유				
	이	이학	○	○	2과		자유				
	인문		○			○		자유			
	경영		○			○		자유			
	문리융합	지역사회	○			○		자유			
		인간정보공	○	○	2과		자유				

도쿄가정대학 (東京家政大学)

학과	전공	일본어	이과	종합과목	수학	출제언어	비고
가정	영양, 아동, 복지미술	○		○	1	일본어	
	환경교육	○		○			
	조형표현	○		○			
인문	영어커뮤니케이션	○		○		일본어	
	심리교육	○		○			대학에서 자체적으로 작성하여 실시

도쿄가쿠게이대학 (東京学芸大学)

학과	전공	일본어	이과	종합과목	수학	출제언어
가정	가정(가정학전공)	○		○	1	일본어
	가정(관리영양사전공)	○	○		1	
	주거	○		○	1	
	공예문화	○		○	1	
인문	일본문화, 인간복지, 문화정보	○		○		자유

도쿄경제대학 (東京経済大学)

학과	전공	일본어	종합과목	출제언어	비고
경제	경제, 국제경제	○	○	일본어	
경영	경영, 유통마케팅	○	○		TOEFL, TOEIC, IELTS중 어느 하나의 성적증명서 필요
커뮤니케이션	커뮤니케이션	○	○		
현대법	현대법	○	○		

도쿄공과대학 (東京工科大学)

학과	전공	일본어	이과	종합과목	수학	출제언어	비고
컴퓨터사이언스		○	○		자유	일본어	*종합과목 또는 수학(코스지정) 선택
응용생물		○	○		자유		
미디어		○		*	*		

학부	학과	과목					출제언어 선택	과목선택비고	영어과목 등
		일본어	이과(물리/화학/생물)	종합과목	수학			
도쿄공예대학 (東京工芸大学)									
공	기계, 전기전자, 정보, 화학·재료, 건축		○		2			모든 입시 중일 자격으로 일본어를 이용. 또한, 유학생 선발에서는 영어 부과 없음. 또한, 자정교 추천(일본학교 이용)에서는 일본어, 이과, 수학을 이용
예술	사진, 영상, 디자인, 인터랙티브미디어, 애니메이션, 게임, 만화	○						모든 입시 중일 자격으로 일본어를 이용. 또한, 유학생 선발에서는 영어 부과 없음
도쿄자과대학 (東京歯科大学)									
치		○	○	○	2	일본어		대학에서 자체적으로 작성하여 실시
도쿄순신대학 (東京純心大学)									
현대문화	국제교양	○						대학에서 자체적으로 작성하여 실시
	어린이문화	○						
도쿄여자대학 (東京女子大学)									
현대교양	인문(일본학), 인간심리	○		○		자유		기타(면접)
	인문(일본문학)	○						TOEFL 등 수준 필요, 기타(면접)
	인문(영어문학문화)	○						기타(면접)
	국제사회(사회), 인간(언어과학)	○		○				
	국제사회(국제관계), 인간(커뮤니케이션)	○			1			기타(면접)
	수리(수학), 정보이학	○			2			
도쿄신학대학 (東京神学大学)									
신학		○						입학 후에 영어실시시험을 부과
도쿄세이토쿠대학 (東京成徳大学)									
경영	응용심리	○						
	인문	○						
도쿄조형대학 (東京造形大学)									
조형	디자인·미술(1년차), (편입)	○						
도쿄전기대학 (東京電機大学)									
시스템디자인공학	정보시스템공학, 디자인공학	○	○		2	일본어	*물리 또는 화학 선택	
미래과학	건축학, 정보미디어학	○	○	*	2			
	로봇메카트로닉스학	○	○		2			
공학	전기전자공학, 환경화학	○	○	*	2		*물리 또는 화학 선택	
	전자시스템공학, 기계공학, 첨단기계공학, 정보통신공학	○	○		2			
	이학, 기계공학, 전자공학	○	○		2			
이공학	생명과학	○	○		2		*물리 또는 화학 선택	
	정보시스템디자인학, 건축·도시환경학	○	○		2			
도쿄도시대학 (東京都市大学)									
이공		○	○	*	2	자유	*물리 또는 화학이 고득점 1과목	기타(면접, 서류심사)
건축도시디자인		○	○	*	2		*일본어는 필수. 이과(2과), 종합과목 수학(근소자) 중에서 1과과 선택	
정보공		○	○	*	*			
미디어정보	사회미디어	○		*	*			
	정보시스템	○			자유			
도시생활	도시생활	○			*		*일본어는 필수. 이과(2과), 종합과목 수학(근소자) 중에서 1과과 선택	
도쿄후지대학 (東京富士大学)									
경영	경영(1기), 이벤트프로듀스(1기), 경영(2기), 이벤트프로듀스(2기), 경영(3기), 이벤트프로듀스(3기), 경영(3기), 이벤트프로듀스(3기)	○						

일본 유학으로 성공하기

학부	학과	과목						출제언어선택	과목선택비고	영어과목 등
		일본어	이과(물리/화학/생물)			종합과목	수학			

도쿄이과대학 (東京理科大学)

학부	학과	일본어	물리	화학	생물	이과선택	종합과목	수학	출제언어선택	과목선택비고	영어과목 등
경영	경영, 비즈니스이코노믹스, 국제디자인경영	○						2			
공	기계공, 정보공, 건축, 전기공	○	○	○				2			
	공업화	○		○				2			
약	약, 생명창약과	○		○	○	타1		2			
이	화, 응용화	○	○	○				2	일본어		출원 시에 TOEFL 또는 TOEIC의 점수를 증명하는 서류(사본 가능) 등 제출
이제1부	수, 응용수	○				2과		2			
	물리	○	○					2			
	수단공	○						2			
창조이공	수, 정보계산과, 생명생물공, 사회기반	○	○	○		타1		2			
	정단물리, 건축, 전기전자정보, 경영시스템공	○	○	○		2과		2			
	기계항공우주공	○	○			타1		2			
선진공	전자시스템공, 물리공	○	○	○		타1		2			
	머티리얼창성공	○	○	○		2과		2			
	생명시스템공, 기능디자인공	○	○	○	○	2과		2			

도요대학 (東洋大学)

학부	학과	일본어	물리	화학	생물	이과선택	종합과목	수학	출제언어선택	과목선택비고	영어과목 등
문	철, 동양사상문화, 일본문학문화, 영미문, 사, 교육(인간발달), 국제문화커뮤니케이션	○									
경제	경제, 국제경제, 종합정책	○									
경영	경영, 마케팅, 회계파이낸스	○									
법	법률, 기업법	○									
사회	사회, 국제사회, 미디어커뮤니케이션, 사회심리	○									
국제	국제지역(국제지역)	○									
국제관광	국제관광	○									
정보연계	정보연계	○									TOEIC L&R(IP제외), 또는 TOEFL(Home Edition포함)을 응시한 자.
복지사회디자인	사회복지, 인간환경디자인	○									
건강스포츠과	건강스포츠과, 영양과	○									
이공	기계공, 전기전자정보공, 도시환경디자인	○	○	○		타1		2			
	응용화, 건축	○		○				2			
총합정보	총합정보	○						자유	자유		
생명과	생명과, 생물자원	○	○	○	○						
식환경과	식환경과, 푸드데이터사이언스	○	○	○	○	2과		2			

도요가쿠엔대학 (東洋学園大学)

학부	학과	일본어	물리	화학	생물	이과선택	종합과목	수학	출제언어선택	과목선택비고	영어과목 등
글로벌・커뮤니케이션	글로벌・커뮤니케이션, 영어커뮤니케이션	○									
현대경영		○									
인간과학		○									

니혼대학 (日本大学)

학부	학과	일본어	물리	화학	생물	이과선택	종합과목	수학	출제언어선택	과목선택비고	영어과목 등
법	법률, 정치경제, 신문, 경영법, 공공정책	○					○		일본어		
	철, 체육	○									
문리	사, 국문, 독일문, 사회복지, 교육, 심리, 지리	○					○		일본어		
	중국어중국문화	○					○		자유		
	영문	○					○		영어		
	사회	○					○		일본어		
	지구과	○	○	○	○	1과		1		「이과(1과목선택)」 또는 「수학코스1」 선택	
	수, 정보과, 물리	○	○					1			
	생명과	○	○	○		2과		2			
	화	○		○		타1			일본어		

제5장 일본유학시험

학부	학과	과목								출제언어선택	과목선택비고	영어과목 등
		일본어	이과(물리/화학/생물)			이과선택	종합과목	수학			
경제	경제, 신경영, 금융공공경제	○					○	자유	일본어		TOEIC 또는 TOEFL 점수 필요
상	상업, 경영, 회계	○					○		일본어		
국제관계	국제정치경제, 국제교양	○					○				
스포츠과	경기스포츠	○					○				
이공	기계공	○	○	○				2			
	토목공, 건축, 해양건축, 머신만들기공, 항공우주공, 전기공, 전자공, 응용정보공, 물리	○	○	○		타1		2			
	물질응용화	○	○	○				2	자유		
	교통시스템공, 정밀기계공, 수	○	○	○		2과		2			
생산공	기계공, 전기전자공, 토목공, 건축공	○	○	○		타1		2			
	응용분자화	○	○	○				2			
	매니지먼트공, 수리정보공, 환경안전공, 창생디자인	○	○	○		2과		2			
니혼여자대학(日本女子大学)												
가정	식물, 식물화학전공, 관리영양사전공	○	○	○							TOEFL, TOEIC 중 어느 하나의 성적증명서(2년 전 것까지) 필요
	주거, 가주환경디자인전공, 건축디자인전공	○					○	2	일본어		
	의복	○					○				
	가정경제	○					○				
문	일본문	○					○				TOEFL iBT 60점 이상, TOEIC Listening&Reading Test 600점 이상, IELTS 5.00 이상 중 어느 한 가지의 성적증명서 필요
	영문	○					○				
	사	○					○				
인간사회	현대사회	○					○		자유		TOEFL, TOEIC 중 어느 하나의 성적증명서(2년 전 것까지) 필요
	사회복지	○					○				
	교육	○					○				
	심리	○					○				
	문화	○					○				
이	수물정보	○	○	○				2	일본어	「수학(코-스)」이나 「이과(물리)」중 하나를 수험할 것	
	화학생명	○	○	○							
니혼체육대학(日本体育大学)												
체육	운동과, 과스포츠과학전공, 운동과과무용학전공, 스포츠건강과과건강스포츠학전공	○								대학에서 자체적으로 작성하여 실시	
일본체육대학(日本体育大学)												
체육	스포츠건강학과유아발달전공	○								대학에서 자체적으로 작성하여 실시	
분카가쿠엔대학(文化学園大学)												
복장	일본어일본문학, 중국어중국문화	○					○		일본어		
	조형	○					○				
	현대문화	○					○				
분쿄대학(文教大学)												
문	일본어일본문학, 중국어중국문화	○									
외국어	영미어영미문학	○									영어 면접 포함
분쿄가쿠인대학(文京学院大学)												
외국어	영어커뮤니케이션	○									대학에서 자체적으로 작성하여 실시
경영	경영커뮤니케이션	○									글로벌특별프로그램을 지망하는 경우는, 별도 대학에서 자체적으로 작성하여 실시
호세이대학(法政大学)												
법	법률, 정치, 국제정치	○							후기일정만	자유		지정된 영어 외부시험

학부	학과	과목							출제언어선택	과목선택비고	영어과목 등
		일본어	이과 물리	이과 화학	이과 생물	이과 선택	종합과목	수학			
문	철, 일본문, 영문, 사, 지리, 심리	○					*	*		* 자세한 내용은 입시요강을 확인할 것	
경영	경영, 경영전략, 시장경영	○					후기 일정만	후기 일정만		* (종합과목, 수학(코스1)), 두 과목 모두 응시한 경우 점수가 높은 한 과목만을 합격 여부 판정에 사용	
국제문화	국제문화	○					*	*	자유		지정된 영어 외부시험. 요강에 대해서는 학부마다 다르기 때문에 입학시험 요강을 확인할 것 https://www.guide-52school.com/guidance/net-hosei-tokubetsu/gid/
인간환경	인간환경	○					후기 일정만	후기 일정만			
캐리어디자인	캐리어디자인	○					*	*		* (종합과목, 수학(코스1)), 두 과목 모두 응시한 경우 점수가 높은 한 과목만을 합격 여부 판정에 사용	
사회	경제, 국제정책, 현대비즈니스	○					*	*			
현대복지	사회정책과, 사회, 미디어사회	○					*	*			
스포츠건강학부	복지커뮤니티, 임상심리	○					*	*		* 자세한 내용은 입시요강에서 확인할 것	
디자인공	스포츠건강	○						2			
정보과학부	건축, 도시환경디자인공, 시스템디자인	○						2			
	컴퓨터, 디지털미디어	○						2			
생명과	기계공(기계공학전수), 전기전자공, 응용정보공, 경영시스템공, 창생과	○		○	○	2과		2			
	생명기능, 환경응용화, 응용식물과	○		○	○	2과		2			
무사시대학(武藏大学)											
	일본・동아시아비교문화	○								대학에서 자체적으로 작성하여 실시	
무사시노대학(武藏野大学)											
글로벌	글로벌커뮤니케이션	○					○		일본어		
	글로벌커뮤니케이션	○					○				
공	서스테이너빌리티, 수리공, 건축디자인	○	○	○		2과		2			
법	법, 정치	○					○	1			
경제	경제	○					○	1			
문	일본문학문화	○					○	1			
인간과	인간과, 사회복지	○					○	2			
경영	경영, 회계거버넌스	○					○	1			
아트리어리닝	아트리어리닝	○					○				
데이터사이언스	데이터사이언스	○					○	2			
무사시노미술대학(武藏野美術大学)											
조형		○									
조형구상		○									
메이지대학(明治大学)											
법	법률≪I형≫	○					○	자유	자유	종합과목 또는 수학(코스자유) 두 과목 중 하나를 선택	TOEFL iBT 점수 필요
상	상≪I형≫	○					○	1			TOEFL iBT 또는 TOEIC L&R 점수 필요
	상≪프(국외 거주자만)≫	○					○	1			TOEFL iBT 또는 TOEIC L&R 또는 IELTS 점수 필요
정치경제	정치, 경제, 지역행정≪I형≫	○					○	1		종합과목 또는 수학(코스자유) 두 과목 중 한과목을 선택	TOEFL iBT 또는 TOEIC L&R 또는 IELTS 점수 필요
문	문, 사학지리, 심리사회≪I형≫	○					○	1	일본어		
이공	전기전자생명, 기계공, 기계정보공, 건축, 응용화학, 정보과학, 수학, 물리≪I형≫	○	○	○				2			TOEFL iBT 또는 TOEIC L&R 점수 필요
	전기전자생명, 기계공, 기계정보공, 건축, 응용화학, 정보과학, 수학, 물리≪프≫(국외 거주자만)	○	○	○				2			
농	농≪I형≫	○		○	○			2			
	생명과학≪I형≫	○		○	○			2			
	식료환경정책≪I형≫	○					○				
경영	경영, 회계, 공공경영≪I형≫	○					○		자유		TOEFL iBT 점수 필요
	정보커뮤니케이션≪I형≫	○					○				TOEFL iBT 또는 TOEIC L&R 또는 IELTS 점수 필요
국제일본	국제일본≪I형≫	○					○		일본어		TOEFL iBT 또는 TOEIC L&R 점수 필요

제5장 일본유학시험

학부	학과	과목					출제언어선택	과목선택비고	영어과목 등
		일본어	이과(물화생)	이과선택	종합과목	수학			
메이지가쿠인대학 (明治学院大学)									
	국제일본	○			○	2	일본어		TOEFL iBT 또는 TOEIC L&R 또는 IELTS 점수 필요
	종합수리	○		1과					
	국제일본≪B형≫(국외 거주자)								
	현상수리, 첨단미디어사이언스, 네트워크디자인≪ I 형≫								
메이지대학 (明治大学)									
	예술	○			○				대학에서 자체적으로 작성하여 실시
	사회, 사회복지	○			○				
	국제	○			○	1	일본어		
	심리	○			*	*		*종합과목 또는 수학(코스1) 선택	졸업 자격으로서 TOEFL iBT 40점(PBT 433점)이상인 자 ※PT는 불가
	법률, 소비정보환경법, 글로벌법, 정치 경제, 경영, 국제경영	○			○	1			
메이세이대학 (明星大学)									
	교육	○			○				
	이공	○		2과		2	확인필요	이과는 2과목 중, 고득점 1과목을 이용	
	인문	○			○				
	경제	○			○				
	정보	○			○		일본어	수학은 100점 이상 취득할 것	
	디자인	○			○				
메지로대학 (目白大学)									
	외국어	○			○				
	경영	○			○		자유		
	인간사회	○			○				
	심리카운슬링, 미디어표현, 사회정보	○			○				
릿쿄대학 (立教大学)									
	기독교, 사, 교육, 문	○			○	1			학부에서 지정하는 영어자격 · 검정시험의 점수 요구
	커뮤니티복지	○			○	1			
	스포츠웰니스	○			○	1			
	현대심리	○			○	1			
	경제	○		타1	○	2			
	법	○		2과	○	2			
	경영	○		타1	○	2			
	현대심리 심리	○							
	이 화, 생명이	○					확인필요		
	수학, 생명이	○							
	물리	○							
릿쇼대학 (立正大学)									
	심리, 대인 · 사회심리	○			○		확인필요		대학에서 자체적으로 작성하여 실시
	경영	○			○				
	경제	○			*	*	일본어	*종합과목 또는 수학(코스1/2자유), 두 과목을 수험함 경우는 고득점 1과목을 판정의 대상으로 한다.	
	문	○							
	철,사,문(일본어일본문학)	○			○				대학에서 자체적으로 작성하여 실시
	사회,문(영어영미문학)	○			○				편입 시 영어에 관한 시험 실시
	불교,심	○			○				
	지구환경과학	○		2과		2	확인필요		대학에서 자체적으로 작성하여 실시
	환경시스템	○							
	지리	○							
	사회복지,어린이교육복지	○			○				
	법	○			○				

학부	학과	과목						출제언어선택	과목선택비고	영어과목 등
		일본어	이과 물리	이과 화학	이과 생물	이과 선택	종합과목	수학			

루타기구인대학 (ルーテル学院大学)

학부	학과	일본어	물리	화학	생물	선택	종합과목	수학	출제언어	과목선택비고	영어과목 등
	종합인간	○									

와코대학 (和光大学)

	현대인간	○								일본어로 200점 이상 취득하는 것을 졸업자격으로 필수항목으로 하고, 대학 자체 시험이 면제됨 실시하지 않음	
	표현	○									
	경제경영	○									

와세다대학 (早稲田大学)

	스포츠과학	○					○	자유			
	사회과학	○					○	자유			
	상	○					○				
	인간과학	○					○				
	문화구상	○					○				
	문	○					○				
	정치경제	○					○		일본어		TOEFL 등 점수 필요
	교육	○					○				
	기간이공	○									
	창조이공	○									
	선진이공	○									

(가나가와현)

가나가와대학 (神奈川大学)

	외국어	○					○				
	국제일본	○					○				TOEFL 등 점수 필요
	경제	○					○		일본어		
	경영	○					○				
	외국어 / 중국어	○					○				
	스페인어 / 중국어	○					○				
	국제일본 / 일본문화, 역사민속	○	○	○	○	2과		2			
	이	○	○	○	○			2			

가나가와공과대학 (神奈川工科大学)

	공학 / 기계공	○	○	○		2과		2			
	정보 / 전기전자정보공, 응용화학	○	○	○				자유	자유		
	창조공학 / 로봇메카트로닉스(로봇개발코스)	○	○	○		2과		2	자유		
	창조공학 / 로봇메카트로닉스(인간복지 · 건강과학코스), 홈일렉트로닉스개발	○	○	○	○			자유	자유		
	응용바이오 / 응용바이오과	○	○	○	○			자유			

간토가구인대학 (関東学院大学)

	영어문화 / 국제문화	○					○		자유		
	사회 / 비교문화	○							자유		
	사회 / 현대사회	○					○				
	경제 / 경제	○									
	경영 / 경영	○					○				
	법 / 법	○									
	법 / 지역창생	○					○		자유		
	이공 / 이공	○	○	○	○	2과		2			
	건축 · 환경 / 건축 · 환경	○									
	인간공생 / 커뮤니케이션	○							자유		
	인간공생 / 공생디자인	○	○	○	○			자유			
	영양 / 관리영양	○	○	○	○				일본어		

제5장 일본유학시험

학부	학과	과목					출제언어선택	과목선택비고	영어과목 등
		일본어	이과 (물리/화학/생물 이과선택)			종합과목	수학			
쇼인대학(松蔭大学)										
이문화커뮤니케이션	어린이발달	○				○		자유		
경영문화		○								
쇼난공과대학(湘南工科大学)		○								
	공 (기계공, 전기전자공, 정보공, 컴퓨터응용, 종합디자인, 인간환경)	○					자유	자유		
성마리안나의과대학(聖マリアンナ医科大学)		○						자유		대학에서 자체적으로 작성하여 실시
의	참고만 하며, 수험을 반드시 의무화하는 것은 아님									
츠루미대학(鶴見大学)		○	○	○	○	2과		2	일본어	
도요에이와여학원대학(東洋英和女学院大学)										
인간과학		○					○		일본어	
국제사회		○					○		일본어	
니혼영화대학(日本映画大学)										
영화		○								
페리스여학원대학(フェリス女学院大学)										
문		○							일본어	
국제교류		○								
음악		○								
요코하마상과대학(横浜商科大学)										
상		○								
요코하마미술대학(横浜美術大学)										
미술 · 디자인		○								

(니가타현)

학부	학과	과목					출제언어선택	과목선택비고	영어과목 등
		일본어	물리	화학	생물	종합과목	수학			
케이와가쿠인대학(敬和学園大学)										
인문		○								
나가오카대학(長岡大学)										
경제경영		○								
니가타경영대학(新潟経営大学)										
경영정보		○					○		자유	
니가타공과대학(新潟工科大学)										
공		○	○	○	○	2과		2	일본어	
니가타산업대학(新潟産業大学)										
경영		○								
인문		○								
니가타식료농업대학(新潟食料農業大学)										
식료산업		○								
니가타리허빌리테이션대학(新潟リハビリテーション大学)										
의료	리허빌리테이션 이학요법학전공, 작업요법학전공	○	○	○	○	2과			일본어	
	리허빌리테이션 리허빌리테이션심리학전공	○								

(도야마현)

학부	학과	과목					출제언어선택	과목선택비고	영어과목 등
		일본어	물리	화학	생물	종합과목	수학			
다카오카법과대학(高岡法科大学)										
법		○								
도아먀국제대학(富山国際大学)										
인문사회		○								
지역		○								

(이시카와현)

학부	학과	과목					출제언어선택	과목선택비고	영어과목 등
		일본어	물리	화학	생물	종합과목	수학			
가나자와세이료대학(金沢星稜大学)										
경제		○				○			일본어	

일본 유학으로 성공하기

학부	학과	과목						출제언어선택	과목선택비고	영어과목 등
		일본어	이과 물리	이과 화학	이과 생물	이과 이과 2과 선택	종합과목	수학			
호쿠리쿠대학(北陸大学)											
	약	○	○	○	○					화학은 필수 물리 또는 생물 중에서 1과목 선택	
(후쿠이현)											
진아이대학(仁愛大学)											
	인간	○									
	심리・커뮤니케이션										
후쿠이공업대학(福井工業大学)											
	공	○	○	○		타1		2	자유		
	전기전자공, 기계공, 건축토목공, 원자력기술응용공										
	환경정보	○	*	*	○			2	자유	화학, 생물에서 고득점 과목으로 판단	
	환경・식품과										
	경영정보, 디자인	○	*	*		*2과	*	자유	자유	*종합과목 또는 이과 선택 고득점 과목으로 판단	
	스포츠건강과										
	(주의)일본 영주 허가를 받은 사람은 이 선발에 지원할 수 없음										
(야마나시현)											
야마나시에이와대학(山梨英和大学)											
	인간문화	○									
야마나시가쿠인대학(山梨学院大学)											
	법, 정치행정	○									
	현대비즈니스	○									
	경영정보	○									
(나가노현)											
마츠모토대학(松本大学)											
	종합경영	○					○		일본어		
마츠모토치과대학(松本歯科大学)											
	치	○	○	○	○	2과		2	자유	미검토중	
(기후현)											
아사히대학(朝日大学)											
	치	○	○	○	○	2과		2	일본어		수험자의 고등학교 재적 시의 영어 성적 등으로 판단
기후교리츠대학(岐阜協立大学)											
	경제	○							일본어		
	경영	○									
기후쇼토쿠가쿠엔대학(岐阜聖徳学園大学)											
	외국어	○							일본어		
	경제정보	○									
	교육	○									교육학의 일반 입시에 준한 시험
	학교교육과정										
기후여자대학(岐阜女子大学)											
	문화창조	○									
	가정	○									
도카이가쿠인대학(東海学院大学)											
	종합복지	○					○		일본어		
	인간관계	○					○				
(시즈오카현)											
시즈오카에이와가쿠인대학(静岡英和学院大学)											
	인간사회	○							일본어		대학에서 자체적으로 작성하여 실시
시즈오카산업대학(静岡産業大学)											
	경영	○							일본어		
	정보	○									
시즈오카복지대학(静岡福祉大学)											
	사회복지	○					*	*	일본어	*종합과목 또는 수학(코스자유) 선택	
	어린이										
시즈오카이공과대학(静岡理工科大学)											
	이공	○	○			타1		2	일본어		
	기계공, 전기전자공										

학부	학과	일본어	이과 물리	이과 화학	이과 생물	이과선택	종합과목	수학	출제언어선택	과목선택비고	영어과목 등
하마마츠가쿠인대학(浜松学院大学)											
현대커뮤니케이션	현대커뮤니케이션	○					○		일본어		
물질영양과		○	○	○	○	2과		2	일본어	이과 또는 종합과목에서 1과목 선택	
종합정보		○						자유		면접 있음	
아이치대학(愛知大学)											
문		○									
경제		○									
국제커뮤니케이션		○									
경영		○									
현대중국		○									
지역정책		○									
아이치가쿠인대학(愛知学院大学)											
종합정책		○									
상		○									
경영		○									
법		○									
경제		○									
아이치공과대학(愛知工科大学)											
공	기계시스템공	○	○	○					일본어		
	전자로봇공	○	○	○							
	정보미디어	○	○	○							
아이치공업대학(愛知工業大学)											
공		○	○	○				2	일본어		
경영정보		○	○	○			○	1			
아이치산업대학(愛知産業大学)											
경영		○									
조형		○									
아이치슈쿠토쿠대학(愛知淑徳大学)											
문학		○									
커뮤니케이션		○									
인간정보		○									
심리		○									
미디어프로듀스		○									
건강의료과		○									
복지공헌		○									
교류문화		○									
비즈니스		○									
아이치토호대학(愛知東邦大学)											
경영		○									
아이치분교대학(愛知文教大学)											
국제문화		○								이용과목 검토중	
스기야마여학원대학(椙山女学園大学)											
인간관계	인간관계, 심리	○									
세이조대학(星城大学)											
경영		○	○	○	○			2	일본어		
다이도대학(大同大学)											
정보	정보	○	○	○	○			2			

일본 유학으로 성공하기

학부	학과	종합과목	이과(물리/화학/생물/이과선택)	종합과목	수학	출제언어선택	과목선택비고	영어과목 등
주교대학(中京大学)	법	○			1	일본어		
	국제교양	○						대학에서 자체적으로 작성하여 실시
	국제영어	○						
	문	○						
	심리	○						
	경제	○						
	경영	○						
	현대사회	○						
	스포츠과	○						
	종합정책	○		○				
	정보이공				자유	일본어		
주부대학(中部大学)								
	국문	○			자유			
	인문	○			자유			
	경영정보	○		○	자유			
	국제관계	○		○	자유			
	응용생물	○	○ 2과	○	자유			대학에서 자체적으로 작성하여 실시
	생명건강	○	○		자유			
	현대교육	○	*	*	자유	자유	* 종합과목 또는 이과(2과) 중 하나 선택	
도호대학(同朋大学)								
	불교	○						
	인문	○						
	사회복지	○						
도요타공업대학(豊田工業大学)	첨단공학기초	○	○		2	자유		TOEFL 등 점수 필요
외국 정부 파견 유학생인 것이 필수 졸업자격입니다.								
도요하시조대학(豊橋創造大学)	경영	○						
나고야음악대학(名古屋音楽大学)	음악	○						
나고야외국어대학(名古屋外国語大学)								
	외국어	○		○		자유	졸업자격:일본어(독해, 청해·청독해)의 득점이 210점 이상이며, 일본어(기술)를 33점 이상 취득한 자	대학에서 자체적으로 작성하여 실시
	현대국제	○		○				
나고야가쿠인대학(名古屋学院大学)								
	경제	○						
	외국어	○						미정(검토중)
	현대사회	○						
	경영	○						
	법	○						
	국제문화	○						
	스포츠건강	○						
나고야경제대학(名古屋経済大学)								
	법	○						
	경영	○						

제5장 일본유학시험

학부	학과	일본어	이과(물리화학생물선택)	종합과목	수학	출제언어선택	과목선택비고	영어과목 등
나고야예술대학 (名古屋芸術大学)								
예술	예술학과/예술교양영역	○						
나고야산업대학 (名古屋産業大学)								
환경정보비즈니스		○						
나고야상과대학 (名古屋商科大学)								
경제		○						
경영		○						
상		○						
국제		○						
경영관리		○						
나고야여자대학 (名古屋女子大学)								
가정		○						
문		○						
나고야조형대학 (名古屋造形大学)								
조형	조형	○						
난잔대학 (南山大学)								
인문	기독교*, 인류문화*, 일본문화*, 심리인간	○		○				
외국어	영미*, 스페인・라틴아메리카*, 프랑스*, 독일*, 아시아*	○		○				
경제	경제*	○		○	1	일본어		TOEFL iBT 또는 IELTS의 점수 조건 있음
경영	경영	○		○	1			
법	법률*	○		○				
종합정책	종합정책	○		○				
이공	소프트웨어공학, 데이터사이언스, 전자정보공학, 기계시스템공학	○	○		2	일본어		
국제교양	국제교양	○		○				
* 소논문 출원시류와 함께 제출								
인간환경대학 (人間環境大学)								
인간환경		○		○				
메이조대학 (名城大学)								
법		○		○	*			
경영		○		○	*	일본어	*종합과목 또는 수학(코스2자유) 중 하나 선택	대학에서 자체적으로 작성하여 실시
경제		○		○	*			
인간		○		○	*			
도시		○	○		2			
이공		○	○*		*		*화학은 없수・물리 또는 생물 중 하나 선택	
농		○	○	2과*				
(이예학)								
스즈카대학 (鈴鹿大学)								
국제인간과학	국제인간학	○				자유		
욧카이치대학 (四日市大学)	한국어이용만							
경제	경제정보	○		○				
	환경정보	○		○				
	종합정책	○		○				
(시가현)								
나가하마바이오대학 (長浜バイオ大学)								
바이오사이언스		○				자유	자유	수험자의 고등학교 재학 시의 영어 성적 등으로 판단

학부	학과	과목					출제언어선택	과목선택비고	영어과목 등
		일본어	이과 (물리/화학/생물)	종합과목	수학				
비와코가쿠인대학 (びわこ学院大学)									
	교육복지	○							
비와코세이케이스포츠대학 (びわこ成蹊スポーツ大学)									
	스포츠	○							
(교토부)									
교토외국어대학 (京都外国語大学)									
	외국어	○							
	국제공헌	○						기술 제외	
교토예술대학 (京都芸術大学)									
	예술	○							
교토카에이대학 (京都華頂大学)									
	건강과학 (의료복지 [사회복지전공])	○							
	캐리어형성 (의료복지·복지교육전공)	○							
	캐리어형성	○							
교토산업대학 (京都産業大学)									
	외국어	○							
	문화	○							
	경제	○							
	경영	○							
	법	○							
	이	○							
	컴퓨터이공	○						대학에서 자체적으로 작성하여 실시	
	종합생명과	○		○			확인 필요	이과는 2과목 중 고득점 1과목 이용	
교토여자대학 (京都女子大学)									
	국문	○					자유		
	영문	○		○					
	사	○							대학에서 자체적으로 작성하여 실시
	발달교육 (교육학전공 음악교육학전공, 아동 심리)	○		○			자유		
	발달교육 (교육/양호·복지교육학전공)	○		○					
	가정 (식물영양)	○		○					
	가정 (생활조형)	○		○			자유		
	현대사회 (현대사회전공 국제사회전공 정보시스템전공)	○							
	법	○							
교토세이카대학 (京都精華大学)									
	국제문화 인문 글로벌스터디스	○							
	미디어표현	○							
	예술	○							
	디자인 (일러스트, 비주얼디자인, 프로덕트디자인, 건축, 인간환경디자인프로그램)	○							
	만화 (애니메이션)	○							
교토첨단과학대학 (京都先端科学大学)									
	경제경영	○							
	인문 심리 역사문화	○							
	바이오환경 바이오사이언스, 바이오환경디자인, 식동	○							
	기계전기시스템	○		타1	자유				
교토타치바나대학 (京都橘大学)									
	국제영어	○		○			자유		TOEFL 등 점수 필요. 9월 입학생만 대상
	일본어일본문화일본문학코스, 역사, 역사유산	○		○	*			*종합과목 또는 수학(코스1) 중 하나 선택	
	현대비즈니스 경영 도시환경디자인	○		*	*				

제5장 일본유학시험

학부	학과	일본어	물리	화학	생물	이과선택	종합과목	수학	출제언어선택	과목선택비고	영어과목 등
건강과학	심리	○					*	*	자유	*종합과목 또는 수학(코스1) 중 하나 선택	
쿄토노트르담여자대학 (京都ノートルダム女子大学)											
국제언어문화	영어영문, 국제일본문화	○									
현대인간	생활환경, 심리, 아린이교육(국내 졸업간 해당)	○									
쿄토미술공예대학 (京都美術工藝大学)											
예술	디자인·공예	○							자유		
	건축	○									
사가미술대학 (嵯峨美術大学)											
예술	조형디자인	○									
도시샤대학 (同志社大学)											
신	신	○					○			3년차 전입학·편입학인기 입시만 실시	
문	영문, 철학, 미학예술학, 문화사, 국문	○					○			3년차 전입학·편입학도 걸음	
사회	사회, 사회복지, 미디어, 산업관계, 교육문화	○					○			3년차 전입학·편입학도 걸음	
법	법률, 정치	○					*	*		*종합과목, 수학(코스1 또는 코스2)에서 1과목 선택·3년차 전입학·편입학인기 입시만 실시	
경제	경제	○	*	*	*	2과		*		3년차 전입학·편입학도 걸음	
상	상	○					○			3년차 전입학·편입학도 걸음	
정책	정책	○					○				
문화정보	문화정보	○	*	*	*		*	*		*종합과목, 수학(코스1 또는 코스2), 이과(물리 또는 화학 또는 생물)에서 1과목 선택	
이공	전기공, 전자공, 기계시스템공, 기계이공, 인텔리전트정보공, 정보시스템디자인, 기능분자·생명화학, 화학시스템창성공학, 환경시스템	○	○	○		2과		2	일본어		TOEFL-iBT 시험, TOEIC LISTENING AND READING 시험(TOEIC 시험), IELTS 아카데믹 모듈(IELTS컴퓨터, IELTS for UKVI포함) 중 어느 하나의 점수
생명의과	의공, 의정보, 의생명시스템	○	○	○	○			2			
스포츠건강과학	스포츠건강과학	○	*	*	*		*	*		*종합과목, 수학(코스1 또는 코스2), 이과(물리 또는 화학 또는 생물)에서 1과목 선택	
심리	심리	○					○				
글로벌·커뮤니케이션	영어, 중국어, 일본어 커뮤니케이션(일본어코스)	○					○				
글로벌지역문화	글로벌지역문화	○					○				
하나조노대학 (花園大学)											
문	불교, 일본사, 일본문	○									
사회복지	사회복지, 임상심리, 아동복지	○									
붓쿄대학 (佛敎大学)											
불교	불교	○									
문	일본문, 중국, 영미	○									
역사	역사, 역사문화	○									
교육	교육, 임상심리	○									
사회	현대사회, 공공정책	○									
사회복지	사회복지	○									
총합학원수강자 「일본어, 성적확인」											
메이지국제의료대학 (明治國際醫療大学)											
보건의료	유도정복	○							일본어		
간호	간호	○									수험자의 고등학교 재학 시 영어 성적 등으로 판단
리츠메이칸대학 (立命館大学)											
법	법	○					*	*	자유	*종합과목 또는 수학 선택	
산업사회	현대사회	○	○	○	○	2과	*	*			영어부자시험의 성적증명서
국제관계	국제관계	○	○	○	○		*	*			
문	인문	○	○	○	○		*	*			

학부	학과	해외 고교	과목 이과선택 물리 화학 생물	종합과목	수학	출제언어선택	과목선택비고	영어과목 등
경영	경영/국제경영	○		*	*			영어어학자시험의 성적증명서
	정책과	○		*	*			
	종합심리	○		*	*		*종합과목 또는 수학 선택	
	영상	○		○	자유	자유		
	경제	○		*	*			영어어학자시험의 성적증명서(국제전공만)
	스포츠건강과	○			2			
	식매니지먼트	○			2			
	정보이공	○	○ 2과		2		*종합과목 또는 수학 선택	
	이공	○ ○ ○ ○			2			영어어학자시험의 성적증명서
	생명	○ ○ ○ 2과			2			영어어학자시험의 성적증명서
	치의	○ ○ ○			2			
후쿠오카대학 (福岡大学)								
문 (1년차/편입)	전통, 불교, 정치학과정학한국, 정치학과교육한국, 임상심리, 역사학과일본사학전공, 역사학과동양사학전공, 역사학과서양사학전공, 역사학과문화유산학전공, 일본어일본문, 영어영문	○						대학에서 자체적으로 작성하여 실시
경제 (9월입학)	국제경제, 현대경제	○						
경	국제경제, 현대경제	○						
경영	경영	○						
법 (9월입학)	법률	○						
법	법률	○						
국제	국제	○		*	*	일본어	*종합과목 또는 수학(코스1) 선택	TOEFL 또는 TOEIC 점수 필요
국제	국제문화	○						
국제 (9월입학)	국제문화	○						
이공	수리과학, 전자정보, 기계시스템공학, 정보미디어, 환경솔루션공	○ ○ ○ 2과			2	자유		
사회	사회, 커뮤니티매니지먼트, 현대복지	○						
농	식물생명과, 자원생물, 식품영양	○ ○ ○ 1과				자유		
	식품농업시스템	○		○				
(오사카부)								
오테몬가쿠인대학 (追手門学院大学)								
	경제	○						
	경영	○						
	지역창조	○						
	사회	○						
	심리	○						
	국제일본	○						
	국제교양	○			○ 2과	1	일본어		대학 개별 학력 시험 실시
오사카이과약과대학 (大阪医科薬科大学)								
약	약	○						
오사카오타니대학 (大阪大谷大学)								
	문(일본어일본, 문화재)	○						
	교육(학교교육전공)	○						
	인간사회, 스포츠건강	○						
오사카가쿠인대학 (大阪学院大学)								
	상	○						
	경영	○						
	경제	○						
	법	○						
	정보	○						
	외국어	○						
오사카칸코대학 (大阪観光大学)								
	관광	○						국제교류학부 국제교류학과는 편입학만

제5장 일본유학시험

학부	학과	과목 일본어	과목 이과(물리·화학·생물 선택)	과목 종합과목	과목 수학	출제언어선택	과목선택비고	영어과목 등
오사카경제대학 (大阪経済大学)								
	경제, 지역정책	○						
	경영, 비즈니스법	○						
	정보사회	○						
	인간과학	○						
오사카경제법과대학 (大阪経済法科大学)								
	국제(1년차입학)	○		*	*	자유	*종합과목 또는 수학(코스2) 자유 선택	
	경영(1년차입학)	○		*	*			
	경제(1년차입학)	○		*	*			
	법(1년차입학)	○		*	*			
	국제(3년차입학)	○						
	경제(3년차입학)	○						
	법률(3년차입학)	○						
오사카예술대학 (大阪芸術大学)								
	예술	○						
오사카국제대학 (大阪国際大学)								
	경영경제	○					일본어과목 240점 이상	
	국제교양	○						
	국제커뮤니케이션, 국제관광	○						
	인간과학	○						
	심리커뮤니케이션, 인간건강과학, 스포츠행동	○						
오사카산업대학 (大阪産業大学)								
	국제	○		○		일본어		
	경영	○		○				
	경제	○		○				
	(학부일괄모집)	○		○				
	디자인(정보시스템 환경디자인)				2		수학(코스2) 또는 종합과목 중 고득점 과목	
	디자인(건축·환경디자인)				2			
	공(기계공, 교통기계공, 도시창조공, 전자정보통신공)				2			
	인간환경			○				
오사카치과대학 (大阪歯科大学)								
	치	○	타1		2	일본어		
오사카소인여자대학 (大阪樟蔭女子大学)								
	학예	○					국문·국제영어·심리·라이프플래너·화장패션	·대학에서 자체적으로 작성하여 실시(국제영어만 해당) ·국제영어학과만 영어 필기시험 있음 ·면접시험만
	아동교육	○						
	건강영양	○						
오사카학원대학 (大阪学院大学)								
	국어·영어	○		○		일본어	일본어과목 220점 이상	대학에서 자체적으로 작성하여 실시
오사카아이가쿠인대학 (大阪愛真学院大学)								
	교육	○		○		일본어		
	간호	○		○				
오사카케이아이대학 (大阪経愛大学)								
	교육	*		*		확인필요	*출제과목은 대학에 확인해주세요	
오사카체육대학 (大阪体育大学)								
	체육						스포츠교육, 건강·스포츠매니지먼트	
「일본어」를 수험하여 「독해, 청취·청독해」의 합계득점이 200점 이상인 지체장애자들을 부여함. 대학 자체 시험의 면제는 실시(하지) 않음								
오사카전기통신대학 (大阪電気通信大学)								
	건축·디자인(공간디자인전공(문과형))	○		○		일본어	일본어는 독해, 청해·청독해 해에서 220/400점 이상, 종합과목은 100/200점 이상이 출원자격	
	건축·디자인(공간디자인공(이과형))	○			2			

학부	학과	일본어	이과 물리	이과 화학	이과 생물	이과 선택	종합과목	수학	출제언어선택	과목선택비고	영어과목 등
종합정보	디지털게임	○						2	일본어	일본어는 독해, 청해·청독해에서 220/400점 이상, 수학(코스2)은 100/200점 이상의 출원자격	
	게임&미디어	○						2			
오사카인간과학대학(大阪人間科学大学)											
보건의료											대학에서 자체적으로 작성하여 실시
심리											
인간과학											
간사이대학(関西大学)											
법	법학정치	○					○		자유		
	종합인문	○					○				
경제	경제	○					*			*9월 머점은 종합과목 불필요, 11월 머점은 종합과목 필요	
상	상	○					○				
사회	사회	○					○				
정책창조	정책	○	*	*	*		*	*		*일본어는 필수 그 외 종합과목, 수학(코스1), 이과(2과) 중 한 과목 선택	
	국제아시아	○	*	*	*		*	*			
	인간건강	○					○				
종합정보	종합정보	○	*	*	*		*	*		*일본어는 필수 그 외 종합과목, 수학(코스1) 또는 이과(2과) 중 한 과목 선택	
사회안전	안전매니지먼트	○					○	2		*일본어 및 수학은 필수 그 외 종합과목 또는 이과(2과) 중 하나 선택	
시스템이공	수	○	○	○				2			
	물리·응용물리	○	○	○				2			
	기계공	○	○	○				2			
	전기전자정보공	○	○	○				2			
환경도시공	건축	○	○	○				2			
	도시시스템공	○	○	○				2			
	에너지환경·화학공	○	○	○				2			
화학생명공	화학·물질공	○	*	*	*			2		*일본어 및 수학은 필수, 이과는 화학(필수) 및 물리·생물에서 한과목 선택	
	생명·생물공	○	*	*	*			2			
긴키대학(近畿大学)											
법		○					○	1	일본어	출원자격: 일본유학시험 「일본어(기술 포함) 450점 만점」 과 「종합과목 200점 만점」 의 총득점이 420점 이상.	
경제		○					○				
경영		○					○				
이공		○	○	○		1과		2	자유	출원자격: 일본유학시험 「일본어」, 「이과학과」에서 총 140점 이상 및 「기술 40점 이상이며 총득점 330점 이상	
건축		○	○	○		1과		2			
약		○	○	○						*종합과목, 수학(코스1 2과목 선택)	
문예		○					*			출원자격: 일본유학시험 「일본어(기술 포함)」 에서 화학디자인학과는 일본유학시험 「문화·역사학과」 에서 정해, 정독해 330점 이상	
종합사회		○					○			출원자격: 일본유학시험 「종합과목」 또는 「수학(코스1)」 과의 합계점수가 430점 이상.	
국제		○							자유		
정보		○	○	○		1과		2	일본어		영어능력을 증명하는 서류 필요
농		○	○	○		2과					
생물이공		○	○	○		1과					

제5장 일본유학시험

학부	학과	과목 일본어	이과선택 물리	이과선택 화학	이과선택 생물	이과선택 1과 선택	종합과목	수학	출제언어선택	과목선택비고	영어과목 등
	대	○						2			
산업이공	생물환경경영학	○	○	○	○			2	일본어		
	전기전자공·건축·디자인	○	○	○				자유			
	정보	○					*	*		* 종합과목·수학코스1 중 1과목 선택	
	경영비즈니스	○									
시텐노지대학 (四天王寺大学)											
	인문사회	○							일본어	200점 이상	영어과목 부과없음 (국제케리어학과 제외)
	교육	○									
	경영	○									
* 자세한 사항은 문의해 주세요.											
센리킨란대학 (千里金蘭大学)											
	생활과	○			○				일본어		
	식물영양										
	아동교육										
쇼이대학 (相愛大学)											
	인문	○					○		자유		
타이세이가쿠인대학 (太成学院大学)											
	어린이발달 / 건강스포츠 / 인간응용심리	○							자유		
	경영	○					○				
	현대비즈니스										
하고로모국제대학 (羽衣国際大学)											
	산업사회	○					○		일본어		
한난대학 (阪南大学)											
	유통	○					○				
	경제	○					○		자유	일본유학시험이 이용은 외국인유학생(사후기)인	
	경영정보	○					○				
	국제커뮤니케이션	○					○				
히가시오사카대학 (東大阪大学)											
	어린이, 아시아어린이	○							일본어		
모모야마가쿠인교육대학 (桃山学院教育大学)											
	교육	○					○		자유		
모모야마가쿠인대학 (桃山学院大学)											
	문	○					○				
	사회	○					○				
	법	○					○				
	경제	○					○				
	경영	○					○				
야마토대학 (大和大学)											
	정치·정책·경제경영	○						2		이과는 2과목 중 고득점 1과목을 채용	
	이공	○	○	○		2과			자유		
	사회	○									
	정보	○	○	○		2과		2		이과는 2과목 중 고득점 1과목을 채용	

(효고현)

학부	학과	일본어	물리	화학	생물		종합과목	수학	출제언어선택	과목선택비고	영어과목 등
아시야대학 (芦屋大学)											
	임상교육	○							일본어		
	경영교육	○									
오테마에대학 (大手前大学)											
	건축&예술	○	○	○					일본어		
	현대사회	○									
	국제시블	○									

일본 유학으로 성공하기

학부	학과	과목						출제언어선택	과목선택비고	영어과목 등
		종합 문예	이과(물리·화학·생물 선택)			종합과목	수학			
간세이가쿠인대학 (関西学院大学)										
문	문화역사, 총합심리과학, 문학언어	○				○				
사회		○				○				본교가 지정하는 영어자격·검정시험(4기능)의 정규 점수를 보유한 자.
법	법률, 정치	○				○	1	일본어		
경제		○				○	자유			
상		○				○				TOEIC(TOEIC-IP포함), TOEFL(TOEFL-ITP, TOEFL-iBT), IELTS 중 하나의 시험을 수험했을 것
인간복지	사회복지, 사회기업, 인간과학	○				○				
국제		○						일본어·영어*		*별도로 영어 화자를 위한 입시 제도가 있음
교육		○								
총합정책	총합정책, 미디어정보, 도시정책, 국제정책	○								
이	수리과학, 물리·우주, 화		○ ○ ○				2			TOEIC(TOEIC IP포함), TOEFL(TOEFL ITP, TOEFL iBT), IELTS 중 하나의 시험을 수험했을 것.
공	물질공학과정, 전기전자응용공학과정, 정보공학과정, 지능·기계공학과정		○ ○ ○			2과	2	일본어		
생명환경	생명과학, 생명의과, 환경응용화		○ ○ ○				2			
건축			○ ○ ○				2			
고시엔대학 (甲子園大学)										
인문										
고난대학 (甲南大学)										
이공	물리	○	○				2		일본어「독해, 청해·청독해 문제, 일본어기술」균 제에서 평균점 이상	
	기능분자화학	○	○				2			
경제		○				○	2			
법		○				○			일본어「독해, 청해·청독해 문제, 일본어기술」균제, 종합과목에서 평균점 이상	
경영		○				○				
지능정보		○			1과		2			출원 시에 TOEIC(TOEIC IP를 포함하서 명령서400점 이상), TOEFL iBT 40점 이상, IELTS 4.0이상, GTEC 200점 이상의 어느 하나의 점수·성적증명서 제출할 필요. ※영어를 공용어로 하는 국가·지역에 거주한 자 또는 영어 국이 화자는 학교 교육을 영어로 수료했다는 증명서가 있으면 제출 면제
매니지먼트창조		○						자유		
프론티어사이언스	생명화	○		○	2과		2		일본어「독해, 청해·청독해 문제, 일본어기술」균 제에서 평균점 이상	출원 시에 영어능력을 증명할 수 있는 시험 중 어느 하나 수·성적증명서, 합격증명서 제출할 필요. ※영어를 공용어로 하는 국가·지역에 거주한 자 또는 영어 국이 화자는 학교 교육을 영어로 수료했다는 증명서가 있으면 제출 면제
문	일본어일본문(편입학), 영어영미문(편입학), 사회(편입학), 인간과(편입학), 역사문화(편입학)	○								
경제	경제(편입학)	○								
법	법(편입학)	○								
경영	경영(편입학)	○			○			자유	「일본어(「기술·영어 제외)」에서 270점 이상	
지능정보	지능정보(편입학)	○							「일본어(「기술·영어 제외)」에서 270점 이상, 일본어「기술」문제에서 135점 이상 및 종합과목에서 135점 이상	
프론티어사이언스	생명화(편입학)	○							「일본어(「기술·영어 제외)」에서 평균점 이상	
고베이료미라이대학 (神戸医療未来大学)										
사회복지	경영복지비즈니스	○							「일본어(「기술·영어 제외)」에서 200점 이상	

학부	학과	문종합	이과(물·화·생 선택)	종합과목	수학	출제언어선택	과목선택비고	영어과목 등
고베카이세이여자학원대학 (神戸海星女子学院大学)								
	현대인간	○						
고베가쿠인대학 (神戸学院大学) 심리인간, 영어관광								
	경제	○						
	경영	○						
	인문	○						대학에서 자체적으로 작성하여 실시
	심리	○						
	현대사회	○						
	글로벌·커뮤니케이션	○						
	종합리허빌리테이션 사회리허빌리테이션	○						
	영양	○	○ ○		2	일본어		대학에서 자체적으로 작성하여 실시
고베예술공과대학 (神戸芸術工科大学) 환경디자인, 프로덕트·인테리어디자인, 비주얼디자인, 영상표현, 만화표현, 패션디자인, 아트·크래프트								
	예술공	○						
고베국제대학 (神戸国際大学)								
	경제	○						
고베쇼인여자학원대학 (神戸松蔭女子学院大学)								
	문	○		○		일본어		대학에서 자체적으로 작성하여 실시
고베여학원대학 (神戸女学院大学) 영어학과, 글로벌·스터디즈학과								
	국제	○				일본어		영어 과목을 부과하는 경우 있음
고베신와여자대학 (神戸親和女子大学)								
	문	○				일본어		
고베도키와대학 (神戸常盤大学)								
	보건과 의료검사, 간호	○	○ ○		자유			
	교육 어린이교육	○						
소노다가쿠엔여자대학 (園田学園女子大学)								
	인간건강	○						
	교육	○						
	경영	○						
히메지도쿄교리츠대학 (姫路獨協大学) 국제언어문화학류								
	인간사회학군 현대법률학류 신경영경영학류	○						
효고대학 (兵庫大学) 현대비즈니스								
	현대비즈니스	○						
무코가와여자대학 (武庫川女子大学)								
	문	○						
	교육	○						
	건강·스포츠과	○						
	생활환경	○						
	정보미디어	○						
	음악 연주, 응용	○						
	약(6년제) 건강생명약과(4년제)	○						
	경영	○						

학부	학과	일본어	과목 이과선택 (물리/화학/생물)	종합과목	수학	출제언어선택	과목선택비고	영어과목 등
유통과학대학 (流通科学大学)								
상	마케팅, 경영	○		*	*		*이과, 종합과목, 수학 중 어느 하나 고득점을 채용	
경제	경제, 경제정보	○	*	*	*			
인간사회	인간사회, 관광, 인간건강	○		2과				
(나라현)								
덴즈카야마대학 (帝塚山大学)								
문	일본문화	○				일본어		
경제경영	경제경영	○						
심리	심리	○						
현대생활	거주공간디자인	○						
덴리대학 (天理大学)								
인	종교, 국문학국어, 역사문화, 심리, 사회교육, 사회복지	○						
국제	한국·조선어, 중국어, 영미어, 외국어, 국제문화	○						
체육	체육	○						
의료	간호, 임상검사	○						
나라대학 (奈良大学)								
문	국문, 사, 지리, 문화재	○						
사회	심리, 종합사회	○						
(오카야마현)								
오카야마상과대학 (岡山商科大学)								
법	법	○					대학 자체적으로 기초적인 영어 시험 문제를 작성하여 실시	
경제	경제	○						
경영	경영, 상	○						
소속학교 등에서 주천받은 국내 거주 유학생만, 3년자 편입학생도 모집								
오카야마이과대학 (岡山理科大学)								
	응용수학	○	○		2			
	기초이학	○	○		2			
이	물리	○	○		2			
	화학	○	○		2			
	동물	○	○	2과	2			
	임상생명과학	○	○		2			
	기계시스템공학	○	○		2			
	전기전자시스템	○	○	2과	2			
	정보공	○	○	E1	2	자유		
공	응용화학	○	○		2			
	건축	○	○	2과	2			
	생명의료공	○	○		2			
	정보이공	○	○		2			
	생명과학	○	○		2			
	생물지구	○	○	E1	2			
교육	초등교육, 중등교육	○	○		자유			
경영	경영	○			자유			
수의	수의	○	○	2과	2			
	수의보건간호	○	○	2과	2			
애미튜라네르코스		○	*	*	*		*이과2 과목, 종합과목 중 1과목 선택	
환태평양대학 (環太平洋大学)								
차세대교육	국제교육	○						
가을 입학(1년자) 및 4월 입학(1년자)								

제5장 일본유학시험

학부	학과	과목 일본어	이과 물리	이과 화학	이과 생물	이과 선택	종합과목	수학	출제언어선택	과목선택비고	영어과목 등
기비국제대학 (吉備国際大学)											
	사회	○									
구라시키예술과학대학 (倉敷芸術科学大学)											
	예술	○					○		자유		
	생명·생명의	○			○		○	*			
	생명과	○			○		○	*			
	위기관리	○					○	*			
산요가쿠엔대학 (山陽学園大学)											
	전	○						자유			
노트르담세이신여자대학 (ノートルダム清心女子大学)											
	간호	○			○	타1		자유			
	문	○									
	인간생활	○									
미마사카대학 (美作大学)											
	생활과학										
(히로시마현)											
히로시마경제대학 (広島経済大学)											
	경제	○					*	*	자유	*종합과목 또는 수학(코스2)자유 중 하나 선택	
	경영·스포츠경영	○					*	*			
미디어비즈니스											
	비즈니스정보, 미디어비즈니스	○					*	*			
히로시마공업대학 (広島工業大学)											
	전자정보공, 전기시스템공, 기계시스템공, 지능기계공, 환경토목공, 건축공	○	○	○				2		이과는 2과목 중, 고득점 1과목 채용	
	정보공, 지적정보시스템	○	○	○				자유	확인		
	건축디자인, 지구환경	○	○	○		2과		자유	필요		
	생체의공, 식품생명과	○	○	○	○			자유			
히로시마국제대학 (広島国際大学)											
	보건의료	○						자유			
	종합리하빌리테이션	○					○	자유	일본어	「일본어」및「종합과목」또는「수학」	
	의료복지	○					○	자유			
	간호	○					○	자유			
	심리	○					○	자유			
	의료경영	○					○	자유	일본어		
히로시마슈도대학 (広島修道大学)											
	상	○									
	경제과	○									
	인간환경	○									
	법	○									
	인문	○									
히로시마여학원대학 (広島女学院大学)											
	국제영어	○								대학에서 자체적으로 작성하여 실시	
	국제영어(GSE코스)	○								에세이 작성	
	일본문화	○									
히로시마시가쿠엔대학 (広島都市学園大学)											
	간호, 리허빌리테이션	○									
	어린이교육	○									
후쿠야마대학 (福山大学)											
	경제·국제경제, 세무회계	○									
	인간문화, 미디어·영상·심리	○									
	스마트시스템, 기계시스템공	○		○				○		수학(코스1 또는 코스2)	
	건축, 정보공	○		○				○			
	생명공·생명영양, 해양생물	○		○	○					수학(코스1 또는 코스2)	

학부	학과	과목							출제언어선택	과목선택비고	영어과목 등
		일본어	이과			종합과목	수학				
			물리	화학	생물						
후쿠야마헤이세이대학 (福山平成大学)											
(야마구치현)	경영	○									
우베프론티어대학 (宇部フロンティア大学)											
	인간사회	○						자유			미정(검토중)
도아대학 (東亜大学)											
인간과학		○						자유	일본어		
의료		○						자유	일본어		기타
예술		○						자유			
바이코가쿠인대학 (梅光学院大学)											
문	일본문학	○									
	영어영문	○									
국제언어문화	동아시아언어문화	○									대학에서 자체적으로 작성하여 실시
(도쿠시마현)											
시코쿠대학 (四国大学)											
문	일본문학	○				○		일본어	※일본어과목 「일본어(기술·영역 제외)」에서 220점 이상		
	서도문화	○				○					
	국제문화	○				○		자유			
경영정보	경영정보	○	*	*	*	*	*		※일본어(기술·영역 제외)」에서 220점 이상 *종합과목 (이과는 과목, 수학은 코스 불문)		
	미디어정보	○	*	*	*	*	*				
생활과학	인간생활과	○	*	*	*	*	*				
	건강영양	○	*	*	*	*	*				
	아동	○	*	※	*	*	*				
간호	간호	○	*	*	*	*	*	일본어	※일본어과목 「독해, 청해·청독해」의 합계 280점 이상 *종합과목 (이과는 과목, 수학은 코스 불문)		
도쿠시마분리대학 (徳島文理大学)											
전학부	전학과	○				○					
문	문	○						자유			
인간생활	심리, 인간생활, 아동	○				○		자유			
	건축디자인	○	*	*	*	*	*				
	미디어디자인	○	*	*	*	*	*				
보건복지	인간복지	○				○					
	구강보건	○	*	*	*	*	*		*중 1과목 선택		
	이학요법	○	*	*	*	*	*		*고득점 1과목 *이과 수학에서 2과목 선택		
	간호	○	*	*	*	*	*		*이과 수학에서 1과목 선택		
총합정책	총합정책	○				○	*	자유	*종합과목, 수학에서 1과목 선택		
음악	음악	○							실기(DVD 또는 디지털 파일)		
약	약	○				○					
가정의약	나노물질공, 기계창조공, 전자정보공	○				○	2				
문화	문화재, 일본문, 영어영미문화	○									
(가가와현)											
다카마쓰대학 (高松大学)											
발달	어린이발달	○	*	*	*	*	*	자유	*종합과목 수학(코스1 또는 코스2), 이과(물리, 화학, 생물)에서 1과목 선택		
경영	경영	○	*	*	*	*	*				
(에히메현)											
세이카타리나대학 (聖カタリナ大学)											
인간건강복지	사회복지, 인간사회, 건강스포츠	○								기술 제외	

제5장 일본유학시험

학부	학과	과목 일본어	이과 물리	이과 화학	이과 생물	이과 선택	종합과목	수학	출제언어 선택	과목선택비고	영어과목 등
마츠야마대학 (松山大学)											
	경영	○									
	경제	○									TOEFL 등 점수 필요
	인문	○									영어영문
	법	○									사회 TOEFL 등 점수 필요
후쿠오카권)											
규슈교리츠대학 (九州共立大学)											
	경제 · 경영	○					○		일본어	이용과목은 검토중	
규슈국제대학 (九州国際大学)											
	경영	○									
규슈산업대학 (九州産業大学)											
	경제	○					○	자유			
	상	○					○	자유			
	경영	○					○	자유			
	예술	○					○	자유			
	국제문화	○					○	자유			
	정보과	○					○	자유			
규슈정보대학 (九州情報大学)											
	경영정보	○				*	*	자유	자유	*종합과목 또는 이과(2과) 중 하나 선택	
구루메대학 (久留米大学)											
		○					○	1	일본어		
세이난가쿠인대학 (西南学院大学)											
	신	○						자유			
	문	○						자유			
	경제	○						자유			대학에서 자체적으로 작성하여 실시
	인간과	○						자유			
	국제문화	○						자유			
세이난여학원대학 (西南女学院大学)											
	인문	○					○		일본어		영어, 관광문화
지쿠시여학원대학 (筑紫女学園大学)											
	문	○									
나카무라가쿠엔대학 (中村学園大学)											
	인간발달	○					○	자유			
	영양과	○		○	○			자유			
	유통과	○					○	자유			
나시니혼공업대학 (西日本工業大学)											
		○					○	2	일본어	400점 만점 중 230점 이상 득점한 자	
일본경제대학 (日本経済大学)											
	경제	○									
	경영	○									수험자의 고등학교 재학 시 영어 성적 등으로 판단
	경영 글로벌비즈니스, 예체프로듀스	○									
후쿠오카대학 (福岡大学)											
	인	○				*2과	*	2	자유	*물리 또는 화학 선택	
	지구권과학	○	○	○	○	2과		2	자유		대학에서 자체적으로 작성하여 실시
	스포츠과학	○					○	자유			
	경제	○					○	자유			
	상	○					○	자유			

(주)해외교육사업단 **171**

일본 유학으로 성공하기

학부	학과	과목						출제언어선택	과목선택비고	영어과목 등
		일본어	이과			종합과목	수학			
			물리	화학	생물	이과선택					

후쿠오카공업대학 (福岡工業大学)

학부	학과	일본어	물리	화학	생물	이과선택	종합과목	수학	출제언어선택	과목선택비고	영어과목 등
인		○					○	자유	자유		
공		○						자유			
공	응용수학	○	○	○		2과		2	자유		대학에서 자체적으로 작성하여 실시
이	물리과학	○	○	○				2			
이	화학	○	○	○		E1		2			
이		○	○	○		2과		2			

후쿠오카국제의료복지대학 (福岡国際医療福祉大学)

학부	학과	일본어	물리	화학	생물	이과선택	종합과목	수학	출제언어선택	과목선택비고	영어과목 등
정보공		○	○	○		2과		2	일본어		
사회환경		○						2			

후쿠오카국제의료복지대학 (福岡国際医療福祉大学)

학부	학과	일본어	물리	화학	생물	이과선택	종합과목	수학	출제언어선택	과목선택비고	영어과목 등
전학부		○								수험 과목이 정해는 모두 참고함	

후쿠오카여학원대학 (福岡女学院大学)

학부	학과	일본어	물리	화학	생물	이과선택	종합과목	수학	출제언어선택	과목선택비고	영어과목 등
인문	현대문화	○							일본어	기술식 점수는 포함하지 않음	대학에서 자체적으로 작성하여 실시
인문	언어예술	○									
인문	미디어·커뮤니케이션	○									
인간관계	심리	○									
인간관계	어린이발달	○									
국제케어리	국제영어	○									
국제케어리	국제케어리	○									

(나가사키현)

갓스이여자대학 (活水女子大学)

학부	학과	일본어	물리	화학	생물	이과선택	종합과목	수학	출제언어선택	과목선택비고	영어과목 등
국제문화	영어	○									면접 실시
국제문화	일본문화	○									면접 중에 영어 면접 필기시험 등을 실시하는 경우가 있음
음악	음악연주표현코스	○									작문과 연접 실시
음악	음악응용학코스	○									면접과 실기시험 실시
건강생활	식생활건강	○	○	○	*					*「화학」「물리」「생물」에서 2과목 선택	작문과 연접 실시
건강생활	생활디자인, 어린이	○							자유		소논문과 면접 실시

진제이가쿠인대학 (鎮西学院大学)

학부	학과	일본어	물리	화학	생물	이과선택	종합과목	수학	출제언어선택	과목선택비고	영어과목 등
현대사회 복지커뮤니티		○							검토중	검토중, 타과목은 검토중	수험자의 고등학교 재적 시 영어 성적 등으로 판단

나가사키국제대학 (長崎国際大学)

학부	학과	일본어	물리	화학	생물	이과선택	종합과목	수학	출제언어선택	과목선택비고	영어과목 등
인간사회		○	○	○	*	*		2		*「물리」「생물」에서 1과목 선택	

나가사키준신대학 (長崎純心大学)

학부	학과	일본어	물리	화학	생물	이과선택	종합과목	수학	출제언어선택	과목선택비고	영어과목 등
인문		○							일본어		

나가사키종합과학대학 (長崎総合科学大学)

학부	학과	일본어	물리	화학	생물	이과선택	종합과목	수학	출제언어선택	과목선택비고	영어과목 등
종합정보		○						2			
공		○						2			

(구마모토현)

규슈루터가쿠인대학 (九州ルーテル学院大学)

학부	학과	일본어	물리	화학	생물	이과선택	종합과목	수학	출제언어선택	과목선택비고	영어과목 등
인문		○					○		일본어		대학에서 자체적으로 작성하여 실시

구마모토가쿠엔대학 (熊本学園大学)

학부	학과	일본어	물리	화학	생물	이과선택	종합과목	수학	출제언어선택	과목선택비고	영어과목 등
경제		○					○		일본어		
외국어	동아시아	○					○				
사회복지		○					○				
외국어	영미	○					○		영어		

제5장 일본유학시험

학부	학과	과목							출제언어선택	과목선택비고	영어과목 등
		일본어	이과				종합과목	수학			
			물리	화학	생물	이과선택					
쇼케이대학 (尚絅大学)											
현대문화	문화커뮤니케이션	○							일본어		
쇼조대학 (崇城大学)											
예술	미술 디자인	○									
공	기계공, 나노사이언스, 에코디자인, 건축, 우주항공시스템공	○	*	*				*		*수학(코스자유) 또는 이과(2과) 중 하나 선택	
정보	소프트웨어사이언스, 전자정보네트워크, 컴퓨터시스템테크놀로지	○	*	*	*			*			
생물생명	응용미생물공, 응용생명과	○	*	*	*			*			
(오이타현)											
일본분리대학 (日本文理大学)											
경영경제		○									
리츠메이칸아시아태평양대학 (立命館アジア太平洋大学)											
아시아태평양		○									
국제경영		○									
시스테이너빌리티관광											
(미야자키현)											
미나미큐슈대학 (南九州大学)											
환경원예	환경원예	○									
	건강영양	○									
	식품개발과	○									
미야자키산업경영대학 (宮崎産業経営大学)											
법		○					○		일본어		
경영		○					○				
(가고시마현)											
가고시마국제대학 (鹿児島国際大学)											
복지사회	사회복지, 아동	○					○		자유		자체 시험 없음. 서류전형 국내 거주자만 연필 실시
경제	경제, 경영	○					○				
국제문화	국제문화, 음악	○					○				
가고시마준신대학 (鹿児島純心女子大学)											
인간교육	교육・심리	○									
시가쿠칸대학 (志学館大学)											
인간관계	심리임상・인간문화	○									
법	법률・법비즈니스	○									
신규야마대학 및 편의학											
(오키나와현)											
오키나와대학 (沖縄大学)											
인문		○									
경법상		○									
오키나와기독교학원대학 (沖縄キリスト教学院大学)											
인문	영어커뮤니케이션	○								대학에서 자체적으로 작성하여 실시	
오키나와국제대학 (沖縄国際大学)											
경제		○									
산업정보		○									
종합문화		○									

일본 고등학교 유학의 전문 유학원

일본의 고등학교로 유학을 생각하는 학생이 늘어나고 있습니다. 글로벌 인재 육성의 사명을 가진 HED에서는 학부모와 학생 여러분의 요구에 적극적으로 대응하여 성공하는 유학을 안내해 드립니다.

● HED에서 개설, 운영하는 홈페이지

- 일본중고등학교정보센터 – www.high-hedcokr
- 센다이이쿠에이가쿠엔고등학교 – www.sendaihigh.co.kr
- 쇼린고등학교 – www.shorinedu.co.kr
- 가시마가쿠엔고등학교 – www.kasimahigh.co.kr
- 오사카 건국고등학교 – www.keonguk.co.kr
- 코리아국제중고등학교 – www.kiskorea.co.kr
- 아사히주쿠중등교육학교 – www.asahihigh.co.kr
- 일본고등학교유학가기 – www.facebook.com/hedjapan/

〈문의〉 한국유학개발원 TEL.02-552-1010/ Fax.02-552-1062/ E-mail. hedc@hed.co.kr

중고등학생 일본 홈스테이 프로그램

중고등 학생이 여름방학과 겨울방학을 이용하여 일본에서 문화체험과 어학연수를 경험하는 1주, 2주의 프로그램을 매년 실시하고 있습니다.

홈스테이 + 문화체험 + 일본어연수

- 대상 : 중학교 2학년~고등학교에 재학 중인 학생
- 문화체험 : 일본인 가정 홈스테이와 문화체험으로 1주일 프로그램
- 어학연수 : 일본인 가정 홈스테이와 어학연수+문화체험으로 2주일 프로그램
- 실시지역 : 도쿄, 오사카, 센다이, 홋카이도, 후쿠오카, 나고야 중에서 자유선택
- 프로그램 상세안내 :

  - 문화체험 www.homestay-in-japan.co.kr/02_program/program_16.php
  - 어학연수 www.homestay-in-japan.co.kr/02_program/program_14.php

〈문의〉 한국유학개발원 TEL.02-552-1010/ Fax.02-552-1062/ E-mail. hedc@hed.co.kr

100+ 의 도전!

100년의 역사, 신뢰의 학교법인 중앙공학교. 동경도지사 인가의 중앙공학교부속 일본어학교는 안심할 수 있는 중앙공학교 그룹입니다.

중앙공학교부속 일본어학교
Japanese Language School affiliated with Chuo College of Technology

당신의 「일본어능력」을 키웁니다

NEXT STAGE

① 매일의 일이니까 환경이나 장소, 교통비도 중요!

2개의 국제 공항으로부터 30분 대로, 학교가 있는 JR다바타역. 역에서는 도보 5분!! 본교는 학교법인으로서 인가를 받고 있으므로, 저렴한 통학정기권※의 구입이 인정되어 매일 필요한 교통비도 크게 도움. 동경내의 어떤 장소로 이동하더라도 다바타역에서라면 야마노테선과 게힌토호쿠선을 이용하므로 대단히 편리. 학교와 가까운 곳에는 대형 슈퍼마켓도 있습니다. ※장기생에 한합니다

다바타로부터의 소요시간
(승차시간임, 환승시간은 포함하지 않음)

- 이케부쿠로/9분
- 닛포리/3분
- 신주쿠/17분
- 우에노/4분
- 시부야/24분
- 아키하바라/7분
- 도쿄10분
- 시나가와/19분
- 나리타공항(제2·3빌딩) 36분
- 하네다공항국제선빌딩/29분

② 학비는 내용이나 시설 등, 종합적으로 판단하자!

학비에는 상해보험료나 교외활동비, 교과서, 교재 등의 요금이 포함되어 있습니다. 넓은 로비 등, 교실 1 인당 면적은 일본어학교 최대급으로, 여유로운 환경에서 학습할 수 있습니다. 친구와 방과후에 느긋하게 쉬는 라운지나 도서실. PC 룸 등의 시설이 당신의 유학생활에 활력을 줍니다. 인기 있는 가루이자와 연수소에서의 숙박 연수를 비롯하여 다채롭고 특징 있는 교외학습 등의 프로그램도 가득하여, 유익한 수업료임을 실감할 수 있습니다.

진학실적

대학원 동경예술대학대학원/고베대학대학원/와세다대학대학원/일본공업대학전문직대학원/다마미술대학대학원/대동문화대학대학원/조사이국제대학대학원/히토츠바시대학대학원/ 등 다수

대학 동경공업대학/츠쿠바대학/이바라키대학/시마네대학/와세다대학/간사이대학/리츠메이칸대학/도시샤대학/주오대학/호세이대학/메이지대학/아오야마학원대학/국학원대학/도카이대학/메이지학원대학/동교대학/오비린대학/소우카대학/일본대학/타쿠쇼쿠대학/유통경제대학/마츠모토치과대학/쇼오음악대학/대동문화대학/고쿠시칸대학/아세아대학/동경국제대학 등 다수

전문학교 중앙공학교/핫토리영양전문학교/일본전자전문학교/동양미술학교/전문학교오미우리자동차대학교/츠지조리전문학교/일본외국어전문학교/전문학교JTB레블&호텔칼리지/국제듀얼비즈니스전문학교/전문학교동경테크니컬칼리지/일본항공전문학교/전문학교ESP뮤지컬아카데미/쇼비뮤지컬칼리지전문학교/할리우드뷰티전문학교/동경상과·법과학원전문학교 등 다수

③ 뛰어난 강사진과 교육 시스템이 있습니다.

경험 풍부한 강사진이 당신의 꿈이 확실히 실현되도록 엄격하고도 상냥하게 지도합니다. 공부 이외에도 아르바이트 지원의 모의면접이나 이력서 쓰는 요령의 지도 등도 실시합니다. 진로에 대해서는 중앙공학교 그룹 전문학교로의 진학 지도는 물론, 전문학교, 대학, 대학원 진학 이외에도 대학 편입 등도 강력하게 지원하고 있습니다.
전문대학 졸업자는 일본의 대학 3 학년 편입에 도전해 보시기 바랍니다.

④ 첫 해외생활, 유학생활도 안심!

통학이 편리한 장소에 학교 직영의 여자(시모) 및 남자(오지) 기숙사가 있으므로 안심입니다. 기숙사비는 관리영양사가 만든 메뉴로 조·석 2식의 식사를 포함하여 2인실이 1개월에 46,000엔입니다(6개월 이상 신청할 경우). 일본의 가정 요리는 물론, 한식, 중식, 이탈리안 등, 풍부한 메뉴가 대호평입니다. 또 건강 면에서도 안심! 모국의 부모님을 대신하여 사감·사모가 상주하고 있어 곧바로 대응합니다. 입학 직후에는 건강진단(년 1회 반드시 검진합니다)을 실시. 또 학교의사도 있어 건강관리 체제에 만전을 기하고 있습니다.

기숙사의 식사

⑤ 졸업 후에 차이가 난다! 튼튼한 진학 지도와 취직 실적

중앙공학교는 난관문 국가 시험의 하나인 1급건축사에 대량 합격자 배출 등 큰 실적을 자랑하는, 전통 교육기관입니다. 유학생 취직 실적도 뛰어나고, 국내외에서 활약 중입니다. 본교에서 일본어를 배워, 중앙공학교 그룹의 전문과정에 입학하여 일본에서 취직을 목표로 하는 당신을 응원합니다(내부 진학의 특전 다수). 전문학교를 잘 아는 노하우와 "전문학교 컨소시엄 도쿄 네트워크"※ 등에서 다양한 분야의 전문학교 진학지도에 자신이 있습니다. 여러 가지 목표에 제대로 대응할 수 있는 중앙공학교부속 일본어학교입니다. ※http://www.senmon-con-tokyo.jp/

⑥ 우선은 단기부터, 그리고 장기 유학으로의 이행에도 대응합니다.

일본유학의 첫발을 내딛기를 망설이시는 분. 그렇지만 고민하고 있어도 시간은 지나갈 뿐입니다. 중앙공학교부속 일본어학교는 간단한 위클리 유학을 개설하고 있습니다. 2주 유학(학비·기숙사비 포함 92,600엔)을 이용하면 +2주분이 무료 (학비 만)이며, 4주, 6주, 8주로 조금씩 늘려 가는 것도 가능합니다. 수업 내용은 통상 장기생과 같으므로, 우선은 가치 있는 단기 일본어연수부터 시작해 보지 않겠습니까? 체험해 보시고 장기유학을 결정하는 것도 현명한 선택입니다.

petit
단기체험 + 장기유학

중앙공학교 한국학생모집사무소 (주식회사 해외교육사업단 내)   서울특별시 서초구 서초동 1319-11 두산709호
TEL : 02-552-1010   http://www.chuojalan.co.kr/   e-mail : chuo@hed.co.kr

1984년 설립!
오랜 경험과 다양한 실적
글로벌 시대의 인재 육성에 노력을 다하고 있습니다.

글로벌 인재육성, 1984년설립

(주)해외교육사업단
www.hedgroup.co.kr

수준높은 교육 · **정확한 수속** · **긴밀한 제휴**

유학생 — 학교 — HED → **성공유학**

공신력 · 안전성 · 책임성을 바탕으로 합니다!

HED의 수속분야
- 장기어학연수
- 단기어학연수
- 대학원유학
- 고등학교유학
- 대학유학
- 전문학교유학
- 수학여행
- 기업체연수

수속대행 주요내용
- 유학의 검토, 준비과정을 심층 상담해 드립니다.
- 자신에게 가장 알맞는 학교선택을 도와 드립니다.
- 합격을 위한 수험준비 · 입시내용을 지도해 드립니다.
- 입학허가 · 비자수속이 정확하게 진행되게 도와 드립니다.
- 기숙사 · 항공편 · 국제전화카드 · 국제학생증 · 여행보험을 대행합니다.
- 일본에서의 유학생활이 안정되도록 도와 드립니다.
- 진로지도 서포트 시스템을 갖추고 있습니다.

본원 약도

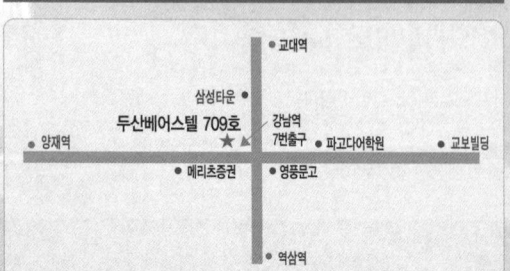

문의 / 접수

● 본원
서울시 서초구 서초동 1319-11 두산베어스텔 709 호
전화 : 02-552-1010(대표)
팩스 : 02-552-1062
이메일 : hedc@hed.co.kr

● 긴급전화
H.P : 010-6207-6404

2024-2025 일본 유학으로 성공하기

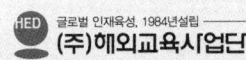

제6장 | 유학 후 취업

1. 일본에서의 취업 178
   일본 기업이 요구하는 능력 178
2. 대학·단기대학 졸업 후 취업 179
3. 전문학교 졸업 후 취업 179
4. 취업이 가능한 분야 179
5. 취업 관련 통계 180
6. 인턴십 181

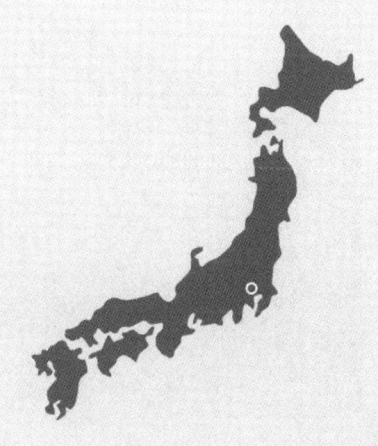

1 ▸ 일본에서의 취업

일본은 저출산 고령화 등으로 인구 감소에 따른 인력 부족이 심화되고 있습니다. 따라서 국적을 불문하고 우수한 인재를 채용하려는 기업의 움직임이 활발합니다. 일본에서 유학하는 학생들은 유학 후의 일본 현지 취업을 시도하는 학생이 늘고 있습니다. 그러나 유학생의 일본 국내 취업이 마냥 간단하지는 않습니다.

《- 일본 기업이 요구하는 능력

기본적으로 일본인에게 요구하는 능력과 동일하지만 기업의 채용사유에 따라 요구하는 능력에 다소 차이가 있습니다.

◎ 어학능력

대부분의 기업이 높은 일본어 능력을 요구하고 있습니다. 특히 일본 근무의 정사원 채용인 경우에는 기술계를 제외하면 비즈니스 수준, 즉 일본인과 동등한 일본어 능력을 요구합니다.

또한 현지 법인에서의 채용이라도 본사와의 중개자로서 역할을 기대하고 있으므로 일본어 능력은 모국어와 일본어 이외에 영어가 상당하다면 취업에 유리할 것입니다.

◎ 다문화 적응능력

일본인의 사고방식, 감성과 비즈니스 관행을 이해하고 있는지, 혹은 관행을 받아들이는 적응성을 가지고 있는지가 중요시 됩니다.

◎ 전문지식·기술

기술직, 연구직 등에서의 채용은 물론 대학, 전문학교 등에서 배운 전문지식·기술이 요구됩니다. 다만, 어느 정도까지 요구되는지는 기업에 따라 다릅니다.

2. 대학·단기대학 졸업 후 취업

대학, 단기대학 졸업 후의 취업은 일본에서의 취업과 한국에 귀국해서의 취업으로 크게 구분됩니다.

취업에서는 하고자 하는 그 활동이 취업 가능한 체류자격에 해당하고 취업처의 직무 내용과 대학, 단기대학에서의 이수내용에 관련성이 있다고 판단되면 유학에서 취업으로 체류자격 변경을 허가 받을 수 있습니다.

또한 대학, 단기대학 졸업 후 계속하여 일본 국내에서 취업활동을 희망하는 경우, 입국관리국에 신청하여 허가를 받으면 최장 1년간(6개월X2회) 계속 취업활동을 위한 '특정활동' 체류자격이 인정됩니다.

나아가 대학 학부 또는 대학원 졸업(수료) 후 180일 이내에 회사법인을 설립하여 창업하고 체류자격 '경영·관리'로 체류자격 변경 허가를 입국관리국에 신청할 것으로 간주되는 유학생에 대해서는 입국관리국으로부터 허가를 받으면 최장 180일간의 단기체류가 인정됩니다.

3. 전문학교 졸업 후 취업

전문학교 졸업 후 일본에서 또는 한국에서 취업하는 것으로 크게 구분할 수 있습니다. 1977년도부터 전문학교 졸업자도 전문사 칭호를 취득하고, 하고자 하는 그 활동이 취업 가능한 체류자격에 해당하며 취업처의 직무내용과 전문학교에서의 이수내용에 관련성이 있다고 판단되면 유학에서 취업으로 체류자격 변경을 허가 받을 수 있게 되었습니다.

나아가 조리사 학교에서 일본요리를 배운 유학생에 대해 졸업 후 2년간 '특정활동'으로써 일본에서 실무경험을 쌓는 일이 가능해졌습니다.

그리고 전문학교 졸업 후 계속하여 일본 국내에서 취업활동을 희망하는 경우, 입국관리국에 신청하여 허가를 받으면 최장 1년간(6개월X2회) 계속 취업활동을 위한 '특정활동' 체류자격이 인정됩니다.

4. 취업이 가능한 분야

유학생이 일본에서 취업하는 경우 <기술·인문지식 국제업무>라는 분야에 취업하고 그에 따른 체류자격으로 변경을 해야 합니다. 체류자격을 변경하는 포인트로 다음의 항목이 있습니다.

학력	대학, 단기대학, 고등전문학교 졸업자. 전문학교를 졸업하고 <전문사>칭호를 부여받은 자
종사하려는 업무내용	취업하는 곳의 업무 내용이 자신이 전공한 것과 관련이 있는지가 중요. 예) 의상디자인을 공부한 사람이 컴퓨터 프로그래머로 채용되는 경우, 체류 자격 변경이 어려울 수 있음.
보수	일본인과 동등 이상의 보수
기업 실태	회사의 경영기반이나 실적의 안정 등.

5. 취업 관련 통계

◎ 유학생에서 취업으로 체류자격을 변경한 허가건수

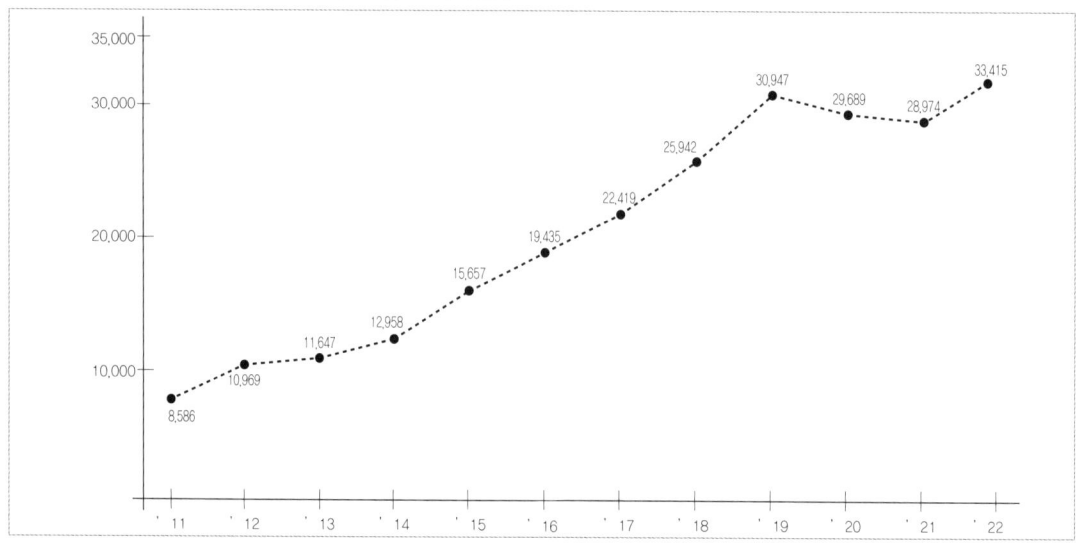

◎ 유학생이 취업한 업종별 상황

업종	2020년	2021년	2022년	(구성비)
식료품	999	790	956	2.0%
전기기계품구	760	564	897	1.9%
운송용기계품구	579	478	646	1.4%
금속제품	594	865	1,284	2.7%
섬유공업	183	190	234	0.5%
플라스틱 제품	351	483	615	1.3%
생산용기계품구	357	435	449	1.0%
그 외	1,757	1,476	2,050	4.4%
제조업 소계	5,580	5,281	7,131	15.2%
도매업·소매업	7,539	5,015	9,025	19.3%
직업소개·노동자파견업	3,235	1,611	2,994	6.4%
정보통신업	3,005	2,131	3,633	7.8%
숙박업	1,363	1,649	3,029	6.5%
음식서비스업	2,619	1,185	2,647	5.7%
학술연구, 전문·기술서비스업	3,171	2,218	3,943	8.4%
교육	1,309	1,007	1,904	4.1%
부동산·물품임대업	361	1,247	1,356	2.9%
건설업	1,554	1,313	1,448	3.1%
의료·복지업	1,635	2,045	2,664	5.7%
운수·서신우편업	71	461	687	1.5%
금융·보험업	559	202	332	0.7%
그 외	9,470	3,350	5,843	12.5%
비제조업 소계	35,891	23,434	39,505	84.4%
불명	–	458	187	0.4%
합계	41,471	29,173	46,636	100.0%

※ 법무성 출입국 재류 관리청

◎ 초임금(월액)

20만엔(200만원) 미만	35.7%
25만엔(250만원) 미만	45.3%
30만엔(300만원) 미만	10.8%
35만엔(350만원) 미만	3.3%
35만엔(350만원) 이상	1.8%
불명확	1.0%

※ 100엔=1,000원으로 계산

◎ 산업별 외국인 노동자 집계 상황

일본에서 취업을 하고 체류자격증을 가진 인원은 2023년 현재 약 172만명으로 집계됩니다.
아래 표는 간 산업별 외국인 취업자 총인원 수입니다. 참고해 주시기 바랍니다.

분야	인원수	구성비
제조업	485,128	26.6%
정보통신업	75,954	4.2%
도매업, 소매업	237,928	13.1%
숙박업, 음식서비스업	208,981	11.5%
교육, 학습 지원업	76,854	4.2%
건설업	116,789	6.4%
서비스업(기타로 분류되지 않는 것)	295,700	16.2%
의료, 복지	74,339	4.1%
기타	251,052	13.8%
합 계	1,822,725	100.0%

※ 후생노동청 「외국인고용상황」 신고상황 정리

6. 인턴십

대학에 재학 중에 기업 등에서 본인의 전공, 경력과 관련된 취업체험을 하는 제도를 인턴십이라고 합니다. 교육과정의 일부로써 학점을 인정하는 대학도 있습니다. 상세한 내용은 재학하는 대학에 문의해 주십시오.

한국의 대학에 재학 중인 학생이 일본 기업 등과 맺은 계약이나 약속에 의해 취업체험을 위해 일본으로 입국이 허가될 때에는 보수의 유무, 체류기간 등에 따라 <특정활동><문화활동><단기체재> 중에서 하나의 체류자격을 취득해야 합니다.

EJU는 물론
JLPT, 대학 독자 시험까지!

유명입시학원 메코시코주쿠에서
노하우를 담아 만든 일본어 문법 교재!

일본유학시험
일본어문법과 표현

기초에서 초일류 대학 입시 레벨까지!

▶ EJU, JLPT, 대학 본고사 대응을 위한 일본어 종합 문법
▶ 기초에서 응용, 초일류 대학 입시 레벨의 문법까지 총망라
▶ 요점 정리 노트 스타일과 일러스트로 쉽게 이해할 수 있는 해설
▶ 일본 「국문법」과 외국인용 「일본어 교육 문법」을 동시 취급
▶ 본시험에 가까운 예문 및 필수 문형 표현으로 실전력 향상
▶ 성우·아나운서에 의한 「음성 파일」 및 「확인문제」 테스트 제공

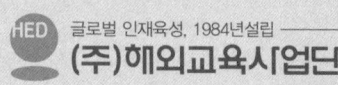

글로벌 인재육성, 1984년설립
(주)해외교육사업단

EJU 일본어 문법, 기초부터 착실하게!

국문법과 일본어교육문법 병용
일목요연한 시각적 편집
쉬운 예문에서 기출문제까지
보충해설로 상세한 설명
무료 음성파일 제공
일러스트로 시각적 이해력 UP
1,200개 이상의 확인테스트 제공

**일본어문법과 표현으로
EJU 완벽대비!**
일본어 문법 완벽 마스터해서
EJU 및 대학 독자 시험 고득점 하자!

유명 서점 절찬 판매중!

2024-2025 일본 유학으로 성공하기

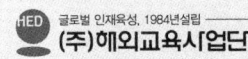

제 7 장 | 유학 체험기

1. 일본공학원 하치오지교 김준환 184
2. 일본공학원 카마타교 이준원 185
3. 동방학원 전문학교 최준원 186
4. 동방학원 영화전문학교 이지훈 187
5. 일본전자전문학교 정윤섭 188
6. 동방학원 음향전문학교 정금니 189
7. 전문학교 도쿄 아나운스학원 은영 190
8. 나고야상과대학 방다영 191
9. 도쿄YMCA일본어학원 김성준 192
10. 동경공업대학 조민현 194
11. 동경대학 최성우 195

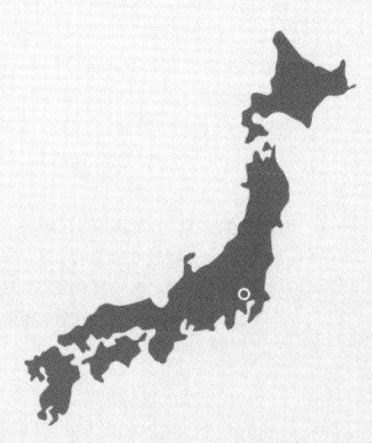

일본 유학으로 성공하기

김준환

- 재적학교 : 일본공학원 하치오지 전문학교(방송예술학과)
- 나이 : 33세
- 한국에서의 최종학교 : 정화미용예술고등학교
- 일본에 온 년도 : 2020년 입학, 2023년 2월 졸업후 일본내 취업

" 나이가 많아도 유학으로 취업이 가능 "

1. 일본에 유학하게 된 동기는 무엇인가요?
   취미로 하던 영상제작을 본격적으로 배우고 싶었고 특기인 일본어도 살릴 겸 유학을 결심했습니다.

2. 일본어공부나 면접 입시는 어떻게 하셨나요?
   일본어 공부는 학점을 따기 위해 공부하다 자연스럽게 늘었습니다. 마이나비와 리쿠나비 등 신입채용 사이트에도 이력서를 많이 보냈지만 학교에서 진행하는 기업설명회에 적극적으로 참석하고 학교내 캐리어 서포트센터에서 취업지원 상담을 받거나 회사를 찾는 단계에서 도움을 받거나 했습니다.

3. 일본공학원을 선택한 이유가 있었나요?
   일본공학원은 일본에 와서 실제로 보시면 아시겠지만 학교규모도 크고 시설과 설비가 최고입니다. 그렇다보니 졸업생들도 많고 유학생 비율은 적어보이지만 일본인 선배들이 많아서 취업률이 높다는점과 학과 자체가 오래되어서 업계에 진출한 선배들이 많다는 점에 끌렸습니다.

4. 일본공학원 캠퍼스 생활은 어떻게 보내셨나요?
   하치오지 캠퍼스에는 한국인 유학생이 적다고 해서 일본인친구들을 사귀기 위해 선택했습니다. 캠퍼스가 크다보니까 2년간 다양한 학과 활동을 할 수 있었습니다. 뮤직비디오나 미니드라마를 찍는 등 여러 작품활동을 만들며 다양한 경험을 할 수 있었습니다.

5. 학교 생활에서 힘들었던 일은 어떤 것이 있나요?
   아무래도 나이가 적지않았기 때문에 처음 학교생활이 녹록치는 않았습니다. 나이차가 많다보니까 진지하게 얘기하는 친구를 사귀는데까지 오래 걸렸지만 시간이 오래 걸린 만큼 관계가 두터워 질 수 있어서 학교생활 하면서 많은 도움도 받았습니다. 그중에 가장 힘들었던 점은 일본은 아직까지 이력서를 수기로 받는 곳이 많아서 이력서 쓰는 게 특히 힘들었습니다.

6. 졸업후 계획은 어떻게 되시나요?
   졸업전 취업 내정이 되어서 지금은 회사에서 연수를 시작했습니다. 경력을 잘 쌓아서 장래에는 기술을 더 닦아서 언젠가는 감독이나 디렉터가 꼭 되고 싶습니다.

7. 학업 이외에 한 활동은 있나요?
   아르바이트도 물론 다양한 곳에서 했지만 정해진 시간이외에 아르바이트에 집중하지는 않았습니다. 뮤직비디오 제작이나 영상콘테스트 작품 출품 등 학과 이외 활동을 더 많이 한거 같습니다. 같이 할 수 있는 동기들과 선배들이 있어서 정말 좋았습니다.

8. 한 달 생활비는 대략 어느 정도인가요?
   지역이 하찌오지여서 월세는 저렴하게 지냈습니다.
   월세 6만엔 + 10만엔 정도 +공과금 2만엔

9. 일본유학을 생각하는 후배들에게 조언을 해주신다면?
   주변에 취업을 포기하거나 실패해서 귀국을 하는 유학생들을 봤습니다. 재팬드림을 꿈꾸는 것은 누구나 할 수 있지만 그만큼 노력도 하셔야 합니다. 막상 일본에서의 생활이 상상과 다를 수도 있을 것이고 내가 완전히 일본사회에 녹아들 정도로 일하는 곳은 물론 학교생활 인간관계 모든 것에 최선을 다하셔야 합니다. 그렇게 하다보면 어느새 일본생활에 적응이 되어져 있고 즐기는 순간이 오게 됩니다. 일본유학을 생각하시는 모든 분들도 저처럼 나이가 많아도 성공하실 수 있습니다. 다만 피나는 노력도 필요합니다.

- 재학교명 : 일본공학원 카마타교 만화 애니메이션학과
- 나이 : 23세
- 한국에서의 최종학교 : 보정고등학교
- 일본에 온 년도 : 2022년 4월 입학, 2024년 3월 졸업

이준원

" 노력은 배신하지 않습니다 "

1. **일본에 유학하게 된 동기는 무엇인가요?**
   원래는 한국의 대학교를 가기 위해 입시 미술을 중학교 때부터 5년정도 했습니다. 하지만 고등학교에 가고나서 대학교를 알아 볼수록 일본에 비하면 너무 구시대적이라는 느낌이 강하고 한국의 애니메이션 회사의 수도 적기에 제가 원하는 애니메이션을 만들기 위해서는 결국 일본으로 가는게 빠르다 생각하여 유학을 결정하였습니다.

2. **일본어공부나 면접 입시는 어떻게 준비했나요?**
   애니메이션을 좋아하는 만큼 어릴 적부터 애니메이션을 보다 보니 자연스럽게 일본어를 할 수 있었기에 고등학교 3학년때 독학으로 한자 등 문자만 공부했습니다.

3. **일본공학원을 선택한 이유가 있었나요?**
   수많은 전문학교 중에서 학교의 규모가 크고 학교의 역사가 긴 만큼 학교의 설비가 좋고 여러 사람들과의 교류가 가능하다고 생각하여 선택하였습니다.

4. **일본공학원 캠퍼스 생활은 어떻게 보내셨나요?**
   모처럼의 일본 유학 생활인 만큼 캠퍼스 생활과 여행 같은 것도 해보고 싶었지만 2년이라는 짧은 시간으로는 시간이 부족하여 아쉽지만 취업을 위해 유학을 왔기에 오로지 취업을 위한 과제나 포트폴리오 취업준비 등으로 지냈습니다. 하지만 캠퍼스내 유학생 케어 센터도 있고 여러 동아리 활동을 할 수 있습니다.

5. **일본에서 생활 학교생활 힘들었던 점은 무엇입니까?**
   일본에서의 유학생활이 대부분 비슷하시겠지만 저는 다른 것 보다 학과 과제가 많아서 과제를 하면서 취업준비를 동시에 하는 것이 가장 힘들었습니다.

6. **재학중 취업준비는 어떻게 하셨나요?**
   학교의 과제를 중점으로 개인적으로도 온라인 강의나 작법서 등을 보면서 공부하고 포트폴리오 위주로 준비를 하였습니다 게임이나 애니메이션 업계의 경우 실력이 눈으로 확실히 보이는 만큼 포트폴리오가 정말로 중요하기에 선생님들과 상담하여 포트폴리오의 방향을 정하고 그에 맞춰 준비하는 식으로 하였습니다. 학과 선생님들도 신경 써서 잘 봐 주셨습니다.

7. **학업 이외에 한 활동은 있나요?**
   애니메이션 배경의 어시스턴트를 하였습니다.
   학교의 수업과 달리 돈을 받고 일하는 만큼 요구하는 레벨이 솔직히 학생 수준으로는 감당하기 힘들 정도라 하루에 자는 시간을 제외하고는 밥도 먹기 힘들 정도로 14시간 이상 그림만 그린 경우도 있었습니다 사실 대부분 이렇게 하루의 대부분을 그림 한 장을 그리는데 사용합니다만 저같은 경우 이렇게 어시스턴트를 하면서 실전 경험을 학생 시절 쌓을 수 있었기에 실력 상승과 포트폴리오에 유리했습니다.

8. **한달 생활비는 대략 어느 정도 인가요?**
   70만원에서 80만원 정도 사용했습니다. 대략 집세 35만, 관리비 5만, 식비 20 만, 교통비 7만, 통신비 3만, 기타 여가비 10만 정도로 합계 80만원 정도 사용하였습니다. 집세와 식비의 경우 저는 친구와 룸 쉐어를 해서 절약이 가능했습니다.

9. **일본유학을 생각하는 후배들에게 조언을 해주신다면?**
   만약 취업을 목표로 만화 애니메이션 학과에 유학을 생각하신다면 가벼운 마음으로는 취업을 할 수 없다는 것을 확실히 알고 유학을 오시길 바랍니다.
   일본에 유학을 오시면 일본에 대한 로망과 꿈을 가지고 있을 거라 생각합니다. 저 또한 그렇지만 정말 2년이라는 짧은 시간으로 취업 준비만해도 부족합니다. 한국이랑 달리 일본은 졸업 후 취업을 하는 것이 아니라, 취업 시즌이 있기에 학교를 다니는 동안 취업이 끝납니다. 그나마 애니메이션 쪽은 취업 시즌이 늦게 까지도 하고 취업 자체가 정말 어려운 수준은 아니지만 게임회사에 취업을 생각하신다면 게임회사들은 보통 3월부터 모집을 시작하여 여름방학 쯤이면 대부분의 회사의 모집이 끝납니다. 이 말은 학교에 입학하고 1년만에 포트폴리오를 준비해서 2학년이 되자마자 회사에 지원을 해야 한다는 소리입니다. 그리고 그렇게 지원을 해도 대부분 1차에서떨어지는 경우가 대부분입니다. 그래서 늦게까지 모집을 하는 회사를 알아보고 계속해서 쉬지 않고 준비를 해 나가야 취업이 가능합니다. 하지만 노력은 배신하지 않습니다. 열심히 한 만큼 맘에 드는 곳에 취업을 할 수 있습니다. 애니메이션을 보듯 가벼운 마음으로 오시지 마시고 우선 일본어 먼저 철저하게 준비하고 능숙한 일본어가 바탕이 된다면 학과 공부에 초반부터 전념 할 수 있습니다.

일본 유학으로 성공하기

최준원

- 재적학교 : 동방학원 전문학교(방송기술과)
- 나이 : 만22세
- 한국에서의 최종학교 : 경북기계공업고등학교
- 일본에 온 년도 : 2022년
- 동방학원 전문학교를 졸업한 년도 : 2024년

" 일본어 공부를 열심히 하세요! "

1. **일본에 유학하게 된 동기는 무엇인가요?**
   고등학교를 졸업하고 바로 취업하여 일을 시작했지만, 다니던 회사에서의 제 미래는 보이지 않았습니다. 그래서 정말 내가 좋아하는 것은 무엇인가 계속 생각해 보게 되었습니다.
   초등학교 때부터 다큐멘터리를 보는 것을 좋아했었고, 고등학교 때까지도 영상 쪽의 일을 생각했었습니다.
   그러던 중 방송 및 영상 관련 커리큘럼이 체계적으로 짜여 있는 동방학원 전문학교를 알게 되었고 이 학교다! 라는 생각이 들었습니다.
   일본어는 이미 JLPT N1을 가지고 있었기 때문에 더 빨리 유학을 결정할 수 있었습니다.

2. **일본어공부나 면접 입시는 어떻게 하셨나요?**
   일본어는 중학생 때부터 스스로 문제집을 풀면서 시작했었지만, 점점 흥미를 잃어가고 있었습니다.
   고등학교 1학년 때 다시 일본에 관심을 가지게 되었고 드라마, 영화, 라디오, 뮤지컬, 연극, 노래 등 가리지 않고 듣고 봐가며 독학을 시작했습니다. 그렇게 JLPT N3~N1까지 합격하게 되었습니다.
   그리고 면접 입시는 당시 다니던 일본어 학원에서 잠깐 면접 연습만 했습니다.

3. **동방학원 전문학교를 선택한 이유가 있었나요?**
   일본 유학 관련 정보를 찾고 있던 도중, 동방학원을 발견했었습니다. 설비도 좋고 재학 중인 한국인 유학생 및 졸업생이 많다고 하여 동방학원을 선택하게 되었습니다.

4. **동방학원 전문학교 생활은 어떻게 보내셨나요?**
   초반에는 친구들에게 다가가기 어려웠지만 현재는 친구들과 놀이공원이나 여행을 갈 정도까지 친해지게 되었습니다.
   수업은 어려운 부분이 없었고, 모르는 부분이 있다면 선생님과 친구들이 친절하게 가르쳐 주었습니다. 즐거운 학교생활이었습니다.

5. **학교 생활에서 힘들었던 일은 어떤 것이 있나요?**
   크게 힘들었던 점은 없었던 것 같습니다.

6. **평소 아르바이트는 어떻게 하셨나요?**
   저는 아르바이트 자체를 일본 와서 처음 해보았습니다.
   처음엔 닭꼬치 가게에서 요리를 하는 아르바이트였고, 두 번째는 한국 드라마 편집회사에서 영상을 편집하는 아르바이트였습니다. 그리고 세 번째는 일본의 연예기획사에서 영상편집을 하는 아르바이트를 하였습니다.

7. **입학 후 취업 준비는 어떻게 하셨나요?**
   학교 게시판에 올라오는 회사 중 내가 하고 싶은 일과 일치하는 회사를 찾아 회사 홈페이지에 있는 정보들을 읽어가며 취업 준비를 했었습니다.
   학교에서 하는 면접 연습에도 참여하며 면접 실력도 키웠습니다.

8. **취업 준비를 하면서 가장 힘들었던 점을 알려주세요.**
   다른 친구들이 점점 취업에 성공하면서 나는 언제쯤 취업에 성공할 수 있겠느냐는 불안감이 다가왔습니다.
   하지만 자신을 믿고 꾸준히 헤쳐 나가다 보면 언젠가는 취업이라는 목표를 달성하게 되실 거로 생각합니다.

9. **앞으로 어떤 일을 하게 되시나요?**
   저는 편집회사에서 영상편집을 하거나 자막 제작을 하게 될 것 같습니다.

10. **일본유학을 생각하는 후배들에게 조언을 해주신다면?**
    일본 유학을 하고 싶으시다면 일단 일본어 공부를 열심히 하시는 것을 추천해 드립니다. 일본 생활을 직접 겪어보니 언어만 되면 크게 문제 되는 건 없을 것 같습니다.
    그리고 또 중요한 것은 도전정신이라고 생각합니다. 일본까지 왔는데 할 수 있는 건 다 해보시는 걸 추천해 드립니다. 살면서 여러 가지 다양한 활동들을 해보니 경험이라는 게 아주 중요한 것이라고 많이 느꼈습니다. 즐거운 일본 유학 생활하시길 바랍니다!

제7장 유학체험기

이지훈

- 재학교명 : 동방학원 영화전문학교(프로모션 영상과)
- 나이 : 만 28세
- 한국에서의 최종학교 : 충북보건과학대학교
- 일본에 온 년도 : 2020년
- 동방학원 영화전문학교를 졸업한 년도 : 2024년

" 앞선 걱정보단, 먼저 도전 해 보세요! "

1. 일본에 유학하게 된 동기는 무엇인가요?
저는 어렸을 때부터 일본에 관심이 많았지만 일본에 오기 전 캐나다에 유학을 갔습니다. 하지만 캐나다 생활을 하던 중 원래부터 관심이 많았을 뿐만 아니라 한국과 가깝고 비슷한 점도 많은 일본 유학을 포기할 수 없다고 생각하게 되어 일본 유학을 결심하게 되었습니다.

2. 일본어공부나 면접 입시는 어떻게 준비했나요?
일본에 있는 일본어학교에서 1년 동안 일본어를 공부하였고 취미가 맞는 일본인 친구들을 사귀어 일본어로 대화를 하며 회화 실력을 늘려갔습니다. 면접 등에 관해서는 일본어학교에서 면접 대책을 받으면서 준비를 하였습니다.

3. 동방학원 영화전문학교를 선택한 이유가 있었나요?
카메라맨이라는 직업과 영상업계에 관심이 있었고 그 안에서도 프로모션 영상에 관심이 있었습니다. 동방학원 영화전문학교엔 프로모션 영상과도 있고 졸업생들이 많은 활약을 하고 있다는 것을 보고 이 학교를 선택하게 되었습니다.

4. 동방학원 영화전문학교 생활은 어떻게 보내셨나요?
저는 프로모션 영상과였으며 친구들과 직접 뮤직비디오를 제작하거나 학교 내의 프로젝트나 이벤트 등에 카메라맨으로서 적극적으로 참가하며 학교생활을 하였습니다.

5. 학교생활에서 힘들었던 일은 어떤 것이 있나요?
역시 가장 힘들었던 점은 일본어였던 것 같습니다.

6. 평소 아르바이트는 어떻게 하셨었나요?
촬영 현장의 아르바이트 등을 한 경험이 있습니다.

7. 입학 후 취업준비는 어떻게 하셨나요?
학교 내에 취업에 관한 강좌가 많이 있었기 때문에 그런 강좌들을 적극적으로 수강하거나 직접 회사들을 찾아보면서 자신한테 맞는 곳을 선택하였습니다.

8. 취업 준비를 하면서 가장 힘들었던 점을 알려주세요.
취업 준비를 하면서 힘들었던 점은 두 가지였습니다. 첫 번째는 저 자신이 꼭 취업을 해야 한다는 것에 대한 스트레스였고 두 번째는 역시 언어의 장벽이었던 거 같습니다.

9. 앞으로 어떤 일을 하게 되시나요?
현재는 카메라 어시스턴트로서 일을 하고 있으며 향후 카메라맨이 되기 위해 노력하는 중입니다.

10. 일본유학을 생각하는 후배들에게 조언을 해주신다면?
일본어 능력에 관한 걱정 또는 나이에 관한 걱정을 하시는 분들도 계실 거라고 생각합니다. 제가 그런 스트레스를 받고 있었는데 전혀 걱정할 필요가 없는 문제였습니다. 자신이 하고 싶은 것을 찾고 그것에 대해 열정을 가지고 생활을 한다면 인정을 받게 되고 좋은 결과가 반드시 있을 겁니다.

일본 유학으로 성공하기

정윤섭

- 재적학교 : 일본전자전문학교 (전기공학과 2학년)
- 나이 : 27세
- 한국에서의 최종학교 : 서일대학교
- 일본에 온 년도 : 2023년
- 취업예정처 : 아즈빌 주식회사

" 부동산 전공에서 전기공학으로 변경하여 취업 "

1. **일본에 유학하게 된 동기는 무엇인가요?**
   이전부터 일본 취업에 흥미가 있어서 유학과 취업을 사이로 두고 고민을 많이 하였습니다. 하지만 지금 당장 취업을 하는 것 보다 유학을 해서 신졸(新卒) 채용을 노리는 것이 더 좋겠다고 생각되서 유학을 결정하게 되었습니다.

2. **일본전자전문학교를 선택한 이유가 있었나요?**
   한국에서 시퀀스 회로나 PLC 회로 설계를 공부한 적이 있습니다. 하지만 이론적인 부분이 아직 모자란 것이 많았기 때문에 기초부터 응용까지 스탭바이스탭으로 교육하는 커리큘럼과 높은 유학생 취직률이 제일 큰 이유인 것 같습니다.

3. **일본전자전문학교의 매력은?**
   일본전자전문학교의 전기과에는 정말 열정 넘치는 선생님들이 많이 계십니다. 고등학교 때 전기를 공부한 친구도 있지만, 입학하고 처음 전기를 공부하는 친구들이 더 많았습니다. 그런 친구들을 위해 선생님들이 수업시간에 꼼꼼하게 이론을 정리 해 주시고, 자격증 취득 시기가 오면 특강시간을 만들어 학생들끼리 서로 협력하며 공부 할 수 있는 환경을 조성한다던지, 진로를 결정할때 각 기업의 장단점과 개인의 적성 등을 고려하여 상담해주는 부분이 가장 좋았던 것 같습니다.

4. **일본어 공부나 면접은 어떻게 준비했나요?**
   한자같은 경우 틈틈히 단어장을 보거나 인터넷 뉴스 등을 읽으면서 외우고 온라인 상에서 친구를 만들어 전화를 하는 방식으로 회화를 연습했습니다. 면접도 결국 말하는 것이 중요하다고 생각해서 최대한 일본어를 많이 입밖에 꺼내는 연습이 중요한 것 같습니다.

5. **지금의 전공을 선택한 이유는 무엇인가요?**
   한국에서 학교를 다닐 시절 부동산을 공부하였습니다만 적성이 맞지 않아 군 전역 이후에 기술직을 찾던 도중 지인들의 소개로 전기관련에 대해 공부하게 되었고 회로 설계 등에 적성이 맞다고 생각하였습니다.

6. **성장했음을 느낀 순간은?**
   일본전자전문학교에 입학 후 자격증 취득 및 취업내정 받았을 때 입니다. 한국에서도 어느 곳에 속해 있어도 잘 적응 할 자신이 있었지만, 일본에 와서는 문화가 다른 부분도 많아 걱정이 많았습니다. 하지만 동기들끼리 자격증 공부와 면접연습 등을 같이하며 서로 소통하고 그 결과를 얻어냈을 때 내가 성장했구나를 느낀 것 같습니다.

7. **취업준비는 어떻게 하셨나요?**
   입학 직후에 담임선생님에게 기업을 소개받았고 그때부터 1지망으로 기업연구를 진행 하였습니다. 이후 인턴쉽을 2~3회 참가하고 서류제출, 면접하는 흐름이었습니다. 준비서류 같은 경우에는 학교 선생님들이 첨삭을 도와주시고 면접은 선생님, 동기들과 하루 2회이상 연습하며 준비한 것 같습니다.

8. **내정된 기업에서 할 일은?**
   시스템 엔지니어 부서에 배속되어 제어회로 계통에서 근무할 예정입니다.

9. **일본에 와서 가장 힘들었던 일은 무엇인가요?**
   음식이 가장 힘들었네요. 제가 매운 음식을 상당히 좋아하는데 일본에는 대부분의 요리가 달고 짠 느낌이 강해 쉽게 질린다는 느낌을 많이 받았습니다. 그래서 보통 저녁은 집에서 해먹으려고 노력하고 있습니다.

10. **평소 아르바이트는 어떻게 하고 있나요?**
    최근에는 취업활동이나 시험준비로 바빠서 자주 하진 못했지만 학교 내 이벤트 스태프를 하고 있었습니다. 유학생 입장에서 다른 과 친구들을 만들 수 있는 좋은 기회이니 꼭 지원해보는걸 추천합니다.

11. **한 달 생활비는 어느 정도 되는지요?**
    자취를 하고 있어서 집세, 식비, 공과금, 여가활동비를 포함하여 약 13만엔정도로 생활 하고 있습니다.

12. **일본 유학을 생각하는 후배들에게 보내는 메시지는?**
    역시 일본어 공부라고 생각합니다. 한국에서 일본어 공부를 많이 했다고 하더라도 수업이나 동기들과의 교류는 일본어로 하기때문에 말하고 듣는 연습이 가장 중요한 것 같습니다. 저 같은 경우에도 한자를 잘 못 읽는 상태로 일본에 왔지만 소통이 가능하기에 어떻게든 이겨낼 수 있었습니다. 일본어 공부는 어플 등을 이용해 연습을 많이 하셨으면 좋겠고 자신이 일본에서 뭘 하고 싶은지 확실히 정리 하셨으면 좋겠습니다.

제7장 유학체험기

정금니

- 재적학교 : 동방학원 음향전문학교(음향예술과)
- 나이 : 만 21세
- 한국에서의 최종학교 : 안성여자고등학교
- 일본에 온 년도 : 2022년
- 동방학원 영화전문학교를 졸업한 년도 : 2024년

" 겁먹지 말고 일단 도전! "

1. 일본에 유학하게 된 동기는 무엇인가요?

인생에서 처음 간 해외여행이 오사카였고, 일본어를 하나도 모르는 상태로 가서 읽을 수만이라도 있으면 좋겠다고 생각하게 된 것을 계기로 일본어 공부를 시작했습니다. 자연스럽게 일본의 음악과 아티스트를 좋아하게 되었고 일본에서 라이브나 이벤트를 만들어보고 싶다는 꿈을 가지게 되어 일본유학을 결심하게 되었습니다.

2. 일본어공부나 면접 입시는 어떻게 준비했나요?

일본어 공부도 독학으로, 유학 준비도 도움 없이 전부 혼자 준비했습니다. 학교 공부를 별로 안 좋아해서 학교에서는 대부분 일본어 문제집을 풀었습니다. 문제집은 단어, 한자, 독해, 청해를 선택해서 풀었습니다. 청해는 좋아하는 분야의 아티스트나 음악을 들으면서 자연스럽게 들리기 시작한 것 같습니다. 동방학원 음향전문학교에 진학하기로 결심하고, 인터넷 검색으로 자료조사나 필요한 서류와 자격 등을 준비 해두었습니다. 면접은 기본적으로 나올 것 같은 질문들을 생각해 보고 답을 적어 보며 준비하였고 학교에서 공부하고 싶은 열정을 보여주는 것을 가장 중요하다고 생각하며 준비했습니다.

3. 동방학원 음향전문학교를 선택한 이유가 있었나요?

가장 먼저 저는 유학할 지역을 도쿄로 희망해서 도쿄의 전문학교를 조사했습니다. 많은 전문학교 중 두 개의 학교를 선택하여 도쿄까지 직접 체험입학을 하러갔고 거기서 동방학원 음향전문학교가 가장 좋은 분위기와 인상을 주어서 선택했습니다. 다른 학교보다 유학생을 위한 제도가 정말 잘 되어있었고, 선생님들도 너무너무 친절하셨으며 유학생만의 설명회도 준비해 주셔서 자세하게 설명을 들을 수 있었습니다. 그리고 학교가 깨끗하며, 도쿄의 중심지 신주쿠에 있고 역과 가까워서 통학하기 좋은 위치인 것도 마음에 들어 동방학원 음향전문학교로 선택하게 되었습니다.

4. 동방학원 음향전문학교 생활은 어떻게 보내셨나요?

한국과 일본은 별로 차이점이 없다고 하지만 실제로 살아보면 사소하지만 정말 많은 차이점이 존재합니다. 처음 일본에 왔을 때 저는 코로나 시기였고 누구의 도움도 없이 혼자 80킬로의 짐을 들고 와서 집도 찾고 아르바이트도 찾고 하며 힘든 기억도 있었지만, 학교에 다니면서 소통하고 배워가며 앞에 있었던 힘들었던 일들은 다 잊을 수 있을 만큼 정말 즐겁게 학교생활을 한 것 같습니다. 학교에서 다양한 실습도 다니며 친구들과 더욱 가까워지는 계기도 되었고 친구같은 선생님들 덕분에 고민이 있으면 상담하고 해결해가며 웃음을 잃지 않는 생활을 할 수 있었습니다. 힘들어도 무서워도 일단 도전했고 그걸 응원해 주는 사람들을 학교에서 정말 많이 만났습니다.

5. 평소 아르바이트는 어떻게 하셨었나요?

기본적인 생활비를 위해서 야키토리 이자카야에서 아르바이트를 했습니다. 집에서 가장 가까운 곳을 선택해서 들어갔는데 정말 좋은 점장님과 좋은 동료들 밖에 없었던 곳이라 운이 좋았다고 생각합니다. 주2-3회 정도 하루 6-7시간 정도의 스케줄로 일했고, 가끔 학교에서 모집하는 실습(아르바이트는 아니지만)에 참가하며 미래에 도움이 되는 경험을 했습니다.

6. 입학 후 취업준비는 어떻게 하셨나요?

솔직하게 말하자면 정말 하기 싫어서 질질 끌다가 2학년 여름쯤에 시작했습니다. 1년 동안 학교 취업강좌에서 배워온 것을 토대로 이력서를 작성하고 수정하고를 반복하여 Qusicman과 같은 취업 사이트를 매일 들어가 보며 마음에 드는 곳을 찾아 이력서를 넣었습니다. 면접은 많이 떨렸지만 당당함과 열정, 2개 국어를 할 수 있는 점을 강하게 어필하였던 것 같습니다.

7. 일본유학을 생각하는 후배들에게 조언을 해주신다면?

정말 많은 고민과 기대와 불안을 가지고 일본 유학을 고민하고 있을 것 같아요. 유학을 결정하고 이것저것 기대하고 왔는데 생각과 달라서 실망하거나 포기하고 싶어지는 순간이 있을 것 같다는 두려움도 있을 것 같아요. 하지만 그만큼 생각했던 것보다 즐거운 일들이 많이 생길거고 생각지도 못한 곳에서 행복을 찾을 수 있는 순간들도 많다는 걸 말해두고 싶어요. 어디를 가도 힘들지 않은 일은 없고 하고 싶은 일들만 하면서 살아갈 수는 없으니까요. 내가 하고 싶었던 것을 위해 포기하지 말고 두려워하지 말고 전부 다 도전해 봤으면 좋겠어요. 포기는 도전한 후에 해도 안 늦어요. 학교 선생님들도 정말 좋은 분들이라 고민이나 잘 모르는 게 있으면 언제든지 상담도 해주십니다. 사소한 사항이라도 빠짐없이 들어주시고 가르쳐 주십니다. 학교생활에 관한 팁을 하나 드리자면 실습이나 학교행사에 많이 참여하세요! 친구도 많이 생기고 이력서에도 적을 수 있고 일하면서 필요한 경험을 많이 쌓을 수 있어요. 자유롭게 하고 싶은 건 해보면서 건강하게 행복하게 생활할 수 있기를 응원하며 일본 유학 응원할게요!

일본 유학으로 성공하기

은영

- 재학교명 : 전문학교 도쿄 아나운스학원
- 나이 : 비공개
- 한국에서의 최종학교 : 단국대학교 예술대학 미술학부 공예전공 중퇴
- 일본에 온 년도 : 2015년
- 동방학원(전문학교 도쿄 아나운스학원)에 입학한 년도 : 2017년

" 포기하지 말고 계속 꿈을 향해 달려가면 길은 반드시 있어요! "

1. 일본에 유학하게 된 동기는 무엇인가요?

어렸을 때부터 애니메이션과 만화를 즐겨 보면서 성우에 관심이 많았어요.
한국에서도 성우 공부를 잠시 했었는데 제가 꿈꾸던 성우 공부와 많이 달라서 꿈을 접고 평범하게 대학에 다니고 있었어요. 하지만 다시 성우를 꿈꾸기 시작했고, 이왕 다시 공부 하는 김에 성우라는 꿈을 꾸게 된 계기가 된 일본에서 성우를 목표로 하고자 마음을 먹고 인터넷 등을 검색해서 자료청구 및 한국에서 열린 설명회 등도 참가한 뒤, 전문학교 도쿄 아나운스 학원 성우과에 진학하기로 결심했습니다.

2. 일본어공부나 면접 입시는 어떻게 준비했나요?

일본어는 평소에 애니메이션과 게임을 즐겨봤기 때문에 특별히 따로 공부하거나 준비하지는 않았어요. 한자 때문에 고생하는 분들이 많으신 걸로 알고 있는데, 제 경우에는 부모님께서 국어 공부를 위해 초등학교 때부터 꾸준히 한문 공부를 시켜주셔서 한자는 익숙했었어요.

3. 동방학원(전문학교 도쿄 아나운스학원)을 선택한 이유가 있었나요?

일본에서는 보통, 성우 사무소에서 운영하는 양성소에 들어가서 공부를 한 뒤, 소속 심사를 거쳐 회사에 소속되는 경우가 많은데요.(한국 아이돌 양성 시스템과 비슷하다고 보면 됩니다.) 성우 사무소에서 운영하는 양성소의 경우 한국의 입시학원 같은 개념이라서 유학비자가 나오지 않아요. 그래서 처음부터 유학비자로 성우 공부를 할 수 있는 전문학교를 찾아봤는데요. 유학비자가 나오는 전문학교 중, 동방학원 출신 성우분들이나 시스템, 입지 조건 등이 제가 생각하던 조건에 가장 잘 맞았기 때문에 동방학원을 선택하게 되었습니다.

4. 동방학원(전문학교 도쿄 아나운스학원) 생활은 어떻게 보내셨나요?

너무 즐겁고 충실한 매일이었습니다. 한국에서도 짧은 기간이긴 하지만 성우 공부를 했었는데, 일본의 성우 교육 시스템은 한국과 전혀 달라서 신기하기도 하고 빨리 적응하려고 매일 열심히 노력했던 기억이 납니다. 엔터테인먼트 계열의 학교는 처음이라 밝고 활기차고 에너지가 넘치는 학교 분위기에도 처음엔 적응하느라 힘들었는데 그 과정조차도 너무 즐겁게 다녔던 것 같아요. 실습 위주의 교육과정이라 졸업 후에 바로 현장에서 사용할 수 있는 스킬을 배울 수 있었던 게 특히 좋았던 것 같습니다.

5. 입학 후 취업 준비는 어떻게 하셨나요?

도쿄 아나운스학원은 전문학교라서, 성우과 특성상 졸업하자마자 전공한 분야인 성우로 '취업' 해서 취업비자를 받는 건 힘들다고 생각하시면 됩니다. 위에서 말씀드린 대로 성우는 성우 사무소에 '소속'이 되는 개념이라 만약 성우 사무소에 '소속'이 된다고 하더라도 '취업'이 되는 건 아니라 취업비자가 나오는 건 아니거든요. 전문학교가 아니라 4년제 대학교를 졸업하면 아르바이트 이외에는 전공 분야와 상관없이 취업해서 취업비자를 받을 수 있는데, 제 경우는 대학교를 중퇴하고 일본으로 왔기 때문에 최종 학력은 전문학교 졸업이어서 취업비자를 받는 것이 불가능했어요. 그래서 고민한 결과, 4년제 대학교에 편입을 결정했습니다.
전문학교 졸업 후, 일본에 있는 4년제 대학교에 3학년으로 편입 후 졸업한 뒤, 취업비자를 취득해서 성우로서 활동을 하고 있어요.

6. 일본에서 취업 생활은 어떠신가요?

저는 성우 활동을 자유롭게 하고 싶어서 정사원이 아닌 파견사원으로 취업비자를 받아서 일하고 있어요. 정사원보다 시간 활용이 용이한 대신, 안정성과 수입이 부족한 점도 있지만 저는 만족하고 있습니다.

7. 일본유학을 생각하는 후배들에게 조언을 해주신다면?

최대한 적극적으로 이것저것 부딪쳐보고 도전해 보세요. 특히 전문학교 도쿄 아나운스학원에 오시는 분들은 일본 엔터테인먼트 업계에서 일하고 싶다는 꿈을 가지고 오시는 분들이라고 생각해요. 남들보다 더욱더 적극적으로 유학 생활을 즐기셨으면 해요. 그리고 특히 저와 같은 성우과를 목표로 하시는 분들은 실력이 아무리 좋아도, 졸업 후 일본에 남아있는 것이 가장 큰 문제가 됩니다.
미리 한국에서 대학을 졸업하고 오시거나 전문학교 도쿄 아나운스학원을 졸업 후, 편입이나 4년제 입학 등 일본에서 성우 활동을 계속 이어나가기 위해 여러가지 대책을 세우고 오시는 것을 적극 추천해 드립니다.
유학 초반에는 처음 온 목적을 잃지 않고 적극적으로 노력하는 사람들이 많은데, 시간이 지날수록 외국 생활이 좋아서 원래의 목적을 잊고 놀다가 졸업 후 귀국하는 사람, 중간에 유학 생활이 너무 힘들어서, 언어의 장벽에 부딪혀서, 도중에 귀국해 버리는 사람들을 많이 봤고, 볼 때마다 너무 안타까운 마음이 들었습니다.
초심을 잃지 않고, 노력해서 모두 꿈을 이루셨으면 좋겠습니다. 화이팅!!

방다영

- 재적학교 : 나고야상과대학(경제학과)
- 나이 : 만 23세
- 한국에서의 최종학교 : 해강고등학교
- 일본에 온 년도 : 2020년 4월
- 취업예정처: POSCO JAPAN PC

" 도전하는 것을 두려워 마세요 "

1. 일본에 진학한 이유와 학생생활

제가 일본유학을 결심한 이유는 고등학교까지 의존하던 부모로부터 자립하여 자신의 장래와 인생에 대해 책임질 수 있는 사람이 되고 싶다는 생각과 모국을 떠나 더 넓은 세계를 체험하고 느끼고 싶었기 때문입니다. 치안의 좋은 점이나 안전면을 고려해 일본을 유학지로 결정했습니다만, 일본의 대학 중에서도 글로벌한 환경이 갖추어진 대학을 조사한 결과, 나고야상과대학을 알게 되었습니다. 나고야상과대학은 국제적 권위가 있는「AACSB」로부터 국제 인증을 취득하고 있어 학교의 교육 수준이 높은 것을 알고, 전세계의 사람들과 문화를 접할 수 있는 좋은 대학이라고 생각해 나고야 상과 대학을 진학처로 결정했습니다. 학생 생활의 목표는 다양한 경험을 이 대학에서 도전하는 것이었습니다. 저는 원래 소극적인 성격으로 행동을 잘 하지 않는 사람이기 때문에 그런 저를 바꾸기 위해 접객업 아르바이트를 해보기도 하고 세미나 리더 선거에 입후보하여 리더로 선출되는 등 행동력과 리더십을 연마했습니다. 결과적으로 한국 나고야 영사관이 개최한 '일본어·한국어 말하기 대회'라는 큰 대회에서 종합 2위·일본어 말하기 부문에서는 1위를 차지할 수 있었습니다.

2. 일본에서의 취직활동

저는 부모나 친척이 철강 관련 일을 했기 때문에 어렸을 때부터 철강업계에 관심이 있었고 철이 사회의 어떤 곳에서 활약하고 있는지 항상 의식하고 있었습니다. 또한 한국은 수출 대국이며, 특히 철강 산업은 한국의 경제 기반이라고 할 수 있을 정도로 필수적인 존재입니다. 저는 한국의 철에 자부심을 가지고 있기 때문에 철강업계에 저의 열정과 지식을 쏟아내어 세계로 뻗어나가는 데 도움을 주고자 했고 취업활동에서는 철강업계를 희망하게 되었습니다. 취직한 POSCO JAPAN PC를 지원한 이유는, 한국에서 생산된 철이 일본 사회의 여러 곳에서 공헌하고 있는 점에 매력을 느꼈기 때문입니다. 특히 POSCO JAPAN PC에서 판매된 철은 일본 전국 자동차 점유율 16.5%를 자랑하며 자동차 회사로부터도 두터운 신뢰를 받고 있다고 생각했습니다. 또한, 예전 POSCO JAPAN PC 공장 견학을 갔을 때 실제로 근무하고 있는 현장과 철 가공 과정 등을 보고 직원들의 팀워크와 분위기, 제품에 대한 뜨거운 열정 속에서 일을 하고 있음을 느끼고 최종적으로 POSCO JAPAN PC에 취직하기로 했습니다.

3. 앞으로 배울 유학생 후배들에게

나고야상과대학에는 여러 나라에서 온 유학생과 접할 수 있어, 영어나 다른 언어 등을 자연스럽게 배울 수 있습니다. 또한 유학생과 함께 참여하는 이벤트 등이 많기 때문에 많은 외국인 친구를 사귈 수도 있습니다. 학생 생활 중에서는 때로는 무엇부터 시작해야 할지 몰라서 막막할 때도 있을 것입니다. 그러나 걱정하는 것만으로는 앞으로 나아갈 수 없습니다. 저도 일본에 와서는 도전의 연속이었습니다. 일본에 온 날 시청 수속조차 무서워서 시청 앞에서 몇 분 동안이나 들어가지 못한 적도 있을 정도였습니다. 그러나 아르바이트나 스피치 대회, 학교생활 등의 노력을 거듭하는 동안 도전하는 것을 좋아하게 되었습니다. 앞으로 입학하는 분이나 취직 활동에 임하는 분들에게 전하고 싶은 것은, 도전하는 것을 두려워하지 마세요. 실패를 두려워하지 말고 장래의 꿈을 향해 계속 나아가세요.

일본 유학으로 성공하기

김성준

- 재적학교 : 도쿄YMCA일본어학원
- 나이 : 24세
- 한국에서의 최종학교 : 인평자동차고등학교
- 일본에 온 년도 : 2023년 10월

" 일본에서 세상을 보는 시야를 넓히자 "

1. 일본에 유학하게 된 동기는 무엇인가요?

저는 초등학생 때부터 죠죠의 기묘한 모험이라는 애니메이션을 본 것을 시작으로 인랑, 아키라, 아무도 모른다 등의 일본 영화를 매우 좋아하게 된 것을 계기로 고등학생 때는 1학년을 마치고 자퇴해 일본어 독학을 하며 유학을 결심했었지만, 군입대, 코로나 등 여러 일로 인하여 마음을 접고 취업으로 방향을 틀었습니다.

그렇게 많은 준비 끝에 취직에 성공했지만, 접어놓았던 일본 유학을 잊을 수는 없어서 늦었지만 지금이라도 도쿄 YMCA 일본어학원에서 일본어를 공부하는 중입니다.

2. 지금까지의 일본어 공부 준비는 어떻게?

도쿄 YMCA에 입학하기 전부터 몬스터헌터 라는 게임과 심야식당이라는 여유로운 드라마 이외에도 많은 일본 미디어 매체를 좋아해 스스로 독학했을 때, 일본의 한자와 그에 대한 한국어 뜻을 외우고, 문법 또한 크게 다르지 않았기에 별 무리 없이 공부할 수 있었고 조금씩 공부하다가 한국에서 JLPT N4 에 합격한 뒤, 일본의 도쿄 YMCA에 10월에 입학한 후에는 수업에 열중해 2개월이라는 짧은 기간에 12월 N2 에 합격했습니다.

3. 도쿄YMCA일본어학원을 선택한 이유?

저는 처음에는 막연하게 유학만 가능하면 어디든 좋다고 생각했지만, 먼저 체류 중이던 친구가 "기왕 해외 유학인데 시설과 행사 등 참여 거리가 많은 곳이 좋을 거다." 라는 추천으로 신주쿠 주변 학원을 같이 알아보던 중 신주쿠나 요코하마 등에도 다른 YMCA 일본어학원이나 어학원이 많았으나, 도쿄 YMCA 일본어학원 처럼 일본의 국제교류협회, 보육 교육시설, 체육시설과의 연계를 통한 수많은 행사, 참여 거리가 열리는 특별한 곳은 도쿄 YMCA 일본어학원만의 장점이라 생각하여 입학하기로 정했습니다. 지금까지 직접 참여했던 행사로는 와이즈맨즈클럽 이라는 협회에서 이루어지는 졸업생 초청회, 유학생 의견 교류회, 스피치 컨테스트 등과, 보육 기관과의 행사로는 중고장터, 할로윈 어린이집 행사 지원, 어린이집 보조 지원 등이 있었고, YMCA 자체에서는 교외 주변을 인솔 교사와 함께 간단하게 청소하며 선배, 후배 학생들과의 소통이 가능한 격주 간격으로 이루어지는 클린위크 작업과 일본문화 체험을 위한 일본 전통 악기 강연, 차 예절 수업 등이 있으며, 정규수업 기간에도 교외수업이 있어 학생들끼리 정하여 하루 동안 교과서 수업 대신 학교 주변의 관광지에서 다 같이 대중교통을 이용해 행사에 참여하기도 하는 날도 있습니다. 이외에도 수 많은 수업 외의 참가활동 행사 등이 있으며, 모든 행사엔 매번 다양한 나라, 문화권의 사람들과 어울릴 수 있습니다.

4. 현재 일본생활은 어떤가요?

한국에선 인천에 거주하고 있었고 회사는 인천 서구, 서울 금천 쪽으로 출퇴근했던 것에 비교해, 도쿄는 역시 사람이 많기 때문인지 어떤 날이라도 항상 붐볐습니다. 출퇴근 시간 때는 진짜 한국에선 상상도 못 할 정도로 붐볐습니다. 하지만 그만큼 다양한 성격, 상냥하고 배려심 넘치는 분들 또한 많은 점이 마음에 듭니다. 가끔 출퇴근 시간과 통학 시간이 겹쳐 사람들이 매우 몰리는 만원 지하철에서 내려 개찰구로 향하는 도중 발을 밟히거나 어깨를 약간이라도 스치면 바로 사과하는 분들이 많고, 지하철에 자리가 다들 앉아있어 한자리씩 띄엄띄엄 비었을 때 나중에 친구나 가족끼리 같이 온 분들이 있다면 이미 앉아계신 어떤 분은 서있는 함께 온 분들에게 같이 붙어 앉으라고 자리를 양보하고 자신은 굳이 다른 자리에 가서 앉는 광경을 자주 볼 수 있었는데, 때로는 어째서 그렇게까지 할까 생각이 들면서도 한편으로는 깊은 배려심을 느낄 수 있어서 마음이 따뜻해지기도 합니다. 그리고 일본에 온지 얼마 안 되었을 때 친구랑 제가 온천에 들러서 입욕 전에 샤워할 때, 자리가 마땅치 않아 떨어져 씻어야 했을 때에도 잠깐일 뿐이었는데 어느 어르신께서 같이 앉으라고 옆자리 샤워 칸으로 이동을 해주신 적이 있어서 매우 고마웠던 적도 있었습니다.

5. 어학교 생활 중 참고할 사항이 있다면?

YMCA 업무실의 선생님들에게 금전을 위한 아르바이트, 대학에 관한 오픈 캠퍼스 등에 대한 소개도 받을 수 있어 일본 생활, 취업, 진학에 대해 이해가 잘 안되는 부분은 학원에서 가능한 한 많은 설명과 도움을 받을 수 있습니다. 거기에 더해, 학교 근처는 아키하바라, 아사쿠사, 긴자, 니혼바시, 오다이바 등 일본의 유명하고 역사 깊기도 한 관광지와 재개발이 진행되어 새로워진 것들이 혼재하고 있는 지역입니다. 저는 그동안 지내면서 같은 유학생들과 스카이트리, 아사쿠사, 신주쿠 등 지역에 같이 가보기도 했습니다. 모두 각 장소의 분위기나 특색이 매우 잘 드러나서 지루하질 않았습니다. 나중에는 신키바에 있는 스트릿 카트 도쿄베이에서 고카트 대여해서 시내 주행도 즐겨볼까 기대하고 있습니다.

6. 입학 후 현재 대입준비는?

인터넷에서 유학나비 라는 사이트를 통해 원하는 대학의 종류, 지역을 태그 추가 식으로 검색하여 추려내 입시요항이나 외국인 전형 같은 부분을 살펴보고 단어 이해가 안 되는 부분은 YMCA 에 상담하여 도움이 되는 진행 방향을 상담하기도 했습니다. 거기에 학원의 정원은 150 명대로 정해져 있는 데다 오전반 오후반 나누어지고 반마다 담당해 주시는 선생님도 게시기에 선생과 학생 모두 일정에 크게 쫓기지 않고 일본어로 무리 없이 대화하거나 상담, 면담, 거기에 더해 만약을 대비해 아르바이트 면접 모의 진행이나 대학, 취업 시 모의 면접에 대해서도 면담 진행이 가능하여 이 또한 크게 어렵지 않을 것입니다.

7. 유학생활중 힘들었던 부분은?

저는 일본 애니메이션, 게임에서 배운 일본어가 많았기에 실제 일본 사회에서 평범하게 사용되는 일상적인 말투, 격식, 발음이 실제 일본 분들과 달라 처음엔 소통할 땐 들어보지 못한 표현도 많이 있기도 하고 적으면 똑같으나 말하면 달라지는 발음 등 어려웠던 부분이 꽤 있었습니다. 그래서 대면 없이 대화하는 전화 통화상에서의 표현이나 자전거 주차장 관리인분과 대화할 때 그분이 사용하는 표현 등이 처음 들어서 약간 곤란하거나 난처했던 적이 좀 있기도 합니다. 도쿄 YMCA 에서는 이런 부분도 인지하고 있어, 수업 기간에 실제 일본의 사회 직장생활 중이신 중장년층, 그리고 같은 YMCA 건물에서 수업받는 일본 전문학교 학생들과의 이야기 날을 잡아 이를 통해 일반적으로 이루어지는 학원 내의 선생님과 학생 사이만의 대화를 넘어, 유학생들에게 실제 일본인과 리얼한 이야기 시간을 만들어 좀 더 학습에 효과적인 수업 시간을 준비하기도 하셨습니다. 그리고 거의 달마다 주제를 하나 정해 일본어 작문 쓰고 읽고 말하기 시간이 존재하고, 이에 대해 학생들과 선생님이 피드백을 해주는 시간도 존재합니다. 이런 작문은 언젠가 일본 국제교류협회의 스피치 긴데스트에서 사용되는 순간도 존재할 것입니다. 거기에 유학생의 필요에 따라 대학 입학 등에 사용되는 소논문의 격식이나 올바른 문법사용 및 표현 방법도 같이 알려주는 때도 있습니다.

8. 아르바이트는 어떻게?

저는 어플을 통해서 알아보고 전화하고 면접받고 일했습니다. 역 주변에서 뿌리는 TOWN WORK 라는 아르바이트 찌라시나 어플 타운워크, 마하바이트라는 알바 소개 어플에서 찾을 수도 있으나 가게, 매점 창문에 알바 모집문을 보고 면접을 문의할 수도 있습니다. 이때 면접에 대한 최소한의 일본 예절 등은 YMCA에 문의하여 도움을 받을 수도 있으며, 면접 시 일반적으로 발생하는 상황에 대해 미리 선생님과 상담하여 면접 연습을 도움받을 수도 있습니다.

9. 유학 중 아르바이트 참고사항

유흥업소 금지와 7 일 기간 사이에 발생하는 근무시간이 28 시간을 초과하면 범법인 점만 기억하면 큰 문제는 없을 것입니다. 하지만 유학생 신분의 한계, 근무시간, 날짜를 골라서 정하는 시프트 제도로 인해 하나의 매장에서 아르바이트하고 끝이 아닌, 투잡을 뛸 수밖에 없는 상황이 있을 수도 있다고 예상합니다.

10. 일본유학 고민에 참고사항

일본은 볼거리가 정말 많고 사람 손이 잘 안 닿는 지역도 존재합니다. 처음 목표는 막연히 일본 대학 진학, 취업이었지만 장기 체류하다 보면 뭔가 다른 많은 것도 더 보이기 시작하면서 마음이 달라지는 것 같습니다. 저는 미리 한국의 면허를 틈이 날 때 준비하여 일본 내 운전면허장에서 신청하여 일본 운전면허 증으로 받았고, 방학 때 친구와 아키타, 아오모리, 후쿠시마, 니이가타 등 여러 지역을 렌터카로 가보았습니다 . 그때의 수많은 풍경과 도로, 사람, 번화가들은 매우 신선한 경험이었습니다. 도쿄에서는 사람이 매우 많아 어쩔 수 없이 느리지만, 그 사이에서도 서로 배려해 주며 기다려주는 최소한의 여유, 아키타에서는 적은 사람과 그에 따른 풍성했던 자연광, 아오모리에선 두껍고 길게 쌓여있던 눈길, 후쿠시마에서는 서늘한 황량함을 느꼈습니다. 일본 생활에 목적을 갖고 공부하고, 치밀하게 계획하는 것도 좋겠지만, 굳이 뚜렷하고 확고한 계산적으로 가능성을 확인한 목표가 아니더라도 유학을 온 다음에서야 무언가 변할 수도 있고, 뒤늦게 깨닫는 것도 많은 것 같습니다. 저는 이곳에 YMCA에서 공부하는 동안 마음속 무언가에 쫓기지 않고 여유를 가질 수 있었고, 완전히 타지로 떨어진 저 스스로가 할 수 있는 게 무엇이 있는가 찾아내는 계기가 되었습니다. 이런 소중한 경험을 모두 만끽할 수 있기를 기원합니다. 매우, 매우 많은 일이 일어날 도쿄 YMCA 일본어학원에서 만나기를 말입니다.

조민현

- 재학교명 : 동경공업대학 1학년
- 한국에서의 최종학교 : 단국대학교 부속 고등학교
- 수강학원 : 일공학원

" 큰 목표를 가지고 포기하지 않는 노력이 중요 "

저는 원래 한국대학에서 생활과학 분야를 전공으로 선택하여 재학중이었습니다. 나름대로 대학 생활이 즐거웠고 적응도 어렵지 않았지만 졸업 후 진로를 고민하다 보니, 예전부터 관심이 있었던 공학 분야를 공부해보고 싶다는 생각을 했습니다. 그러던 중에 군대에서 우연히 만난 동기가 일본 유학을 준비하고 있었고 그 친구를 통해 일본의 이공계열 연구환경이 잘 갖추어져 있다는 사실을 듣게 되었습니다. 자연스럽게 일본 유학에 점차 흥미가 생겼고, 진지한 고민을 한 끝에 일본 유학이라는 길을 걷게 되었습니다.

군생활과 수험생활을 병행하면서 남들보다 적은 학습 시간 때문에 독학에 대한 부담감이 커졌고, 그럴수록 공부를 하면서도 막막한 느낌이 들었습니다. 다행히 일공학원에서는 개념수업이나 문제풀이 강의들을 녹화하여 제공해주는 시스템이 있었고, 교재 역시 택배로 받아 볼 수 있었기에 군대에서도 무사히 일본유학시험 공부를 지속할 수 있었습니다.

저는 일본어 과목을 공부할 때 무리해서 많은 양의 한자를 외우기보다 기출이나 모의고사를 반복해서 풀었습니다. 일본어 독해는 빠른 시간 내에 푸는 것이 가장 중요하기 때문에 꾸준히 기출이나 모의고사 문제들을 실전처럼 푸는 연습을 했고, 청해는 일본어 뉴스를 주기적으로 들으면서 실전 감각을 익혔습니다. 이과 과목은 교재의 종류가 다양한 편인데, 교재를 욕심내서 이것저것 다 풀려고 하기보다 메인으로 공부할 개념서 하나에 문제풀이용 교재 두개 정도를 정해서 반복학습을 하는 것이 효과적이었습니다. 물리나 화학을 원서로 보면 처음에는 다소 생소하게 느껴질 수 있겠지만, 한국 교육과정과 겹치는 부분도 꽤 있으므로 원서와 한국 수험용 참고서를 함께 보면서 공부하는 것이 개인적으로는 큰 도움이 되었습니다.

일공학원은 이과 개념/문제풀이 강의와 본고사 대책 강의가 잘 구성되어 있었기에 입시를 하면서 믿음을 가지고 공부할 수 있었습니다. 일본 대학들은 대학 내 자체 시험(본고사)을 실시하는 경우가 꽤 있기 때문에 이공계열 진학을 희망하는 학생들은 EJU 뿐만 아니라 대학별 본고사도 탄탄히 준비해야 합니다. 이과나 수학 본고사는 EJU 보다 고난도의 문제가 나올 수 있기에 EJU와 병행하며 준비하는 것이 필요한데, 일공학원에서는 EJU 시험 전부터 본고사 강의를 수강할 수 있어서 매우 좋았습니다. 본고사라는 것은 별개의 공부가 아니라 결국 대부분 EJU 와 비슷한 범위 내에서 나오기에 심화 수준의 문제를 일찍부터 연습했던 것이 EJU 대비에도 크게 도움이 되었고, 그 결과 EJU 고득점을 받을 수 있었습니다.

또한 한달에 한번씩 입시생들을 대상으로 치러지는 실전 모의고사 시스템은 자연스럽게 실전감각을 익힐 수 있게 해주었습니다. 꾸준한 과목별 학습도 중요하지만 실제 시험과 동일한 시험조건으로 전과목을 응시하다 보면 시간을 배분하여 문제를 풀게 되고, 시험이 끝날 때까지 집중해서 푸는 연습을 하게 됩니다. 모의고사 결과가 나오면, 본인이 부족한 과목을 파악하고 이를 토대로 더욱 철저하게 본 시험을 대비할 수 있습니다. 원장님과의 모의고사 상담은 그 동안의 성적 추이를 기반으로 실제 시험에서의 점수를 예측하고 목표 대학을 구체화합니다. 상담을 통해 반드시 목표 대학에 합격하겠다고 동기부여를 한 덕분에 끝까지 공부에만 매진할 수 있었습니다.

열심히 공부를 했어도 잘 풀리지 않았던 문제들이 조금씩 풀리기 시작한 순간이 가장 기억에 남습니다. 그동안 쏟았던 노력의 결실이 성적 향상이라는 직접적인 성과로 나타나니, 정말 뿌듯했고 할 수 있다는 자신감이 생겼습니다. 누군가 고득점을 받는 방법을 물어본다면, 저는 평소에 한 단계 위 수준의 공부를 하라고 조언해주고 싶습니다. 실제 시험보다 조금 더 어려운 수준으로 공부함으로써 막상 실제 시험을 보게 되었을 때 시험이 쉽게 느껴지게 하는 것을 목표로 공부하는 것을 추천합니다. 어려운 건 당연하기에, 지치지 말고 계속 반복해서 공부하는 것이 정말 중요합니다. 적당한 수준에서 타협하기보단 그 위를 노려봄으로써 공부적인 측면 만이 아니라 평소의 마음가짐에도 변화를 줄 수 있고, 이것이 성공적인 입시로 이어질 것입니다.

쉽지는 않겠지만 게을러지는 자신의 모습을 채찍질하는 마음도 필요합니다. 매일 매일 정해둔 시간을 하루도 거르지 않고 꾸준히 공부한다면 분명 좋은 결과를 얻을 수 있습니다. 시험을 준비할 때는 생체리듬과 건강이 매우 중요하기 때문에, 오늘 하루의 조급한 마음 때문에 밤샘공부를 하지 않도록 주의를 기울여 주시기 바랍니다.

항상 밝게 맞이해 주시던 일공학원 카운터 선생님들, 여러 가지로 도움 주신 부원장님께 감사하다고 말씀드리고 싶습니다. 윤홍섭 선생님, 김정민 선생님 덕분에 수학, 이과 과목 고득점이 가능했고, 성공적인 입시로 마무리하며 지금 제가 이렇게 합격 후기를 쓸 수 있게 되었다고 생각합니다. 대학에 가서도 배운 지식을 잘 활용할 수 있도록 노력하겠습니다. 일본입시를 생각하고 계신 후배님들도 큰 목표를 가지고 포기하지 않고 꾸준히 노력하신다면 내년에는 이 합격 수기의 주인공이 되실 수 있다고 확신합니다. 파이팅 하세요!!!

최성우

- 재적학교 : 동경대학 문과3류 사회심리학
- 한국에서의 최종학교 : 고양국제고
- 수강학원 : 일공학원

" 도전하는 것을 두려워 마세요 "

제가 일본유학을 결심하게 된 계기는 고등학생 때 홈스테이를 갔던 경험이 매우 큰 역할을 했습니다. 어릴 때부터 일본 기업과 일을 하셨던 부모님을 보면서 일본 문화에 대해서도 관심이 있었습니다. 그러던 중에 홈스테이를 통해 일본인을 그저 외국인이 아니라 좀 더 친근하게 느끼게 되었습니다. 유학을 간다는 것에 대한 부담은 줄어들었고 다양한 사람들을 만나는 기회로 삼아 시야를 넓히고 싶다는 생각을 하며 유학을 본격적으로 준비하게 되었습니다.

유학을 결심하고 나서부터는 동경대학 합격을 목표로 EJU 준비에 매진했습니다. 과목별 저의 공부법을 말씀드리자면, 일본어는 좋아하는 책이나 영상을 통해 최대한 자주 접하는 게 좋다고 생각합니다. 한창 공부할 때에는 하루에 10시간 정도는 일본어를 읽거나 듣거나 쓰곤 했습니다. 짧은 소설을 번역하거나 아사히 신문의 '천성인어'같은 짧은 글을 손으로 필사해보는 것이 어휘 암기에 큰 도움이 되었습니다.

그리고 종과는 인과 관계를 이해하면 공부하기 쉽습니다. 예를 들어, 역사 연표를 외우기 위해서 사건의 배경을 이해하고 사건의 전개를 쫓아가는 것입니다. 학원에서 공부한 후 귀갓길에, 관련된 세계사 영상을 유튜브에서 찾아보는 것도, 단순 암기로만 치우치기 쉬운 시기에 그 흐름을 재미있게 이해하는 데에 도움이 되었습니다. 또한, 경제와 현대사회를 공부하기 위해 직접 주식과 채권 투자를 경험해보기도 하고, 항상 뉴스를 체크를 했던 것이 큰 도움이 되었습니다. 이를 통해 스스로 책임감을 가지면서 평상시에도 공부를 했던 것 같습니다.

종합과목 공부를 하면서 슬럼프도 있었습니다. 시험 한 달 전부터 종과 과목의 성적이 늘지 않고 제자리 걸음이라 고민이 많았거든요. 그때는 틀렸던 문제에 대해서, 왜 틀렸는지, 어떤 종류의 문제인지, 어떻게 하면 맞힐 수 있을지를 고민해 보았습니다. 예를 들면, 세계사에서 제 1차, 2차 세계 대전에 관한 문제를 자주 틀렸는데요. 유럽과 아시아, 아프리카, 세계 여러 장소에서 발생한 사건들이 한눈에 들어오지 않더라고요. 그래서, 수업시간에 받은 프린트와 교재를 기준으로 표로 정리한 후, 관련된 사건들끼리 선으로 이어 정리하였습니다. 그리고 비슷한 유형의 기출 문제들을 맞힐 때까지 풀어서 부족한 부분을 보완했습니다. 결국 마지막 학원모의고사에서 만점을 받으면서 실제 EJU에서도 자신감을 가지고 임할 수 있었던 것 같습니다.

마지막으로 수학은 문제를 많이 푸는 것과 실수를 하지 않는 것이 중요합니다. 코스 1은 출제 범위가 좁고 난이도가 낮기 때문에, 실수에서 감점이 자주 발생합니다. 출제 범위가 정해져 있는 만큼, 그 내용은 완벽하게 풀 수 있도록 기출문제를 분석해보세요. 왜 이 방식으로 유도가 되었는지를 이해하는 것이 중요하다고 생각합니다. 특히 검산은 최소 1번, 가능하다면 2번 이상 해보세요. 실제로 저는 시험 당일에 2번 검토한 끝에야 실수를 찾을 수 있었습니다.

일본 입시를 준비하면서 주기적인 상담이 학생이나 부모님께는 정말 중요한 부분일 것입니다. 국내 대학에만 익숙하신 부모님이나 주변 친구들과 공감대를 만들기가 어려웠는데, 그 때마다 일공학원의 주기적인 상담을 통해 학원 선생님들이 스스럼없이 이야기를 들어주신다는 점이 스트레스 관리 뿐만 아니라, 장래 나아갈 길을 정하는 데에도 큰 도움이 되었습니다. 입시 정보를 확인하거나 모의고사 성적을 통하여 지표를 설정하기에도 부족함이 없었습니다.

집중력 있는 학습시간을 위해서는 가벼운 운동과 수면관리에도 신경을 쓰는 것을 추천합니다. 밤샘 공부만큼은 가급적 하지 않아야 합니다. 마음이 조급한 것은 이해하지만, 밤샘공부를 통해 얻는 지식의 양보다 다음날 컨디션에 영향을 주는게 더 크기 때문에 주의해야 합니다. 그리고 실제 시험에 대한 감을 익히기 위해 EJU 모의고사를 꾸준히 응시하는 것도 도움이 되었습니다. 시간의 사용방법에 익숙해지고, 자신의 약점과 실수를 파악 할 수 있음과 동시에 고득점을 안정적으로 받기 위해서는 반드시 필요하다고 생각합니다.

동경대학은 본고사가 있는 대표적인 대학입니다. 단순한 작문이 아닌 배경지식의 이해가 아주 중요합니다. 일공학원에서 타나카 선생님을 통해 소논문과 지망이유서, 면접 내비를 할 수 있었고 소논문을 어떻게 구성하는 것인지에 대한 구체적인 설명이나 새로운 사고방식을 자연스럽게 익히며 다양한 주제를 쓰면서 준비했습니다. 면접 때는 준비했던 질문들이 대다수 나오면서 크게 긴장하지 않고 면접을 볼 수 있었습니다. 그 결과 실제 본고사에서 만족할 만한 소논문을 써냈고 당당히 동경대학에 최종합격을 했습니다.

입시를 무사히 마치고, 대학을 입학하고 나면 앞으로의 대학 생활을 어떻게 만들어 나갈지에 대해 즐거운 고민이 시작될 겁니다. 보다 넓은 시야를 가지고 다양한 경험을 통해 후회 없는 대학생활이 되기를 바랍니다. 동경대학 합격은 쉬운 일이 아니라고 생각하지만, 꾸준한 노력을 기반으로 할 수 있다는 자신감을 가지고 공부하면 충분히 가능합니다. 수험생 여러분의 꿈과 미래를 응원합니다.

일본 유학으로 성공하기

- 재학교명 : 히토츠바시대학 상학부 2학년
- 한국에서의 최종학교 : 정신여자고등학교
- 수강학원 : 모닝에듀어학원

고서현

" 영어 · 끈기 · 목표로 돌파했습니다 "

안녕하세요, 와세다대학 문화구상학부, 정치경제학부, 그리고 히토츠바시대학 상학부에 합격해 최종적으로 히토츠바시 상학부에 2023년 4월에 입학하게 된 고서현이라고 합니다.

저는 고등학교 2학년 때부터 일본 유학을 준비했습니다. 일본에서 대학원을 다니셨던 아버지의 영향으로 어려서부터 자연스럽게 일본 드라마나 일본 책들을 집에서 쉽게 접할 수 있었습니다. 또한, 중학교 2학년 때 제2 외국어 과목으로 처음 배웠던 일본어가 생각보다 재미있었고, 일상생활 속에서 일본 음식이나 일본 소설 등 일본 문화를 쉽게 접할 수 있었기 때문에 일본이라는 나라가 친숙하게 느껴졌습니다. 저는 특히 상경계열에 관심이 많았기 때문에, 아시아의 경제 대국인 일본에서의 유학은 제게 좋은 점으로 작용할 것이라는 생각이 들어, 일본 유학을 결심하게 되었습니다.

모닝에듀를 다니며 가장 많은 도움이 되었다고 느낀 수업은 바로 EJU 스피드 수업이었습니다. 저는 특히 독해를 그저 감으로 풀어내는 좋지 못한 습관을 가지고 있었는데, 담당 선생님의 수업 방식은 자신이 집에서 공부하며 헷갈리는 부분을 질문으로 생각해오고 그 질문을 다른 친구들이 풀이해 주는 방식인데, 이것이 저의 좋지 못한 습관을 바로잡는 부분에 있어서 정말 많은 도움이 되었습니다. 스스로 모르는 문제에 대해 고민하면서, 어떤 부분이 헷갈렸고, 어느 유형이 나에게 취약한지 등을 스스로 분석하는 습관을 들이면서, 감으로 푸는 것이 아니라, 정확한 본문이나 보기 속 근거를 잡고 문제를 풀어나가는 힘을 기를 수 있었습니다. 그리고 다른 친구들의 질문에 답을 하면서, 자신이 어떤 방식으로 문제를 풀이해 나가는지 다시 한번 검토하고 같은 반 친구들과 풀이 방법을 비교하며 보다 좋은 풀이 방법을 스스로 체득해 나갈 수 있었다는 점도 저에게는 많은 도움이 되었습니다.

제 수험생활을 돌이켜봤을 때, 가장 중요한 것을 딱 3가지만 뽑는다면 저는 주저하지 않고 영어, 끈기, 그리고 목표라고 생각합니다. 진부한 이야기일지도 모르겠지만, 그럼에도 불구하고 저는 이 세 가지가 제게 없었다면 제게 좋은 결과가 나오지 못했을 것이라고 생각합니다.

우선, 영어는 정말 중요합니다. 특히 소케이 이상의 학교를 목표로 하고 있는 학생이라면, 영어 성적의 중요성은 더욱더 커진다고 생각합니다. 제가 EJU와 본고사 준비에 더 많이 집중할 수 있었던 이유도 바로 목표하는 영어 성적을 최대한 빨리 만들었기 때문이라고 생각합니다. 물론, 영어성적이 높다고 무조건 좋은 대학에 합격하는 것은 아닙니다. 그러나 높은 영어 성적은 분명 다른 수험생들이 가지고 있지 않은 자신의 가장 큰 무기라고 말해도 과언이 아니라고 생각합니다.

둘째로, 끈기가 있어야 합니다. 너무나도 진부한 이야기일지도 모르겠지만, 제게 만약 끈기가 0.1%라도 부족했다면, 저는 절대로 히토츠바시 대학에 합격하지 못했을 것이라고 생각합니다. 상대적으로 입시가 일찍 끝나는 와세다대학의 지원했던 모든 학부에 합격하고 나서, '이 정도면 됐다'라는 생각은 저에게 정말 매일같이, 셀 수 없을 정도로 찾아왔습니다. 실제로 그런 생각들 때문에 조금 나태해질 때도 있었지만, 스스로에게 최선을 다하고 싶다는 생각에 끈기를 가지고 히토츠바시 입시까지 무사히 마쳤습니다. 만약 와세다대학 입시가 끝나고 나서 스스로를 놓고 끈기 있게 나아가지 않았다면, 히토츠바시대학 합격이라는 좋은 결과는 절대 나올 수 없었을 것입니다.

셋째로, 목표를 만드는 습관입니다. 물론 커다란 목표도 좋지만, 세세한 목표도 정말 중요합니다. 제가 영어성적을 만드는 일에도, 끈기 있게 입시를 이어가는 일에도, 저는 늘 크고 작은 목표를 세웠습니다. 예를 들어, EJU 일본어를 공부할 때 '이번 독해 시험에서 필자의 생각을 잡는 문제를 많이 틀렸으니 다음번에는 독해를 할 때 선생님께서 알려주신 방법을 의식적으로라도 적용해 보자'라든지, 영어를 공부하면서 '이번 주에는 이 챕터에 있는 단어들 중 모르는 단어를 없애봐야지'와 같이, 자기 자신에게 주는 작은 퀘스트처럼 목표를 세세하게 잡아갔습니다. 이렇게 작은 목표들을 해냈을 때의 달성감은 또 다른 목표에 도전할 수 있게 해주었고, 길고 긴 입시를 끝까지 포기하지 않게 하는 토대가 되었습니다. 다만, 이렇게 목표를 세울 때 가장 중요한 것은 다른 사람과 비교하기보다는 자기 자신에 집중하는 것입니다. 우선은 자기 자신의 부족한 점을 알고 보완해야 합니다. 스스로의 단점을 알고 그것을 보완하는 것 그 자체가, 다른 사람보다 강해지는 방법이라고 생각합니다.

공부하면서 힘든 시기가 많이 찾아왔지만, 끝까지 저를 믿어 주시고 지지해 주시고 다양한 방면에서 케어해 주신 모닝에듀 선생님들께 다시 한번 감사하다고 말씀드리고 싶습니다. 이 글을 읽으시는 후배님들도 자신의 목표를 이루시길 기원합니다! 긴 글 읽어주셔서 감사합니다!

제7장 유학체험기

김희원

- 재적학교 : 와세다대학 정치경제학부 2학년
- 한국에서의 최종학교 : 검정고시 합격
- 수강학원 : 모닝에듀어학원

" 자신감을 가지면 길이 보인다 "

안녕하세요. 저는 와세다대학교 정치경제학부 국제정치경제학과에 2023년 4월에 입학하게 된 김희원이라 합니다. 저도 선배님들의 합격 수기를 보고 도움을 받은 만큼, 제 합격 수기도 후에 유학을 준비하시는 후배분들께 조금이나마 도움이 되길 바랍니다.

저는 고등학교 1학년 때부터 일본 유학을 준비하기 시작했습니다. 이전부터 일본 애니메이션, 문학 등에 대해 관심이 많았고, 여행을 통해 일본에서 살아보고 싶었고, 그러면서 자연스럽게 일본어를 공부하고 싶다고 생각했습니다. 그러한 제 생각을 부모님께 말씀드렸을 때, 일본 대학 진학을 권유받았습니다. 한국 대학을 진학해서, 워킹 홀리데이나 교환학생을 통해 일본어를 습득하는 것도 좋은 수단이 될 수 있지만, 일본 대학을 진학 할 경우, 내가 배우고 싶은 분야와 일본어, 일본 문화를 함께 공부할 수 있기 때문에 더욱 효율적이라고 생각했습니다.

일본 유학을 결정하고 부터 전문 학원을 찾아보기 시작했습니다. 저는 지방에 살고 있었기 때문에 서울에 올라오는 것만으로도 부담이 컸습니다. 그렇기에 여러 곳에서 따로따로가 아닌, 한 곳에서 일본 유학에 필요한 모든 준비(예를 들어 토플, EJU, 본고사, 면접 준비 등)를 함께 해주길 바랐습니다. 그런 점에서 모닝에듀는 모든 분야에 충실했기 때문에, 저에게 큰 장점으로 다가왔습니다. 또한, 많은 학원들 중에서 가장 많은 합격자를 배출하고, 체계화된 커리큘럼, 꼼꼼한 1 대 1 상담이 구축되어 있다는 점에서 저는 모닝에듀로 결정하게 되었습니다.

저는 처음 학원에 들어갔을 때 일어 점프반 수업을 들으면서 빠른 시간에 일본어 기초를 다지고 실력을 쌓아갈 수 있었습니다. 물론 중간에 더딜 때도 있었지만 그 때마다 상담을 통해 한 번 더 짚고 넘어가며 일본어 실력을 쌓을 수 있었습니다. 또한 EJU플러스반과 스피드반에서 수업을 들으며 EJU 일본어 과목의 다양한 유형의 문제를 풀었습니다. 플러스반에서는 선생님의 질문에 대답하는 방식으로 답에 대한 논리를 어떻게 전개시켜 나가면 되는지 익힐 수 있었습니다. 그리고 그 다음 단계인 스피드반에서는 플러스반에서 익힌 논리 전개 방식을 입으로 내뱉으며 스스로 풀이를 정리해 나갈 수 있었습니다. 다른 학생들의 의견과 그 근거를 들으며 스스로의 근거의 오점을 발견할 기회가 되었습니다.

일본어 수업 뿐만 아니라 대학별 본고사 수업도 무척 도움이 되었습니다. 와세다 대학교 정치경제학부는 학부 독자 시험을 치러야만 했습니다. 와대 정경반에서는 정치경제학부 독자 시험의 난이도를 고려하여, 처음부터 와세다 대학교의 기출문제를 푸는 것이 아닌, 낮은 난이도의 다른 문제들부터 다양하게 접근하여 설문에 알맞은 대답의 형식을 갖추어 갔고, 문제들의 익숙해질 시간을 가졌습니다. 그러한 점에서 항상 동일하지 않은 문제 형식들에 대응할 능력을 기를 수 있었습니다.

입시에 있어서 가장 중요한 것 하나를 묻는다면 저는 자신감이라고 대답할 것입니다 불안의 연속인 수험생활 중 저 또한 자신감을 잃고 스스로에게 한계를 정해 놓았던 적도 많습니다. 하지만 그런 순간마다 포기하지 않고 스스로를 믿고 가족들, 상담 선생님들과 상담하며 자신감을 잃지 않으려고 노력했습니다. 그렇게 제가 놓지 않았던 자신감들은 제게 성적 향상의 지지대가 되어주었고 높은 목표에 대한 두려움을 줄여주었습니다. 끝내, 당당하게 목표 대학에 저를 어필할 수도 있었습니다. 부디, 힘든 순간이 와도 포기하지 말고, 스스로를 깎아내리지 말고, 자신감을 잃지 말았으면 좋겠습니다.

대학에 입학해서는 배우고 싶었던 것도 배우고 더 넓은 세계에 나가 다양한 사람들을 만나고, 다양한 경험을 쌓아가고 싶습니다. 입시 기간 동안 그렇게 꿈 꿔왔던 대학 생활 충실하게 보내도록 하겠습니다.

그 동안 옆에서 서포트 해 주시고 자신감 불어넣어 주셨던 모닝에듀 선생님들께 정말 정말 감사드립니다! 일본 유학을 꿈꾸시는 모든 분들 꼭 저처럼 꿈을 이루셨으면 좋겠습니다! 감사합니다.

HED발행 도서로 일본유학시험(EJU) 완전 정복

개념서와 문제집, 기출문제집으로 실전 완벽 대비 가능!
여러분의 고득점을 응원합니다!

전국 대형 서점 및 온라인 서점 절찬 판매중

EJU 기출문제집 시리즈

코치학원 모의시험 10회분 시리즈

코치학원 개념서&모의고사

EJU 대비 개념서 하이레벨 시리즈

메코시코주쿠 실전문제집 Vol.1

메코시코주쿠 실전문제집 Vol.2

메코시코주쿠 문법&단어·어휘

홈페이지 : www.hedgroup.co.kr   문의 : 02-736-1010

글로벌 인재육성, 1984년설립
(주)해외교육사업단

교육으로 세계를 연결하는 회사
코치학원의 서적

유학생을 위한 진학예비교와 일본어학교 운영, 서적출판과 교재개발, 모의시험과 취직지원 사업 등, 폭넓게 사업을 전개하는 코치학원.
진학예비교는 중국인 어학연수생의 일본 국내 재학생수가 업계 탑을 자랑합니다. 장기간의 연구·분석에 의한 교재개발 능력을 강점으로 작성된 교재는 일본유학시험과 대학입시 대비에서 빼놓을 수 없는 것으로서 높은 평가를 받고 있습니다.

일본유학시험 대비 완전마스터 종합과목
지도와 그래프가 컬러로 보기 쉽다!

▶ **학습 분야를 4분야로 구분**
경제, 정치, 역사, 지리로 세분하여 일본유학시험 출제범위 완벽 공략!

▶ **풍부한 그림·표·그래프 자료**
집필 시점의 최신 통계 자료를 수록하여 시험 대비에 최적화!

▶ **단원별 포인트 정리**
시험에 자주 나오는 포인트를 정리하여 시험 직전 복습에 활용 가능!

▶ **연습문제**
각 단원에서 EJU 스타일 연습문제로 중요한 개념을 확인 가능!

▶ **한국어 번역판 파일 제공**
일본어 초보자를 위한 한국어 번역판을 출판사 홈페이지에서 무료 제공!

(주)해외교육사업단 발행 | 356페이지 | 28,000원

유명 서점 절찬 판매중

인기서적 『일본유학시험(EJU) 모의시험 시리즈』 한국어판

EJU에 출제된 문제를 철저하게 연구·분석하여 작성한 모의시험문제 10회분 수록!

유명 입시학원
메코시코주쿠가 만든 실전문제집 시리즈!

전국 대형 서점 및 온라인 서점 절찬 판매중

1. 전 10회분 모의고사 수록!
2. 상세한 해설 제공!
3. 온라인 득점 분포 확인!

실전문제집 Vol.1 & 2

메코시코주쿠 문법 & 단어·어휘

믿고 보는 HED교재로
EJU 실전 대비 끝!

홈페이지 : www.hedgroup.co.kr   문의 : 02-736-1010

EJU 수험생 필독서

「일본유학시험(EJU) 일본어단어·어휘10000어」

온라인 테스트 10,000문제 제공!

일본 유명 진학 학원 메코시코주쿠 편저

국내 유일의 EJU 단어집

12년분 EJU 출제 단어 빈도순 수록

▶일본어 학습자를 위한 궁극의 단어집!

▶EJU 중요 키워드 수록!

▶음성 녹음 파일로 생생한 일본어 학습 가능!

▶본시험에 가까운 예문 수록!

▶단어 암기용 셀로판지 포함!

(주)해외교육사업단 발행 | 536페이지 | 정가 20,000원

메코시코주쿠 일본유학시험(EJU) 실전문제집 시리즈

일본어 기술·독해	일본어 청독해·청해	종합과목	수학 코스1	수학 코스2

JLPT 필승합격의 길이 여기에!

필승합격 일본어능력시험 모의고사 시리즈(N1~N5)

전국 주요 서점에서 판매중! B5판, 정가 16,000원

■ 필승합격 일본어능력시험 모의고사 시리즈 특징 ■

1. 모의고사 문제 3회분 수록
일본어 전문가에 의한 실전문제 3회분이 수록되어
수시로 또는 실제 시험 직전에 자신의 실력을 체크할 수 있습니다.

2. 출제 경향과 대책 수록
문제 유형별/분야별 출제 경향과 공략법 및 공부법이 제시되어 있습니다.
고득점으로 가는 지름길을 제시합니다.

3. 충실한 해답·해설
각 문제별로 정답과 오답에 대한 해설이 있습니다.
해설은 유사한 일본어 표현을 많이 접할 수 있도록
쉬운 일본어와 한국어를 병용하여 설명하고 있습니다.

4. 자동 채점되는 엑셀 시트 제공
자신의 해답을 입력하면 자동으로 채점이 되는
엑셀 시트를 홈페이지에서 제공합니다.
간편한 채점 및 분석이 가능합니다.

출판사 홈페이지

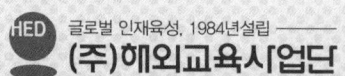

JLPT 필승합격의 길이 여기에!

필승합격 일본어능력시험 단어장 시리즈 (N1~N5)

전국 주요 서점에서 판매중! 4X6배판, 정가 16,000~14,000원 (레벨별 상이)

■ 필승합격 일본어능력시험 단어장 시리즈 특징! ■

1. 주제별, 상황별 단어 학습
   JLPT에 자주 출제되고 일상생활에도 도움이 되는 단어의 주제별 정리!
   각 상황에 맞는 이미지로 학습 가능!

2. 모의시험으로 실력 확인
   PC나 모바일에서 온라인 모의시험으로 실시간 점수 확인 가능!
   PDF 파일로도 제공하여 모의시험 출력 가능!

3. 음성의 활용
   단어장의 모든 단어와 예문 음성 파일을 무료 다운로드로 제공!
   단어 암기의 효율성을 높이고 듣기 훈련에도 도움!

4. 암기용 셀로판지 활용
   암기용 셀로판지로 표제 단어와 예문을 가리고
   학습하여 암기효과 상승!

출판사 홈페이지

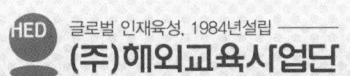

교육으로 세계를 연결하는 회사 코치학원의 서적

인기서적 『일본유학시험(EJU) 모의시험 시리즈』 한국어판

EJU에 출제된 문제를 철저하게 연구 · 분석하여 작성한 모의시험 10회분 수록!

2024-2025 일본 유학으로 성공하기

ISBN 979-11-85979-87-8

초 판 발 행 일 :	2024년 5월 14일
편 저 :	한국유학개발원(HED)
발 행 인 :	송 부 영
발 행 처 :	(주)해외교육사업단
출 판 등 록 :	제16-1456
주 소 :	서울특별시 서초구 강남대로 381, (두산709호)
전 화 :	02-736-1010
이 메 일 :	song@hed.co.kr
홈 페 이 지 :	www.hedgroup.co.kr

● 이 책은 저작권법에 따라 보호받는 저작물이므로 무단전제와 무단복제를 금지하며, 이 책 내용의 전부 또는 일부를 이용하려면 반드시 저작권자의 서면동의를 받아야 합니다.

※ 책값은 뒤표지에 있습니다.
※ 잘못 만들어진 책은 구입하신 서점에서 교환해 드립니다.
※ 본 책자의 편집에는 일본학생지원기구, 문부과학성 등 일본 정부 기관의 정보를 인용하고 있습니다.